골목길
역사산책

일러두기

1. 인명 및 지명은 외래어 표기법을 따랐으나, 일부는 저자의 의도를 반영해 예외로 두었다.
2. 단행본이나 잡지, 신문은《 》, 짧은 글과 영화, 그림 등의 작품은〈 〉로 표기하였다.

개항도시편

골목길
역사산책

최선호 지음

시루

차례

4

순천 꽃길 산책

" 나를 찾아 역사를 걷는다.
  개항도시를 걷는다.

개항도시를 걷다

브레멘 음악대

1812년 그림Grimm 형제는 그림동화책 속에 〈브레멘 음악대〉라는 제목으로 한 편의 동화를 발표한다. 이 동화는 무자비한 지배계급을 비판하고 버림받은 하층계급에게 어려움을 극복할 용기를 준다. 동화를 읽어보자.

"옛날 어떤 남자가 당나귀 한 마리를 기르고 있었는데, 이 당나귀는 오랜 세월 동안 곡식자루들을 지고 방앗간으로 꾸준히 나르다 보니 어느덧 세월이 흘러 쇠약해져 점점 쓸모없게 되었습니다. 먹을 것을 줘봤자 소용이 없다는 주인의 생각을 눈치챈 당나귀는 마침 브레멘 음악대장이 단원들을 모집한다는 소식을 듣고 집을 떠납니다.

브레멘으로 가는 길에 당나귀는 노래를 잘하고 싶은 수탉, 입 냄새가 심한 개, 쥐를 잡지 않았다고 쫓겨난 고양이와 친구가 되어 함께 길을 떠납니다. 브레멘에 도착하기 하루 전날, 그들은 어느 숲속에서 하룻밤을 묵어야만 했는데, 그곳에서 도둑들이 살고 있는 집 한 채를 발견합니다. 그들은 도둑들을 깜짝 놀라게 해서 쫓아내고 그 집을 숙소로 사용합니다.

한밤중에 도망갔던 도둑들 중 한 명이 그 집에 들어갈 수 있는지 살펴보기 위해 들어왔습니다. 그때 고양이는 그의 얼굴을 할퀴고, 개는 그의 다리를 물고, 당나귀는 그를 발로 차며, 수탉은 문 밖으로 그를 내쫓습니다. 봉변을 당한 도둑은 동료들에게 마녀(고양이)가 긴 손톱으로 자신을 할퀴고, 오거[1](개)가 칼로 자신을 베고, 거인(당나귀)이 둔기로 자신을 내리치고, 용(수탉)이 천장 꼭대기에서 울부짖었다고 얘기합니다. 도둑들은 집을 포기하고, 당나귀, 수탉, 개, 쥐 등 브레멘 음악가들은 그 집에서 행복하게 살았습니다."

이 동화에 등장하는 도시 독일 브레멘Bremen의 알베르트 대주교가 라트비아의 수도 리가Riga 지역에 무역 본거지를 건설

브레멘 음악대 동상

왼쪽은 라트비아 수도 리가 시에 있는 성 베드로 교회 뒤편에 있는 동상이
고, 오른쪽은 독일 브레멘 시청 앞에 있는 동상이다.

한다. 오늘날 리가 옛 시가지는 그 옛날 독일 사람들이 아름답
게 가꾸어놓은 곳이다. 리가는 중세 북유럽 경제공동체 한자동
맹Hansabund의 중심지로 번창하여 '발트의 진주'로 불린다. 브레
멘 시에서는 이러한 역사를 기념해서 철의 장막 밖으로 뛰어
나오는 새로운 브레멘 음악대 동상을 1990년 리가 시에 기증
했고, 리가 시에서는 구 시가지 성 베드로 교회 뒤편에 설치한
다. 브레멘 시청 앞에 있는 동물 음악대 동상이 그림 형제의 동

화를 통해 모두가 더불어 잘사는 도시 브레멘을 형상화한 것이라면, 리가 시 성 베드로 교회 뒤에 있는 동물 음악대 동상은 이 도시의 기원과 철의 장막을 걷어낸 미래를 형상화한 것이다.

발트의 길

러시아와 서유럽의 무역통상 중계지로 상업과 수공업이 발달한 한자동맹의 중심도시 리가가 속해 있는 라트비아를 비롯한 리투아니아, 에스토니아 등 발트 3국을 차지하기 위해 소련과 나치독일이 1939년 8월 23일 몰로토프-리벤트로프 비밀협약을 맺는다. 라트비아·리투아니아·에스토니아 등 발트 3국은 역사에서 사라진다. 나라를 잃은 이들 세 나라 국민 670만 명 중 200만 명이 길 위에 선다. 비밀협약을 맺은 지 50년이 되는 1989년 8월 23일, 세 나라 국민들은 라트비아 리가 구시가지에 있는 라이마 광장을 중심으로 아래로는 리투아니아 빌뉴스 위로는 에스토니아 탈린까지 600킬로미터가 넘는 길 위에 인간 띠를 만든다. 발트의 길The Baltic Way이라 부른다. 저녁 7시가 되자 서로 손을 맞잡고 발트의 길을 만든 세 나라 국민들은 일제히 외친다. 라이스베스laisves, 자유, 브리비바briviba, 자유, 바바두스vabadus, 자유![2]

　리투아니아·라트비아·에스토니아 등 세 나라 국민들이 1989년 발트의 길에서 부른 자유의 노래는 전 세계로 울려 퍼진다. 그로부터 2년 뒤인 1991년 피 한 방울 흘리지 않고 독립

발트의 길 위에 펼친 인간 띠(ⓒLithuanian Central State A.rchive)

소련과 나치 독일 간 몰로토프-리벤트로프 비밀협약으로 나라를 빼앗긴 지 50년 되던 날(1989년 8월 23일) 발트 3국 국민 200만 명은 600킬로미터에 달하는 인간 띠, 발트의 길을 만들어서 자유를 외쳤다. 그로부터 2년 뒤 독립을 되찾았다.

을 되찾는다. 발트의 길은 2009년 7월 31일 193번째로 유네스코 세계기록유산UNESCO's Memory of World Register에 등재된다.

개항도시 역사산책

지난 겨울 우리는 촛불을 들고 광화문 세종대로 위에 섰다. 청와대를 향해 걸었다. 국정농단의 어둠을 촛불로 밝혔다. 길 위에 서면 새로운 역사가 시작된다. 적폐청산 새 길을 걷고 있는 대한국인이 걸어야 할 길은 어디에 있을까? 역사산책자는 전통에서 근대로 과감하게 걸어 들어간 개항도시 골목길을 걸었다.

　1426년 부산포로 왜인들이 들어온다. 얼마 전까지 왜구들이었던 왜인들이다. 1592년 부산진으로 왜군들이 들어온다. 임진왜란이다. 1678년 용두산공원 좌우편 33만 제곱미터 부지 위에 초량왜관을 열어서 교역을 할 수 있게 한다. 1877년 초량왜관 일대에 일본조계를 설정한다. 1905년 관부연락선을 타고 일본 사람들이 부산에 들어온다. 한일국교정상화 5년 뒤 1970년 관부연락선을 타고 일본 사람들이 다시 부산에 들어온다. 부산으로 들어온 일본 사람들은 많은 고통을 안겨주었다. 그렇지만 우리는 부산을 닫지 않았다. 1958년 최초의 원양어선 제1지남호가 부산항에서 남태평양으로 떠난다. 1964년 우리 장병들이 부산항에서 월남으로 떠난다. 2017년 한 해 동안 약 60만 명이 부산항에서 해외로 떠나고 또 약 60만 명의 관광객이 부산항으로 들어온다. 많은 사람들이 나들면서 부산은 국제도시로 발돋움한다. 조선 사람과 일본 사람이 다투었다. 북한 사람과 남한 사람이 얼싸 안았다. 외국인 노동자와 부산 사람이 만나서 다문화가정을 이룬다. 크루즈 관광객과 부산 사람이 만나서 다툼 없는 내일을 기약한다. 청년실업·조기퇴직·노숙자 등 생소했던 신조어들이 자연스럽게 들리는 신자유주의 시대에 꼭 필요한 지혜를 부산에서 발견한다. 부산개항장 소통길을 걷는다.

　1883년 1월 제물포를 개항한다. 일제의 무력시위에 무릎 꿇고 제물포를 인천이라 고쳐 부른 뒤다. 일본조계·청국조계·

각국조계를 연이서 설정한다. 청국 군대와 일본 군대가 제물포로 들어온다. 청일전쟁이다. 10년 만에 러시아 군대와 일본 군대가 또 다시 제물포에서 싸운다. 러일전쟁이다. 일제가 쫓겨난 제물포에 인민군이 들어온다. 한국전쟁이다. 닷새 동안 폭격을 멈추지 않았던 미군과 한국군이 들어온 것은 1950년 9월 15일. 인천상륙작전이다. 2018년 5월 24일 트럼프 대통령은 북미회담 취소 서한을 발표한다. 문재인 대통령이 적극 중재한다. 6월 12일 트럼프와 김정은이 역사적인 북미회담을 개최한다. 일제가 만든 제물포 전쟁길을 걸으면서 평화를 생각한다. 우리 손으로 만들어야 할 인천 개항장 평화길을 꿈꾼다. 역설적인 평화길 인천 개항장을 걷는다.

1904년 12월 25일 유진 벨은 클레멘트 오웬과 함께 광주 읍성 밖 어린아이를 장례 지내던 풍장터에 들어선다. 광주 사람들은 처음 보는 서양 사람들이 들고 들어온 가방 속에 무엇이 들었는지 궁금했다. 서양 사람들은 광주제중원·숭일학교·수피아여학교·양림교회·오웬기념각 등 처음 보는 건물들을 짓는다. 양림동은 근대로 가는 길목으로 변모한다. 양림동 근대길을 걸은 정율성은 대륙을 노래로 가득 채우고 중국 3대 인민음악가가 되고, 양림동 근대길로 걸어 들어간 조아라는 독립운동과 여성운동에 이어서 광주민주화운동에 헌신한다. 양림동 근대길에 발을 들여놓은 오방 최흥종은 모든 것을 다 버리고 한센병 환자들을 돌보는 목사의 길을 걷는다. 소설가 문순태는 양림동에서《징소리》를 쓴다. 극작가 조소혜는 양림동에서 〈젊은이의 양지〉를 쓴다. 화가 한희원은 양림동에서 15년째 전시회를 열고 있다. 양림동에서는 지금도 근대길을 만들고 있다.

　　부덕한 군주 연산이 사림 도학파를 친다. 연산 4년 1498년 무오사화다. 황해도 희천으로 유배 간 한훤당 김굉필寒暄堂 金宏弼은 정암 조광조靜庵 趙光祖를 가르친다. 1500년 순천으로 이배된 한훤당은 순천 사람 성은 유계린城隱 柳桂麟을 가르친다. 1504년 갑자사화로 한훤당은 결국 사사된다. 그러나 제자들은 호남사림 주류를 형성한다. 순천은 군주와 사대부의 경계에서 사대부를 선택했다. 순천에 근대가 도래한다. 1907년 순천 사람 최사집이 보성선비 조상학에게 받아들인 근대는 순천읍교회(현 순천중앙교회)로 결실을 맺는다. 전통과 근대의 경계에서 과감하게 근대로 발을 들인 결과다. 1913년 미국 남장로교회 선교사들이 순천 매곡동 선교사 마을에 들어온다. 순천 사람들은 본격적으로 근대를 질주한다. 해방을 맞는다. 1948년 순천은 다시 한번 경계에 선다. 봉기와 반란의 경계에서 수많은 순천 사람들이 봉기한다. 여순사건으로 무고한 시민이 피를 흘린다. 신앙으로 모든 죽임에 항거한다. 순천에 사랑의 원자탄이 터진다. 2015년 순천은 개발과 보존의 경계선을 긋는다. 순천 만국가정원이다. 경계에 선 도시 순천 꽃길을 걷는다. 붉은 매화 보다 더 기이하고 고운 순천 꽃길을 걷는다.

　　1887년 10월 1일 고종은 목포를 개항한다. 156가구 600여

명밖에 되지 않는 작은 마을 바다와 갯벌 위에 자주적 개항장 목포가 탄생한다. 그러나 1905년 을사늑약과 함께 외교권을 박탈당하면서 자주적 근대화 노력은 물거품이 된다. 일제는 1913년 부제府制를 실시하면서 목포를 부로 승격한다. 자주적 개항장 목포는 수탈도시로 전락한다. 1935년 조선일보와 오케레코드가 공동으로 공모한 제1회 향토노래 현상 모집에서 목포의 무명시인 문일석이 지은 〈목포의 노래〉가 당선된다. 이 시에 손목인이 곡을 붙이고 이난영이 노래를 부른다. 식민지 조선인의 애환을 달래준 노래 〈목포의 눈물〉이다. 가장 먼저 목포에 근대를 심은 사람들은 미국 남장로교회 선교사들이었다. 선교사 레이놀즈와 유진 벨은 1896년 2월 목포를 찾는다. 1894년 4월 레이놀즈와 드루가 다순구미 선창가에서 노방전도를 한 이래 두 번째다. 목포 선교의 거점이 될 양동 언덕배기 땅을 매입한다. 1898년 목포에 들어온 유진 벨은 양동교회를, 함께 들어온 의료선교사 오웬은 프렌치병원을, 1899년 목포로 들어온 교육선교사 스트래퍼는 정명여학교와 영흥학교를 개교함으로써 목포 선교부를 완성한다. 목포 개항장 일인 신시가지 남촌과 대립각을 세우면서 무덤자리를 생명자리로 가꾼 목포 개항장 북촌이다. 한과 흥이 교차하는 목포 개항장 생명길을 걷는다.

1   부산 개항장 소통길 산책

브라운핸즈 백제 / 초량교회 / 168계단 / 김민부 전망대 / 장기려기념관 / 이바구공작소 / 역사의 디오라마 / 40계단 문화관 / 백산기념관 / 용두산공원 / 부산근대역사관 / 보수동 책방골목 / 부평동 깡통시장 / 국제시장 / 자갈치시장

　　부산은 어떤 곳일까? 부산 하면 떠오르는 낱말들을 생각해보았다. 해운대, 부산국제영화제, 부산어묵 등이다. 여름 휴가철이면 어김없이 부산 해운대에 100만 피서객이 운집했다는 9시 뉴스가 나온다. 부산국제영화제가 열리면 부산을 찾은 아시아 영화배우들에 대한 기사가 인터넷을 도배한다. 부산어묵을 파는 포장마차는 서울 거리 곳곳에도 즐비하다. 따져보면 어느 것 하나 부산이나 부산 사람들의 일상은 아닐 것 같다. 다만 우리가 그렇게 생각한다.

　　부산에서는 어디에서나 바다를 볼 수 있다. 공을 세게 차면 바닷물에 빠질 것 같다. 부산 사람들은 맛없는 음식을 먹고 산다. 부산 사람들은 여차하면 싸울 듯이 소리를 질러댄다. 조금이라도 지체하면 금방 경적을 울려대서 시내가 온통 소음투성이다.

　　정말 그럴까?! 누가 부산을 그저 지방도시일뿐이라고 했나! 청관거리와 왜관거리를 걸어보니 부산은 그야말로 국제도시다. 누가 부산 사람을 단순무식하다고 했나! 168계단을 올라 영주동 산동네 산복도로에 들어서면 부산은 신자유주의 시대에 꼭 필요한 더불어 사는 지혜의 보고다. 보수동 헌책방 골목을 둘러보면 부산은 지식기반 문화도시다. 누가 부산을 보수적이라고 했나! 부산근대역사관을 둘러보면 부산은 자

주독립과 민주화의 성지다. 누가 부산 음식을 맛이 없다고 했나! 국제시장과 부평시장 그리고 자갈치시장 맛집을 섭렵하고 나면 전 세계 어디에도 없고 우리나라 다른 지역에는 없는 부산 맛에 매료된다.

부산 개항장

열린 도시

1350년부터 왜구가 창궐하기 시작한다. 1380년 이성계 장군은 남원으로 내려간다. 왜구 아키바쓰阿只拔都가 백마를 타고 전장을 휘젓는다. 활을 쏘아 죽이고 왜구의 말 1,600마리를 포획한다.[3] 1389년 이성계 장군은 위화도 회군을 단행한다. 8개월 뒤 위화도 회군에 함께 했던 박위朴葳, ?~1398로 하여금 대마도 정벌을 명한다. 왜선 300척과 집을 불태우고 고려인 포로를 데리고 돌아온다.

> "전함 100척을 가지고 대마도를 공격하여 왜군 선박 300척과 그 근방 해안 건물을 거의 다 불살라버렸다. 원수 김종연·최칠석·박자안 등이 뒤따라 왔으므로 그들과 함께 놈들에게 붙잡혀 갔던 우리 사람 남녀 100여 명을 찾아서 데려왔다(《高麗史(고려사)》卷116 列傳29)."[4]

1392년 조선을 건국하고 1395년 경복궁을 지은 태조 이성계는 1396년 12월 14일 김사형·남재 등 장수로 하여금 대마도 정벌을 명하고 한강진까지 직접 나가서 배웅한다. 어찌된 영문인지 정벌 전후 사정을 알려주는 자세한 기록이 없다.

1419년 6월 9일 여전히 병권을 쥐고 있었던 태종 이방원은 세종을 통해 대마도 정벌 교서를 내린다. 이종무李從茂, 1360~1425가 이끄는 정벌군은 적선 129척을 빼앗아 그중 쓸 만한 20척만 남기고 모두 불사른다. 건물 1,939호를 불태우고, 반항하는 왜인 114명을 베고, 21명을 사로잡는다. 6월 25일 왜인들은 대마도 훈내곶訓乃串에서 항복한다. 대마도 도주에게 왜구 단속 책임을 맡기고 조선으로 돌아온다.[5]

1413년 명나라가 전함 1만 척을 만들어 일본을 치려고 한다는 이야기를 전해 들은 태종 이방원은 위기를 느낀다. 왜구 정벌을 구실로 명나라 군대가 조선에 들어온다면 새 왕조에게 치명적일 수 있기 때문이다.[6] 태종은 대마도 정벌에 나선다. 새 왕조의 정당성을 확보하기 위한 것이다. 위화도 회군으로 돌아선 민심을 되찾기 위한 신의 한 수다. 대마도를 조선에 편입시키기 위한 전쟁이 아니다. 대마도 정벌을 통해 명나라 군대가 조선으로 진출하는 것을 막았다. 민심을 얻었다.

그러나 왜구를 완전히 소탕한 것은 아니다. 실질적인 일본 국왕 쇼군將軍의 명령은 교토 주변에만 미칠 뿐이다. 지방 번주

다이묘藩主 大名들이 땅을 나눠서 차지하고 있다. 쇼군이 왜구를 소탕할 수 없다는 뜻이다. 대마도 정벌이라는 강경책을 쓴 조선은 회유책을 쓸 필요도 있었다. 왜구에게 투항을 권고한다. 투항한 왜구에게 땅과 살림살이를 주고 조선에 정착해서 살도록 한다. 경상도에만 2,000여 명이 정착한다. 또한 세종 8년 1426년 부산포(동구 범일동)·내포(웅천)·염포(울산) 등 삼포를 열어서 교역을 할 수 있도록 한다. 3,000명 넘는 왜인들이 삼포에 정착한다. 이리하여 상인으로 탈바꿈한 왜구들이 부산으로 들어온다. 다이묘의 사자로 들어온 왜인 사송왜인使送倭人과 교역을 목적으로 들어온 왜인 흥리왜인興利倭人은 언제든 왜구로 돌변할 수 있는 사람들이었다.[7]

1510년 우려는 현실이 된다. 왜인들은 삼포에 설치한 왜관倭館에서 난동을 부린다. 15일 만에 삼포왜변을 진압한 조선은 왜관을 폐쇄한다. 1512년 제포왜관을 다시 연 데 이어서 1521년 부산포왜관을 다시 연다. 1544년 왜인들이 또 다시 사량도에서 난동을 부린다. 제포왜관을 폐쇄하고 부산포왜관 한 곳만 운영한다.[8]

1592년 왜군들이 절영도(부산 영도)에 상륙한다. 8년 전쟁 임진왜란으로 모든 관계를 단절한다. 일본은 대마도를 앞세워 무역항 개설을 끈질기게 요구한다. 조선은 대마도주 종의지宗義智가 보낸 사절을 모두 죽인다. 그러나 임진왜란 때 끌려간 포로 송환 문제가 있었기 때문에 목숨 걸고 매달리는 요구를 무

〈왜관도(倭館圖)〉(ⓒ 국립중앙박물관)

1783년에 변박卞璞이 그린 초량왜관草梁倭館의 전경이다. 조선왕조는 1544년 다른 곳의 왜관을 모두 폐쇄하고 부산포에만 왜관을 설치하였는데, 이후 몇 차례 장소를 옮겨 1678년에 초량왜관을 신축했다. 이곳에는 조선인 관리 뿐 아니라 일본에서 파견된 500~600명의 일본인이 교대로 근무하였고, 연간 50척의 무역선이 출입하였다. 초량왜관은 조선후기 조선과 일본의 외교와 무역 중심지였다.

조건 외면할 수도 없었다. 1607년 조선통신사가 일본으로 간다. 광해 1년 1609년 기유약조己酉約條를 맺고 두모포豆毛浦(부산 동구 수정동)에 왜관을 설치한다. 그러나 너무 좁고 불편했다. 또 다시 오랜 협상을 벌인다. 1678년 용두산 좌우편 33만 제곱미터 부지에 초량왜관草梁倭館(부산 중구 용두산공원 일대)을 완공한다. 대마도 목수와 일꾼 150명이 부산에 들어온다. 조선 사람 연인원 120만 명과 쌀 9,000석 그리고 은 6,000량을 들여서 4년 만에 완공한 것이다.[9] 일본 나가사키長崎에 열었던 당나라 개항장 당인옥부唐人屋敷의 10배 규모다. 네덜란드 상인에게 열었던 인공섬 데지마出島의 25배 규모다.[10]

들인 노력에 비하면 평화는 그리 길지 않았다. 1875년 9월 운양호雲揚號를 앞세워 강화도를 침략한 일제는 1876년 1월 네 척의 군함을 이끌고 부산에 들어온다. 9월 강화도조약을 체결한다. 1877년 1월 부산구조계약서釜山口租界條約를 체결하고 초량왜관 일대에 일본조계를 설정한다.[11] 초량왜관에는 일본인이 살지만 조선에서 통제했다. 바야흐로 부산은 일본인이 전적으로 통제하는 일본인 거주지역이 되었다.

일제는 1905년 1월 1일 부산 초량과 서울 영등포를 철도로 연결한다. 9월 10일 시모노세키下關를 출발한 관부연락선은 9월 11일 부산에 도착한다. 여객선이라 부르지 않고 연락선이라 불렀다. 일제 산요철도와 조선 경부철도를 연결하는 뱃길이기 때문이다.[12] 일본과 조선을 연결하고, 조선과 대륙을 연결한

골목길 역사산책_개항도시편

것이다. 일본 제국주의자들은 부산으로 들어온다. 조선 사람들은 강제징용·위안부·보국대·학병 등의 이름표를 달고 부산항을 떠난다.

1945년 8월 15일 광복을 맞았지만 관부연락선을 타고 부산항을 떠난 60만 조선 사람들은 돌아오지 못한 채 분단과 전쟁을 치른다. 1958년 제동산업 제1 지남호가 부산항을 떠나 남태평양으로 향한다. 원양어업의 효시다. 1970년대에 이르러 어획량 세계 8위 수산대국으로 성장한다. 700여 명에 달하는 원양어선 선원들은 돌아오지 못했다. 1964년부터 1973년 철수할 때까지 맹호부대·백마부대·청룡부대 장병들이 부산항을 떠나 베트남으로 향한다. 장병 5,000명은 돌아오지 못했다.

1970년 6월 16일 밤 승객 397명과 자동차 일곱 대를 실은 부관페리호가 일본 시모노세키를 떠나 이튿날 부산으로 들어온다. 25년 만에 부산 땅을 다시 밟은 첫 일본인 승객은 전 총리 기시 노부스케岸信介. 현 총리 아베 신조安倍晉三의 외할아버지다. 부산항에서 부관페리호를 타고 들어온 일본 극우파를 환영한 사람은 박정희 대통령과 백선엽 교통부장관. 둘 다 만주국 육군군관학교 출신이다. 만주군관학교는 외형적으로 만주국 장교를 양성하는 듯 보이지만 실제로는 일왕의 군대를 양성하는 곳이다. 부관페리호를 통해 일본인 기생관광객이 들어온다.[13] 그 틈에 재일동포 '그리운 내 형제들'도 끼어서 들어온다.

2017년 한 해 동안 58만 5,760명이 해외에서 부산항으로 들어오고, 59만 950명이 부산항에서 해외로 떠났다. 부산항으로 들어온 사람들 때문에 많은 어려움을 겪었다. 부산항에서 떠난 사람들 중 많은 사람들이 다시 돌아오지 못했다.

조선시대에는 굶주린 대마도 사람들을 거둬들였다. 일제강점기에는 조선을 수탈하러 온 일본 사람들과 뒤섞여 살았다. 6.25 전쟁이 한창이던 그 시절 부산으로 난리를 피해 내려온 피난민을 부산은 다 품었다. 압축적 경제성장의 이면에서 힘겹게 살던 우리 아버지와 언니를 한 귀퉁이에 숨겼다. 이제는 이주 노동자들까지 같은 부산 사람으로 받아들이고 있다. 열린 도시 부산 개항장 소통길을 걷는다.

부산 개항장 사람들
깊고 큰 사람

선량한 부산 시민: 바보 장기려

사람들은 장기려張起呂, 1911-1995 박사를 바보라고 부른다. 정작 장기려 박사는 바보라고 불리면 성공한 인생이라고 말한다. 장기려 박사가 왜 바보일까? 장기려 박사가 직접 쓴 시가 한 단서가 될 듯하다.

송도 앞바다를 바라보면서

- 장기려

수도꼭지엔 언제나 시원한 물이 나온다.
지난 겨울엔 연탄이 떨어지지 않았다.
쌀독에 쌀을 걱정하지 않는다.

나는 오늘도 세끼 밥을 먹었다.

사랑하는 부모님이 계신다.
언제나 그리운 이가 있다.
고양이 한 마리 정도는 더 키울 수 있다.
그놈이 새끼를 낳아도 걱정할 일이 못된다.

보고 듣고 말함에 불편함이 없다.
슬픔에 울고 기쁨에 웃을 수 있다.
사진첩에 추억이 있다.
거울 속의 내 모습이 그리 밉지만은 않다.

기쁠 때 볼 사람이 있다.
슬플 때 볼 바다가 있다.
밤하늘에 별이 있다.
그리고…… 세상에 사랑이 있다.

　　장기려는 1911년 7월 15일 평안북도 용천군 양하면 입암동에서 아버지 장운섭과 어머니 최윤경 사이에 둘째로 태어났다. '금강석'이라는 아명을 지어줘서 건강하게 자라기를 기원할 정도로 허약하게 태어났다. 의지도 박약해서 대학을 졸업할 때까지 제대로 고집 한 번 부리지 않았을 정도였다.

백인제(왼쪽)(© 백낙흰) / 장기려(오른쪽)(© CTS)

백인제와 장기려는 평안도 출신이다. 두 사람 모두 경성의학전문학교를 수석으로 졸
업했다. 스승과 제자로 평생 함께했다.

　　그렇지만 공부를 참 잘했다. 일곱 살 때 천자문을 다 뗀 장
기려는 한학에 조예가 깊으면서도 신학문을 중요하게 생각했
던 아버지가 설립한 의성학교에 입학하여 1923년 졸업한다.
1928년 송도고등보통학교를 수석으로 졸업한 데 이어서 1932
년에는 경성의학전문학교도 수석으로 졸업한다. 졸업하자마자
결혼한 장기려는 스승 백인제가 마련해준 대전도립병원 외과
과장 자리를 마다하고, 1940년 3월 평양 기홀병원紀忽病院, Hall
Memorial Hospital으로 부임한다. 9월에는 '충수염 및 충수염성 복
막염의 세균학적 연구'로 나고야대학교에서 박사학위를 취득하

고, 1943년에는 간 윗부분을 도려내는 설상절제술楔狀切除術에 성공하면서 간암수술 분야에 획기적인 기여를 한다. 3년 전 일본인 오가와 교수가 실패한 수술이다.[14]

그러나 장기려는 정작 자신의 몸을 돌보지 않았다. 1945년 5월 16일 간염, 신경쇠약, 과로, 스트레스 등으로 끝내 쓰러진다. 아버지의 강권으로 묘향산 부근 조용한 약수터 옆에 초가집 하나를 빌려 요양한다. 보름쯤 지났을까? 조국이 해방된다. 죽더라도 조국을 건국하다가 죽어야 한다는 일념으로 성치도 않은 몸을 이끌고 다시 평양으로 간다.

산정현교회 조만식 장로가 이끄는 조선건국준비위원회 위생과장을 맡는다. 그러나 김일성 일파에 의해 조만식 장로가 제거되면서 민족주의자와 공산주의자 간의 싸움이 본격화된다. 어느 날 김일성대학 부총장 박일, 의과대학장 정두현, 의대부속병원장 최응석 등 세 사람이 장기려를 찾아온다. 김일성대학 의과대 외과학과장으로 와달라는 것이다. 장기려는 세 가지 이유를 들어서 안 된다고 말한다. 첫째, 아직 교수가 될 만큼 실력을 갖추지 못했다. 둘째, 변증법적 유물론을 알아야 과학자 자격을 갖춘 것인데 아직 그걸 모른다. 셋째, 크리스천이어서 주일에는 일할 수 없다.

놀라운 일이 벌어졌다. 장기려가 언급한 세 가지 이유는 사실상 거부 의사를 표한 것이었는데도 불구하고 모두 수용된 것이다. 1년 뒤에는 장기려도 공산주의자가 될 것이라는 이유에서다. 장기려는 김일성대학 의대에서 외과학과장으로 일하면서 매일 새벽기도를 올렸고, 주일에는 출근하지 않고 교회에 출석하였으며, 수술 전에는 여느 때와 마찬가지로 기도를 했다.

그러던 1947년 어느 날 새벽 김일성이 충수염으로 입원한다. 충수염에 관한 연구로 나고야대학에서 박사학위를 취득했으니 당연히 장기려 박사를 찾았을 것이다. 장기려는 새벽기도에 가고 없었다. 회복실에서 장기려를 본 김일성은 고개를 절레절레 흔들면서 이렇게 말한다. "장 박사라고 했나요. 정말 죽을 뻔했어요. 얼마나 아픈지 미칠 지경이었지요. 기독교 믿는다고 했던가요. 참 아까 성경책 들고 있었지. 당신이 믿는다는 하나님에게 나도 기도라도 하고 싶더군요."15 이 사건을 계기로 장기려는 모범일꾼상을 받고 북한 정권 최초로 박사학위를 받는다.

1950년 6월 20일 묘향산 휴게소에서 휴가를 보내고 있던 장기려는 비상대기하라는 연락을 받는다. 무엇 때문인지 그 이유는 알려주지 않았다. 닷새 뒤인 6월 25일 새벽에서야 비상대기가 무엇을 뜻하는지 알았다. 김일성은 1950년 3월 38도선을 접하고 있던 주민들을 모두 후방으로 철수시켰다. 소련과 중국으로부터 무기 원조를 받은 상태였다. 전쟁은 곧 적화통일이라는 환상을 가질 만도 하다.

물밀 듯 밀고 내려오는 인민군에 속수무책으로 밀리던 연합군은 9월 15일 인천상륙작전에 성공하고 9월 28일 서울을 수복하면서 전세를 역전시키는 데 성공한다. 국군 제3사단 2개 중

대가 10월 1일 휴전선 저지선을 뚫으면서 시작된 북진행렬은 평양 시내에 있던 열성당원들의 탈출 대열과 선명한 대조를 이룬다.

10월 20일 평양이 함락되기 직전 모두가 허겁지겁 도망치는 통에 장기려 박사는 자연스럽게 평양에 남을 수 있었다. 국군이 평양 시내로 들어온 지 얼마 되지 않아서 경성의전 후배들이 장기려 박사를 찾아왔다. 야전병원에서 국군 부상자를 치료한다.

북진행렬은 오래가지 못했다. 10월 20일 슬그머니 압록강을 넘은 중공군은 11월 28일 장진호전투에서 미군을 궤멸하다시피 하면서 물밀 듯이 내려온다. 12월 3일 중공군은 평양을 에워싸기 시작한다. 산정현교회 주일예배를 마친 장기려는 둘째 가용과 함께 안광훈 소령이 타고 온 구급차로 평양을 빠져나가고 있었다. 그 전에 아내는 택용, 신용, 성용, 인용, 진용 등 다섯 자녀와 친정 식구들을 데리고 대동강을 건너기 위해 신양리 집을 나섰다. 구급차를 타고 피난민으로 가득 찬 평양 종로 거리를 빠져나가고 있을 즈음 가용이 갑자기 비명을 지른다. 차창 밖으로 어린 신용의 손을 잡고 피난 가는 아내의 얼굴이 얼핏 지나간다. 차마 세워달라고 하지 못했다. 목구멍까지 올라온 말을 결국 내뱉지 못한 한은 평생 지울 수 없는 상처로 남는다.[16]

아내에게 보내는 망향편지

- 장기려

창문을 두드리는 빗소리가 당신인 듯하여 잠을 깨었소. 그럴 리가 없건만, 혹시 하는 마음에 달려가 문을 열어봤으나 그저 캄캄한 어둠뿐. 허탈한 마음을 주체 못 해 불을 밝히고 이 편지를 씁니다. …… 그날부터 몇 일간 당신과 아이들은 걸어서 남하하다가 중공군이 앞질러 가는 바람에 울며 평양으로 되돌아갔다는 얘기를 나중에 목격자들한테 들었습니다. 다 내 불찰입니다. 그날 아침 당신과 애들을 먼저 대동강변에 보내지 않았다면 또 종로 거리에서 차를 세우기만 했었다면. …… 이북에서는 종교가 누구에게나 용인되지 않겠지만 당신은 항상 기도할 것으로 믿습니다. 우리 생전에 38선이 열리고 이산가족 모두가 만나 재상봉의 감격을 나눌 수 있다고 믿기에 기쁜 마음으로 이 편지를 끝낼 수 있습니다.

이산 40년 만에 부산에서 당신의 기려[17]

천신만고 끝에 부산으로 피난 온 장기려 박사는 1950년 12월 21일 평양 사람 정희섭 대령이 병원장으로 있는 제3육군병원에서 일한다. 12월 24일 성탄전야예배를 드리려고 한상동 목사가 시무하는 초량교회를 찾았다. 1936년 평양신학교를 졸업한 한상동 전도사는 부산 초량교회로 부임한다. 신사참배 반대운동으로 경남도경에 체포되어 평양형무소에서 7년간 옥고를 치르던 중 해방을 맞는다. 1945년 8월 17일 출옥한다. 1945년 9월부터 평양 산정현교회에서 시무하던 중 1946년 모친 별세로 고향에 왔다가 다시 돌아가지 못하고 그해 7월 30일 초량교회에 부임한다.[18] 장기려 박사는 한상동 목사가 평양 산정현교회를 담임할 때 산정현교회에 출석하였기에 잘 알고 있었다.

성탄절과 재회의 기쁨으로 무척이나 감격스러운 성탄전야예배를 드린다. 그러나 기쁨도 잠시, 교회로 들이닥친 방첩부대 삼일사 요원들에 의해 아들 가용이 지켜보는 앞에서 연행된다. 당시 이승만 정권은 취약했다. 1950년 5월 30일 치러진 선거에서 이승만이 이끄는 대한국민회는 210석 중에서 24석을 차지하는 데 그쳤다. 이승만은 수많은 사람들을 빨갱이라는 이름으로 단죄했고 훗날 이른바 '땃벌떼', '백골단' 등 어용 폭력단체를 만들어서 심지어는 국회의원까지 잡아 가두는 어처구니없는 짓을 저지른다.[19] 다행히 한상동 목사와 치과의사이기도 한 미국인 윌리엄 H. 치솜William H. Chisholm, 한국명 최의손 선교사의 헌신적인 노력으로 일주일 만에 풀려난다.

부산으로 피난 온 지 6개월이 지난 어느 날 한상동 목사는 웬 사나이를 데리고 온다. 전영창이라는 분인데, 미국 유학 중

전쟁 소식을 접하고 5,000달러를 모금해서 급거 귀국했다. 조국 없는 졸업장은 필요 없다고 하면서 신학대학 졸업을 불과 일주일 남겨둔 채로 말이다. 전영창은 한상동 목사 주선으로 국제연합 민사원조처를 찾아가 전액 기부하려 했다. 군병력 대신 의료진을 파견한 노르웨이 사람 넬슨은 받을 수 없다고 했다. 민사원조처는 원조물자를 받아서 한국인들에게 보급하는 일만 담당하고 있어서 모금한 돈을 받을 수 없단다. 대신 모금한 돈을 가지고 병원을 세우면 매일 50명분의 약을 원조해주겠다고 역으로 제안했다. 역제안을 받은 한상동 목사와 전영창이 장기려 박사를 찾아온 것이다.

제3육군병원을 사임한 장기려 박사와 한상동 목사 그리고 전영창은 의기투합한다. 1951년 6월 21일 영도구 남항동에 있는 제3영도교회 창고에서 천막복음병원을 열고 무료진료를 시작한다. 3개월 뒤 군에서 대형천막 세 개를 지원받아서 천막복음병원을 영선초등학교로 옮기고 더욱 확대한다. 게다가 전시 연합대학 의과대학 실습병원으로 지정받는다. 그 와중에도 한 달에 한 번은 병원 문을 닫고 무의촌진료에 나섰다. 어느덧 의사는 11명으로 늘었고 식솔도 33명으로 불었다. 수입이라고는 미국 개혁선교회에서 매월 보내주는 500달러의 선교비뿐이었다. 장기려 박사는 직책이나 직위가 아니라 식구 수대로 생활비를 나눠서 사용했다. 성서에 나오는 초대교회의 모범을 따른 것이다.[20]

뮤지컬 〈장기려 그 사람〉(왼쪽) / 장기려 전기(오른쪽)

왼쪽은 장기려 박사의 삶을 다룬 뮤지컬 〈장기려 그 사람〉의 한 장면이고, 오른쪽은 전기《청년의사 장기려》의 표지다.

1954년이 저물어갈 무렵 한상동 목사는 장기려 박사에게 또다시 새로운 제안을 한다. 고려신학교와 복음병원을 합치자는 것이다. 한상동 목사는 초량교회를 나와서 삼일교회를 재건한다. 원래 초량교회는 삼일교회였다. 민족의 독립과 영혼의 구원은 둘이 아니라 하나였기에 교회 이름도 3.1독립운동이라는 뜻을 지닌 삼일교회로 지었다. 또한 한상동 목사처럼 일제와 맞서 싸웠던 출옥성도들은 고신파로 모였고, 교단신학교로 고려신학교를 세우고자 했다. 평양신학교를 남한에 재건하는 것이다. 이러한 큰일을 같이 하자는 제안이다. 1956년 송도 언덕배기 만평 대지 위에 신학교 3개 동과 병원 1개 동을 건립했다. 오늘날 고신대학교 복음병원이다.

장기려기념관

재정 압박은 날로 커져갔지만 무료진료 원칙을 고수했다.
천막이 아닌 병원이 되다 보니 더 이상 감당할 수 없는 지경에
이르렀다. 직원들과 그 가족들이 있었기 때문이다. 하는 수 없이
치료비를 받기 시작했다. 그러나 장기려 박사는 다음에 갚겠다
고 부탁하는 환자들을 마다하지 않았다. 자신의 월급으로 대납
해주면서 치료를 계속했다. 그래서 항상 월급은 가불 상태였다.
원무과에서 장기려 박사 독단으로 진료비를 내지 않은 환자를
퇴원시키지 못하도록 했다. 장기려 박사는 한밤중에 병원 뒷문
을 열어서 그들을 도망치게 했다.

그래도 재정적인 문제가 해결되지 않자 장기려 박사는 대
안을 모색한다. 청십자의료보험조합이다. 대공황기 미국에서 시

작된 청십자의료보험조합을 모델로 해서 1968년 5월 13일 723명의 조합원으로 첫 출범했다. 담배값이 100원이던 시절에 한 달 의료보험료 60원을 받고 조합원 진료비 40퍼센트 할인, 30퍼센트 보험료, 나머지 30퍼센트 본인부담 방식으로 사실상의 무료진료를 이어갔다. 1975년 8월 4일에는 청십자의료협동조합 직영병원 청십자병원을 설립했고, 1976년 11월에는 사단법인 한국 청십자사회복지회로 개편했다. 전 국민 의료보험 실시 하루 전날인 1989년 6월 30일 발전적으로 해체했다. 청십자의료협동조합은 우리나라 의료보험의 모델이 되었다.[21]

1995년 12월 25일 성탄절에 장기려 박사는 집 한 칸 양복 두 벌 외에 아무 것도 남기지 않고 이 세상을 떠난다. 장기려 박사에게 의료보험조합을 제안했던 두밀리자연학교 채규철 교장은 다음과 같은 비문을 쓴다.

"1911년 평북 용천에서 태어나고 1995년 서울에서 승천한 의학박사 장기려. 그는 모든 것을 가난한 이웃에게 베풀고 자기를 위해서 아무 것도 남겨놓지 않은 선량한 부산시민, 의사, 크리스천. 이곳 모란공원에 잠들다."[22]

장기려는 끝까지 바보처럼 살았기에 '바보 의사'라는 수식어가 떠나지 않았다. 이렇게 실패해야 성공한 인생을 살 수 있다는 걸 보여주기라도 하듯 바보이기를 그만두지 않았다.[23] 선량한 부산시민 바보 장기려, 그는 하나님에게로 갔지만 부산 사람들은 아직 그를 떠나보내지 않았다.

거제도 사람 부산 정치인: 거산 김영삼

거산 김영삼 대통령은 1927년 12월 20일 경남 거제군 장목면 외포리에서 아버지 김홍조와 어머니 박부연 사이에 1남 5녀 중 외아들로 태어난다. 할아버지는 거제도에서 최초로 멸치어장을 개척한 분이다. 새로운 방식으로 어업에 성공함으로써 거제도에 사는 많은 어민들에게도 적잖은 도움을 주었다. 아버지 김홍조는 할아버지의 진취적인 기상을 김영삼에게 고스란히 대물림했다.

'낙후된 섬에 살지언정 생각마저 낙후되어서는 안 된다'는 할아버지의 신념대로 1936년 외포초등학교에 입학하기 두 해 전부터 서당에서 한학을 공부한다. 1942년 외포초등학교를 졸업한 김영삼은 1943년 일단 통영중학교에 진학했다가 1945년 부산 경남중학교 3학년에 편입해서 졸업한다. 1948년 9월 서울대학교에 입학하여 철학을 공부하던 중 정부수립 기념 웅변대회에서 2등으로 입상하여 외무부장관상을 수상한다. 당시 외무부장관이었던 장택상이 국무총리가 되었을 때 비서로 발탁되어 정계에 입문한다.[24]

1954년 민의원 선거에서 이승만 정권의 제2인자 이기붕의 출마 권유를 받고 자유당 후보로 거제에서 출마하여 최연소로 당선된다. 그러나 이승만 대통령의 3선 개헌에 반대하고 자유당을 탈당하여 1955년 창당한 민주당에 입당한다. 1958년 제4대 국회의원 선거에서 민주당 후보로 부산에서 출마하여 당시 내무부장관 이상용과의 대결에서 낙선한다. 막판 투표함을 열기 직전까지 김영삼과 이상용의 득표비율은 7:3이었는데, 막판 투표함에서 김영삼 표는 단 7장뿐 이상용의 표가 무더기로 쏟아져 나온다. 부정선거다. 김영삼의 첫 번째 정치역경이다. 1960년 4.19혁명으로 제1공화국이 붕괴하고 과도정부 하에서 치러진 제5대 국회의원 선거에서 당선된다.[25]

김영삼의 고향은 두 곳이다. 거제도는 태어난 고향이고, 부산은 정치적인 고향이다. 그래서 김영삼의 아호는 거제도의 거巨와 부산의 산山을 따서 거산巨山이다. 거산은 우리나라 민주화의 큰 산이 된다.

1961년 박정희 장군이 5.16 쿠데타를 일으키자 야당인 민정당 대변인을 하면서 박정희 정권과 본격적인 대립각을 세운다. 1965년 야당인 민중당 최연소 원내총무로 선출된다. 신민당 원내총무를 맡았던 1969년에는 박정희 대통령의 3선 개헌에 반대하고 중앙정보부로부터 초산테러를 당한다. 자동차 페인트가 다 벗겨질 정도로 강력한 초산이었다고 하는데, 다행히 자동차 문을 잠가 놔서 위기를 모면한다. 1969년 신민당 대통령 후보 지명전에 출마하여 '40대 기수론'으로 돌풍을 일으켰

으나 김대중 후보에 역전패한다.

1972년 10월 17일 박정희 대통령은 전국에 비상계엄을 선포하고 김기춘이 만든 유신헌법을 통과시켜 종신 대통령이 되기 위한 절차를 밟는다. 국회 해산, 정당 및 정치 활동 금지, 대학 휴교, 헌법기능 정지, 야당 국회의원 13명 고문 등 예비적인 조치를 취한 박정희 대통령은 점점 더 빠른 속도로 독재자가 된다. 하버드대학교 동아시아연구소 초청으로 미국에 있던 김영삼은 참모들의 만류를 뿌리치고 귀국한다. 정면돌파 승부사다운 면모다. 우리나라에 도착하자마자 가택 연금된다.

1975년 신민당 당수였던 김영삼은 유신헌법의 문제점을 지적하고 민주화를 요구하며 박정희 대통령과 여야 영수회담을 갖는다. 경제가 더 발전하면 유신헌법을 개정하고 민주화도 하겠다는 박정희 대통령의 말을 믿고 박정희에게 동조하는 사쿠라라는 비난까지 감수하면서 비공개 합의를 지킨다. 그러나 약속과 달리 박정희 대통령이 더 강압적이고 권위적으로 정치를 하자 속았다고 판단한 김영삼은 더욱 강력한 반독재 민주화 투쟁을 벌인다.

1979년 5월 30일 이철승을 당수로 선출하도록 각본을 짜놓은 중앙정보부의 공작정치를 누르고 다시 한번 당당히 신민당 당수가 된다.[26] 뉴욕 타임스와의 기자회견에서 미국은 더 이상 박정희 정권을 지지하지 말라고 요청한다. 그해 10월 4일 국회에서 제명된다. 김영삼 신민당 당수는 "닭의 모가지를 비틀어도 민주주의의 새벽은 온다"라는 말을 남기고 국회의사당을 걸어 나온다. 신민당 국회의원들은 전원 사퇴서를 제출한다. 10월 16일 유신체제타도와 정치탄압 중단을 외치면서 부산시민들이 일어나고, 18일에는 마산과 창원으로 확산된다. 부마민주항쟁이다. 10월 26일 박정희 대통령이 사망한다.

그러나 서울의 봄은 짧았다. 1980년 5월 17일 전두환 장군은 비상계엄을 선포한다. 구군부에 이어서 신군부가 쿠데타를 일으킨 것이다. 1983년 5월 18일 김영삼은 정치해금을 요구하면서 22일간 단식을 한다. 전두환 대통령은 할 수 없이 해금을 단행한다. 1987년 전두환 대통령은 의원내각제 개헌이 어려워지자 4.13호헌조치를 발표한다. 체육관 선거로 대통령을 선출하는 간선제를 고수하겠다는 것이다. 1월 14일 서울대생 박종철이 치안본부 대공분실에서 물고문으로 사망한 데 이어서, 6월 9일 연세대생 이한열이 경찰이 쏜 최루탄에 머리를 맞고 사망한다. 온 국민이 일어난다. 6월항쟁이다. 노태우 민정당 후보는 대통령 직선제를 수용하는 6.29선언을 한다. 그러나 안타깝게도 김대중 후보와 단일화를 이루지 못한 상태에서 10월 17일 출마를 선언한다. 노태우 후보 8,282,738표, 김영삼 후보 6,337,581표, 김대중 후보 6,113,375표, 김종필 후보 1,823,067표를 각각 득표한다.[27]

1990년 1월 22일 김영삼은 민정당 노태우 총재, 공화당 김종필 총재와 함께 민정당, 민주당, 공화당을 통합하여 민주자유

경찰에 연행되는 김영삼 총재(© 동아일보)

1987년 6월 26일 국민평화대행진에 참석하기 위해 민주화추진협의회 사무실을 나서다 경찰에 연행되고 있다. (《동아일보》 1987년 6월 27일자)

당으로 합당한다. 1992년 12월 18일 김영삼 후보[28]는 "신한국 창조"를 외치며 "이번에는 바꿔달라"고 호소한 김대중 후보[29]와 '경제대통령'을 내세운 정주영 후보[30]를 누르고 제14대 대통령에 당선된다.[31]

김영삼 대통령은 취임과 동시에 참모총장, 1군 사령관, 2군 사령관, 수도경비사령관 등을 한꺼번에 보직 해임하고 후임자를 취임시킨다. 청와대 앞길을 개방하고, 아홉 개나 되는 안가를 철거한다. 5.18특별법을 제정하여 전두환, 노태우 두 전직 대통령에 대한 역사의 심판을 단행한다. 권위주의적인 군부정권과 분명하게 선을 그은 것이다. 대통령 긴급처분명령권을 발동하여 금융실명제를 실시하고, 국민들이 시장, 도지사, 구청장, 시의원, 도의원, 구의원, 군의원 등을 직접 선출하는 지방자치제를 전면 실시한다. 정치자금법을 개정하여 정치자금을 양성화함과 동시에 야당에게도 정치자금이 돌아가도록 한다. 김대중 비자금 수사를 중단시키고, 대통령 선거를 공정하게 관리한다.[32]

그러나 1997년 1월 23일 한보철강 부도를 시작으로 삼미, 진로, 해태, 쌍용중공업, 통일중공업 등 대기업이 부도를 낸다. 태국 바트화와 인도네시아 루피아화가 폭락한다. 대만은 외환방어 포기를 선언한다. 홍콩 증시도 폭락하면서 동남아시아 전체가 금융위기에 빠져든다. 김영삼 정부도 국민들에게 세계통화기금IMF에 손을 벌릴 수밖에 없다는 사실을 알리고 국가부도 사태를 맞는다.[33]

김영삼 대통령은 퇴임 후에도 김대중 대통령에 대한 라이벌 의식을 여전히 가졌던 듯하다. 김대중 대통령이 남북교류를 추진하자 폭군 네로에 비유하고, 노벨평화상을 수상하자 상의 권위가 땅에 떨어졌다고 비판하기도 했다. 그렇지만 2009년 김대중 대통령이 중환자실에 입원하자 먼저 찾아가 화해한다. 그로부터 6년 뒤 대한민국 민주화의 큰 산 김영삼 대통령은 2015년 11월 22일 새벽 88세를 일기로 서거한다.

김영삼 대통령은 민주화와 개혁의 공이 있고 동시에 국가

부도라는 과가 있다. 그럼에도 여느 대통령과 마찬가지로 자랑스러운 대한민국 대통령이다. 아울러 에둘러서 말하기보다는 분명하게 말하고 정면으로 돌파하여 승부를 내는 부산 사람이다.

부산 개항장 산책

소통길

오늘 걷는 길은 부산역에서 시작해서 청관거리, 영주동 산복도로, 40계단을 거쳐 용두산공원, 동양척식주식회사 등이 있는 왜관거리, 보수동 헌책방골목, 깡통시장, 자갈치시장을 둘러보고 다시 부산역으로 돌아오는 길이다. 부산역 앞 큰 도로를 건너서 영주동 산동네로 올라간다.

산복도로에서 용두산공원까지 부산을 동서로 걷는다. 용두산공원에서 부산근대역사관으로 내려간다. 부산근대역사관에서 남포동 방향으로 보수동 헌책방골목을 가로지른 후 다시 내려간다. 부평시장에서 BIFF광장, 자갈치시장 등이 연이어서 나온다. 자갈치시장을 가로질러 가면 지하철 1호선 남포역으로 가는 부산 개항장 산책길이다.

국제도시 부산: 청관거리와 왜관거리

부산역에서 지하도를 건너 7번 출구로 나와서 직진하면 대로변에 큰 식당 '초량밀면' 집이 나온다. 부산역 앞에는 밀면 맛집이 한 곳 더 있다. 지하도 1번 출구에서 약 5분간 직진하면 부산터널 앞 네거리가 나온다. 고가도로 밑 네거리를 건너서 오른쪽으로 약 50미터 정도 올라가서 왼쪽 골목 안 건물을 가로질러 영주시장 안에 있는 '황산밀냉면' 집이다.

요즘은 서울에서도 밀면집을 간혹 볼 수 있다. 그러나 여전히 부산만 못하다. 전쟁 속에서 고향을 떠나온 고달프고 가난한 사람들의 허기진 배를 채워주고자 만든 음식이다. 음식을 만드는 사람이나 먹는 사람 모두가 사정을 뻔히 아는 터라 사정이 나아진 지금도 가격은 3,500원이다. 이 값에 먹어도 되나 싶다.

일제강점기를 견디어낸 후 6.25전쟁을 거치면서 전국에서 피난민들이 부산으로 몰려들었다. 여태까지 부산에 없었던 팔도음식이 다 들어온다. 이북음식 냉면도 들어온다. 냉면 역시 어묵과 마찬가지로 전쟁과 부산이라는 특수한 환경에 알맞게 자리한다. 따뜻한 남쪽 지방이었기에 냉면을 말아먹을 동치미 국물이 없었다. 그래서 고기와 한약재로 우려낸 육수로 동치미 국물을 대신했다. 황해도 메밀처럼 찰진 메밀을 구할 수는 없었지만 밀가루는 많았다. 여기에 고구마 전분을 섞어서 뽑은 면이 밀면이다. 찰기가 상대적으로 적어서 냉면보다 굵어졌지만 이미 일본식 우동을 먹고 있었던 부산 사람들 입맛에는 그만이었

황산밀냉면

다. 이렇게 탄생한 것이 부산 밀면이다.

39년 전통을 자랑하는 황산밀냉면은 밀가루와 고구마 전분을 7:3비율로 섞어서 면을 만든다. 열두 가지 한약재를 넣어서 육수를 만들지만 김창식 사장이 직접 우려내기 때문에 며느리도 그 비법을 모른단다.[34] 밀면의 세 번째 구성요소인 양념에는 양파, 고춧가루 등 열두 가지 재료가 들어가지만 이 역시 사장님의 부인 이귀순 할머니께서 직접 만든다.

한참 맛있게 먹다가 벽을 보니 참 순박한 그림이 하나 붙어 있다. 황산밀냉면 사장님이 고향 황해도 벽성군 청룡면 맹하리 고향마을을 그린 그림이다. 아들, 며느리, 딸, 사위에게 통일

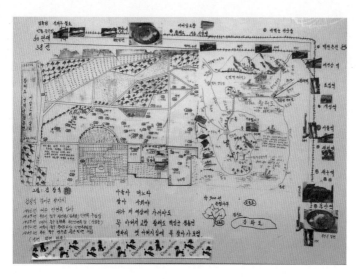

영주동 황산밀냉면 식당에 붙은 그림
황산밀냉면 김창식 사장이 직접 그린 황해도 고향 그림

되면 꼭 찾아가보라는 부탁의 말씀도 잊지 않았다. 게다가 우리
집이라고 하지 않고 우리 땅이라고 써놓으신 것을 보니 통일되
면 땅을 되찾으라는 부탁 말씀인 듯하다. 그런데 좀 더 자세히
보니 왼쪽 아래에 김창식 사장의 약력을 적어놓았다. 처음 일하
신 곳은 부산이 아니라 여수 '안면옥'이고, 1959년 '부산안면옥'
주방장으로 옮겼고, 1969년에는 대구에 있는 '부산안면옥' 점
장을 했다. 궁금증이 발동했다. 황산밀냉면과 안면옥은 무슨 관
계일까? 여수에서 시작했는데 부산안면옥은 뭔가? 밀면은 부
산으로 피난 온 황해도 분들이 만든 것인가?

1911년 평양에는 '평양조선인면옥조합'이 생겨날 정도로

냉면집이 많았단다. 평양 아틱리에 있었던 2층 한옥건물 냉면집이 '안면옥'이었다. 창업주 안진형 씨의 성을 따서 안면옥이라고 이름 지었는데, 동치미 독만 자그마치 150개를 묻었다고 하니 평양에서도 꽤 큰 냉면집이다. 심지어는 자체 제분소까지 두고 있었는데, 찰기가 좋은 황해도 메밀을 직접 도정하고 맷돌에 갈아서 메밀가루를 만들어서 그때그때 썼기 때문에 냉면 맛이 무척 좋았다. 안진형 사장의 장남 안목천 씨가 여수로 피난 가서 1951년 '평양면옥'이라는 냉면집을 창업했다. 찰기 있는 메밀 특유의 뚝뚝 끊어지는 식감에 찬 고기육수로 만든 평양식 냉면은 따뜻한 남쪽 여수 사람들과 고향의 맛을 잊지 못하는 북한 피난민들에게 큰 인기를 얻었다.[35]

장사가 제법 잘됐지만 안목천 씨는 실향민이 많고 시장도 더 큰 부산으로 자리를 옮긴다. 여동생 안삼실 씨가 부산에서 교사로 정착해 있었기 때문에 쉽게 재창업할 수 있었다. 그렇게 해서 1953년 부산 창선동에 '부산안면옥'을 창업한다. 이 무렵 안진형 사장의 동생 안차천 씨는 대구에 '대동면옥'을 창업했다고 한다. 1969년 부산안면옥을 대구로 이전한다. 부산에 있는 직원과 요리법을 그대로 대구로 옮겨서 재창업한 것이다. 그래서 부산안면옥은 부산에 없고 대구에만 있다.[36]

이제 궁금증이 해소된다. 황산밀면 김창식 사장이 말하는 여수 안면옥은 평양면옥이다. 안목천 사장이 부산안면옥을 창업하면서 여수에 있던 김창식 사장에게 주방을 맡긴 것이다.

1969년 부산안면옥을 대구로 옮기면서 직원들도 대구로 갔는데 그때 점장으로 승진한다. 서울에 지점을 내면서 점장으로 또다시 서울로 올라갔고, 1977년 드디어 부산에서 황산밀냉면을 창업한다. 밀가루와 고구마전분을 섞어서 직접 만든 면은 얇지도 굵지도 않은 적당한 굵기라서 먹기에 딱 좋다. 냉면처럼 질기지 않으면서도 우동처럼 허물거리지도 않아서 식감이 아주 좋다. 소뼈와 한약재를 넣고 우려낸 육수는 시원하면서도 깊은 맛이 우러나서 쉽게 손을 떼지 못하고 자꾸만 들이키게 된다.

초량밀면이나 황산밀냉면에서 다시 되돌아오면 이바구길 표지판이 나온다. 그 표지판을 따라 왼쪽 골목으로 들어가면 차이나타운이 반겨준다. 조선시대에는 부산으로 들어온 일인들이 차이나타운을 거쳐 왜관으로 들어갔다. 차이나타운은 왜관으로 가는 길목이다. 1887년에는 청국조계지가 되었는데 1883년 일본 고베에서 일어난 덕흥호사건 때문이었다. 1883년 11월 화상華商이 일본 고베에 덕흥호라는 상점을 내려고 하다가 일본 상인과 마찰을 빚으면서 청국과 일본 간 외교문제로 비화된 사건이다. 덕흥호사건을 계기로 1887년 지금의 차이나타운에 '청국조계지'를 개설한다. 청관거리가 형성된다. 일제강점기에는 지나支那 사람들, 즉 중국 사람들이 많이 모여 사는 곳이라 해서 일본말로 '시나마찌支那町'라고 불렀다.

6.25전쟁 때는 미군들이 차이나타운으로 들어오면서 미군을 상대로 한 유흥업소가 형성되는데, 이때부터는 '텍사스거리'

차이나타운(왼쪽) / 왜관거리(오른쪽)

차이나타운은 부산역 맞은편 뒷골목에 있다. 청관거리라고 불렀다. 부산근대
역사관에 재현한 왜관거리는 지금의 용두산공원 좌우편에 있었다.

라고 부른다. 한중국교정상화가 이루어진 이후 1993년 상해시
와 부산시가 자매결연을 맺고 부산시에 '상해거리'를 조성했다.
2007년에는 지식경제부에 차이나타운 지역발전특구로 지정하
였는데, 이때부터 '차이나타운'이라 부르고 있다.

　　오래전부터 중국 사람과 일본 사람이 부산에 들어와서 살
았다. 청관거리라고 불렀던 청국조계지가 있고 왜관거리라고
불렀던 초량왜관도 있다. 지금의 용두산공원을 중심으로 부산
항 쪽을 동관이라 불렀고 반대쪽을 서관이라 불렀다. 왜관거리
는 청관거리보다 역사가 더 오래다. 조선 초기로 거슬러 올라간
다. 세종 임금이 다스리던 1426년 부산포, 내이포, 염포 등 삼포
를 개방하여 대마도 왜인들이 교역을 할 수 있도록 했다. 임진

용두산공원 부산타워(©장호원)

왜란과 함께 폐쇄했다가 1607년 지금의 수정동에 두모포 왜관
을 열어준다. 지금의 용두산공원 주변에 초량왜관을 설치한 것
은 숙종 임금 4년 때인 1678년이다. 부산박물관 이승훈 학예연
구사는 두 가지 점에 놀란다.[37] 초량왜관이 10만 평에 달하는
엄청난 규모였다는 데 놀라고 지금은 흔적도 없이 사라졌다는

데 놀란다. 왜놈들도 대단하지만 부산 사람들은 더 대단하다. 아주 싹 쓸어버렸다.

라이프스타일 숍: 브라운핸즈 백제

청관거리 차이나타운 바로 옆에 백제병원이 있다. 일본 강산의 전岡山醫專에서 수학한 김해 출신 최용해崔鎔海가 1930년에 신축한 부산 최초의 근대식 개인종합병원이다. 쌀 한 섬에 10원 하던 시절 6만원이나 들여서 지은 멋진 병원이다. 그러나 불과 2년 만인 1932년 행려병자 시신으로 만든 인체해골 표본 때문에 부도덕한 의료인으로 구설수에 오르면서 일본으로 야반도주한다.

엽기적인 사건 이후로 저주받은 듯이 중화요리집 봉래각, 일본군 장교숙소, 대만영사관, 신세계예식장 등으로 계속 주인이 바뀌다가 1972년 화재로 건물 외부만 남고 다 타버렸다. 그러나 워낙 단단하게 지은 건물이라 철거도 쉽지 않았다. 맨 위층인 5층만 겨우 들어낸 채 허름한 상점으로 사용했다.

백제병원이 다시 태어난 것은 지난 2016년이다. 슬로우 라이프스타일을 제안하는 디자인 브랜드 브라운핸즈가 디자인 카페로 변신시켰다. 서울 강남 카센터를 리노베이션한 도곡점과 마산 앞바다 버스 차고를 다듬어 만든 마산점에 이은 세 번째 디자인 카페다. 손질을 최소화했다. 재활용할 수 있는 것은 그대로 쓰고 망가졌거나 유실된 것은 최대한 비슷하게 만들었

디자인 카페 브라운핸즈 백제(© 브라운핸즈)

다. 이름은 카페지만 전시와 공연도 겸하는 복합문화공간이다. 백제병원이 브라운핸즈 백제로 거듭났다. 엽기적인 그 병원이 라이프스타일 숍으로 변신했다. 멋지다.

푸른 눈의 한국 혼: 초량초등학교와 초량교회

브라운핸즈 백제 앞 큰 네거리를 지나 산동네 골목길로 올라간다. 도로를 건너 다시 골목길로 올라가면 좌우편은 초량초등학교와 초량교회다. 초량초등학교 담장에는 초량초등학교를 빛낸 한류스타 이야기가 전시되어 있다. 나훈아, 이경규, 박칼린이 모두 초량초등학교 출신이다. 초량초등학교를 중심으로 세 한류스타가 태어난 집까지 표시해놓았다. 마치 순국열사의 유적지에 온 듯하다. 입가에 절로 미소가 맴돈다.

초량교회는 한강 이남 최초 교회다. 선교사 베어드William M. Baird, 1862~1931가 부산선교기지Fusan Mission Compound를 구축하면서 초량교회를 개척한다. 1890년 12월 샌프란시스코항을 출발한 베어드 선교사는 1891년 2월 제물포항에 도착한다. 도착 즉시 언더우드 선교사와 함께 부산을 답사한다. 1891년 9월 일본인 거류지 끄트머리 영서현에 부산선교기지 부지를 매입한다.

1892년 부산선교부 미완성 선교사 사택을 개방하여 영서현교회를 시작한다. 영주동으로 옮겨 건축하면서 영주동교회라 이름했다가 1922년 재건축하면서 초량삼일교회라 고쳐 부른

초량초등학교 출신 한류스타 생가 지도

다. 삼일독립운동이라는 뜻이다. 부산 독립운동과 신사참배거
부운동의 중심지가 된다. 일제가 탄압의 고삐를 조이면서 교회
이름을 문제 삼는다. 삼위일체의 삼일이라 둘러댄다. 1952년
초량교회와 삼일교회로 분립한다. 초량교회는 영주동 산동네에
그대로 남았다.

1898년 베어드 선교사는 대구와 서울을 거쳐 평양으로 선
교지를 옮긴다. 평양에서 숭실학당(현 숭실대학교)을 설립하여
우리나라 최초 종합대학으로 키운다. 일제가 조작한 데라우찌
총독 암살미수사건, 즉 105인 사건으로 일제는 베어드 선교사
를 숭실대학에서 물러나게 한다. 베어드는 숭실대학에서 물러
났지만 평양을 떠나지 않았다. "나는 죽기까지 조선에서 일하

베어드 선교사 기념비

양화진 외국인선교사 묘역에 있는 베어드 선교사 기념비. 무덤은 평양숭실대학 교내에 있다.

다가 조선 땅에 묻히겠다"는 말대로 1931년 11월 28일 71세를 일기로 평양 숭실대학 교정에 묻힌다. 배위량 선교사 장례식에는 3,000명이나 되는 조문객이 운집한다.[38]

양화진 외국인선교사 묘역 베어드 일가족 묘지에 베어드 선교사와 사모 애니 베어드Annie L. A. Baird의 묘비를 세웠다. 베

부산선교기지(©초량교회)

어드의 두 아들 베어드 2세와 리차드 베어드도 한국에서 선교
사로 헌신한다. 아버지와 마찬가지로 한국에 묻히기를 원했다.
베어드 일가족 묘지에 무덤을 정하고 묘비를 세웠다.

베어드 선교사는 초량교회를 시작하던 첫 해 1892년에 첫
딸을 낳는다. 안타깝게도 1894년 뇌수막염으로 사망한다. 사모
애니 베어드는 시린 가슴을 찬송시로 달랜다. 아픔을 노래한다.
〈멀리 멀리 갔더니〉는 찬송가로 남았다.

부산선교기지에 병원을 시작한 이는 미국 북장로교 의료
선교사 찰스 어빈Charles H. Irvin, 1862-1933이다. 찰스 어빈은 아
내 베르다 어빈Bertha K. Irvin과 함께 1893년 부산선교기지에 도
착한다. 1903년 부산 영주동에 기전병원紀全病院, Junkin Memorial
Hospital, 1909년 상애원相愛院(한센병원) 등을 짓고 의료선교에

최경학 담임목사와 베르다 어빈 송별 기념사진(© 京都教會 1935)

1935년 교토교회당을 건축한 직후 독립운동가 최경학 초대 담임목사와 베르다 어빈 송별을 기념
하며 찍은 사진이다. 맨 앞줄 중앙에 베르다 어빈 선교사와 최경학 목사가 나란히 앉아 있다.

박차를 가한다. 1911년 선교부에서 나와 어을빈병원을 개업한다. 어을빈제약주식회사를 설립하고 만병통치약으로 알려진 만병수萬病水를 만든다. 만병수로 크게 성공한 찰스 어빈은 거금 30만 원을 독립운동자금으로 기부한다.[39] 1919년 초량교회 윤현진 집사는 30만 원이나 되는 독립운동자금을 들고 직접 상해로 간다. 1921년 상해임시정부 재무차장(재무장관)으로 일하던 중 순국한다.

베르다 어빈은 1911년 일본으로 건너가 도시샤대학同志社大學 음악교수로 정착한다. 틈틈이 교토교회 조선인 성도들과 교제한다. 조선인 성도들이 공장에서 힘겹게 번 돈으로 교회부지를 매입하자 자신을 선교사로 조선에 파송한 미국 북장로교회와 일가친척에게 건축헌금을 요청한다. 남편 찰스 어빈에게 받은 위자료 전액까지 합쳐서 1만5,000원을 건축헌금으로 드린다. 교토교회 한 해 예산이 2,000원이던 시절이다.[40] 교토교회는 1935년 교회당을 완공하고 '주후 1935년 조선인을 위한 어을빈기념교회당Irvin Chapel for Koreans 1935 A.D.'이라 정초에 새긴다.

그러나 일본 경찰의 집요한 방해공작으로 입당하지 못했다. 목포주재 일본영사와 부산부윤을 역임한 와카마쓰 도사부로가 백방으로 노력한다. 1940년 4월 14일 어을빈기념교회당魚乙彬記念敎會堂 교토교회 입당예배를 드린다. 10월 20일 드디어 봉헌한다. 1935년 캘리포니아로 돌아간 베르다 어빈의 빈자리를 못내 아쉬워한다.

산동네 인터넷: 168계단

초량초등학교와 초량교회 사이 길을 따라 위로 올라가면 가파른 계단이 떡 버티고 선다. 아찔하다. 영주동 산동네에 있는 윗마을과 아랫마을을 가장 빨리 왕래할 수 있는 168계단이다. 영주동 산동네에는 계단이 많다. 계단으로 아랫마을과 윗마을이 서로 연결되고, 계단 좌우편 골목길로 서로 소통한다. 산동네 한가운데를 관통하는 산복도로[41]는 산동네와 도심을 이어준다. 결국 계단과 산복도로는 산동네 주민들의 인터넷이다.

일제강점기에는 부산역 앞에서 일자리를 구하기 위해 이가파른 산동네에 살았고, 6.25 때는 전쟁을 피해서 이 동네에 살았다.[42] 이래저래 판자촌에 계속 살 수밖에 없었다. 왜놈도 쫓겨 갔고 전쟁도 끝났으니 이제는 편히 살 줄 알았다. 그러나 1955년부터 1964년까지 도시환경 개선 및 미관 회복이라는 미명하에 강제철거와 집단이주를 단행한다. 바로 이어서 1965년부터 1972년까지는 집단이주 개발정책을 시행해서 아예 도시 밖으로 쫓아낸다. 결과적으로 강제철거 이주정책은 도심지 불량주거지를 도시 전체로 확산시키고, 대규모 집단이주 개발정책은 도시 바깥까지 산동네를 확산시킨 꼴이다.[43]

교훈을 얻은 것일까? 부산시는 168계단의 폭을 3미터에서

168계단(왼쪽) / 영주동 산동네 계단(오른쪽)(ⓒ 박정주)

영주동 산동네에는 168계단을 비롯해서 곳곳에 계단이 있다. 아랫동네, 윗동네, 옆동네 그리고 시내를 이
어서 소통하게 하는 산동네 인터넷이다.

168 도시락국 (ⓒ 안은정)

부산 중구는 어르신 비율이 가장 높다. 그래서 도시재생사업의 목표 중 하나
도 어르신 일자리 창출이다. 어르신 일자리 창출의 일환으로 168계단 위에
문을 연 식당

8미터로 넓히고 65미터 모노레일을 도입하여 노약자 이동편의 시설로 활용하고 있다. 산동네 인터넷이 온 동네 명소가 될 것 같다.

168계단 중간쯤에 이르니 숨이 차오른다. 오른쪽으로 들어가라고 화살표를 해놨다. '김민부 전망대'다. 조금 쉬었다 갈 요량으로 아무 생각 없이 들어갔더니 이럴 수가! 부산 북항이 한눈에 펼쳐지면서 내가 오늘 정말 잘 왔구나, 하는 생각이 절로 난다. 차 한잔을 마시면서 잠시 부산에 푹 빠져든다.

우리에게 〈기다리는 마음〉으로 잘 알려진 김민부 작가는 바로 옆에 있는 수정동 산동네에 살았단다. 전망대 벽에 '기다리는 마음'을 새겨 놓았다. 절로 노래 선율이 떠오른다. 김민부 작가는 부산 사람들에게 잘 알려진 라디오 프로그램 〈자갈치 아지매〉를 집필했고, 온 국민을 웃겨주었던 〈웃으면 복이 와요〉를 집필하기도 했다. 김민부 전망대에 올랐으니 김민부의 '기다리는 마음'을 감상해보자!

기다리는 마음
- 김민부

일출봉에 해 뜨거든 날 불러주오
월출봉에 달 뜨거든 날 불러주오

기다려도 기다려도 님 오지 않고
빨래 소리 물레 소리에 눈물 흘렸네

봉덕사에 종 울리면 날 불러주오
저 바다에 바람 불면 날 불러주오
기다려도 기다려도 님 오지 않고
파도 소리 물새 소리에 눈물 흘렸네

다시 168계단을 올라가면 끄트머리에 '이바구공작소'가 있다. 6.25전쟁 당시 부산에 관한 이야기와 부산에 사는 화교 이야기 등 기획전시를 하고 있다. 이바구공작소 옥상으로 올라가면 다시 한 번 전망대가 나온다. 김민부 전망대에서 본 부산항이 내 눈높이였다면 이바구공작소에서 보는 부산항은 하늘을 나는 새의 눈으로 보는 것 같다. 바로 뒤에 있는 영주동 산복도로에 올라서면 부산 북항뿐만 아니라 산동네까지 한눈에 들어온다. 그야말로 산과 바다가 파노라마처럼 펼쳐진다. 산복도로에서 부산 북항을 바라보면 속이 확 열린다. 멀리 영도와 용두산공원 그리고 부산항대교가 멋지다.

그러나 더 멋진 것은 산동네다. 마치 계단식 논처럼 앞에 있는 건물은 뒷 건물의 시야와 햇볕을 가리지 않는다. 경쟁하지 않고 공존하는 삶의 지혜를 배운다. 한 가지 특이한 점은 보통 건물과 달리 주차장이 옥상에 있다는 점이다.

이바구공작소에서 본 부산항
멀리 오른쪽 끝에 영도와 바다 한가운데에 부산항대교가 멋지다. 그러나 진
짜 아름다운 경관은 영주동 산동네 사람들의 더불어 사는 삶의 지혜다.

역사의 디오라마에서 본 부산항(위) / 역사의 디오라마(아래)

사진에서 보는 것처럼 역사의 디오라마에 올라서면 부산을 한눈에 내려다
볼 수 있을 뿐만 아니라 부산의 과거와 현재도 볼 수 있다.

부산 해양경관 조망 공간: 역사의 디오라마

영주동 산복도로에 올라서서 오른쪽으로 가면 장기려기념관 더 나눔센터가 있다. 더 나눔센터에서 방향을 반대로 틀어서 영주동 산복도로를 다시 거슬러 가면 내리막길로 접어들 무렵 부산 해양경관 조망공간 '역사의 디오라마'가 나온다. 역사의 디오라마에서는 부산을 다양한 각도에서 시각적으로 볼 수 있을 뿐만 아니라 영상을 통해서 부산 옛 지도를 보여줌으로써 과거와 현재를 동시에 볼 수 있다. 여기에 이르면 내가 오늘 이렇게 눈 호사를 누려도 되나 싶을 정도가 된다.

바다 위 신도시와 가파른 산동네를 잇는 계단: 40계단

역사의 디오라마에서 도로를 따라 걷다가 왼쪽에 있는 계단으로 내려가면 부산터널 삼거리가 나온다. 사거리를 건너 높이 솟은 코모도호텔을 지나 작은 사거리에서 아래로 내려가다가 오른쪽 길을 계속 걸어가면 남성여고를 지나자마자 1차선 도로 왼쪽에 40계단 문화관이 나온다. 40계단 문화관 앞은 소라계단이다. 40계단 문화관 앞 인쇄골목을 약 150미터 정도 더 걸어가면 40계단이 나오고, 40계단을 내려가면 테마거리다. 원래 40계단은 소라계단 앞에 있는 40계단 문화관에서 현재 새로 조성한 40계단으로 25미터가량 아래에 있었단다. 40계단 문화관과 40계단 사이에 있었다는 말이다.

40계단 문화관광 테마거리 조형물

잘 차려입은 가족의 전차 나들이보다는 틈새휴식으로 고단한 노동에 지친
몸을 달래는 아버지와 물 전쟁에 뛰어든 딸아이의 결연한 표정이 더 와닿는
다. 이처럼 40계단이 갖고 있는 역사성은 조형물을 바라보는 우리 시각도 고
정시킨다.

언제 40계단을 만들었는지 정확히 알지 못하지만 대략
1908년 전후로 추정한다. 일제 강점기에는 꼬치집이 많아서 술
꾼들이 몰려들었다. 6.25전쟁 때는 피난민들이 일자리를 찾아
서 아침저녁으로 넘나들던 고달픈 삶의 계단이었다. 또한 팔 수
있는 것은 다 가지고 나와서 팔고 사던 장터 계단이기도 했다.[44]

40계단의 역사는 일제 강점기 북항 매립공사와 영선산 착
평공사에서 시작한다. 일본 제국주의자들이 국권을 침탈하기
직전인 1905년 일제는 각종 기간시설을 건설한다는 명목으로
지배 영역을 조금씩 넓혀갔다. 경부선 철도부설을 통하여 이러
한 목적을 달성하고자 했던 일제가 주목한 것은 경부선 종착역,

40계단(왼쪽) / 소라계단(중앙) / 반달계단(오른쪽)

산동네 위에 있는 동네와 아래에 있는 동네를 잇는 계단은 특이하고 독특한
모양을 하고 있다. 그래서 이름도 독특하다. 40계단 소라계단 반달계단 ….
끊어진 모든 것을 이어서 소통하게 하는 소통계단이다.

즉 부산진역이었다.

그러나 부산진이 일본에서 부산항으로 들어오는 배를 경
부선으로 바로 연결시키기 위해서는 북쪽으로 더 깊숙이 들어
갈 필요가 있었다. 초량으로 종착역을 변경한 일제는 또 다른
장애에 부닥쳤다. 초량과 부산항 사이에 가파른 영선산이 버티
고 있었다. 일제는 부산진에서 초량으로 철도를 연장한 데 이어
서 영선산을 깎고 해안을 매립함으로써 새로 부설한 경부선 철
도와 일본인 전관거류지 초량왜관과 부산항을 연결한다.

1902년부터 1912년까지 진행된 북항 매립공사와 영선산

1953년 당시 40계단(왼쪽)(ⓒ 부산광역시청) / **다시 만든 40계단(오른쪽)**

1953년 부산역전 대화재 직후의 40계단 사진과 2003년 2월 40계단 문화관을 개관한 데 이어 2004년 5월 테마거리를 조성하면서 다시 만든 40계단의 모습이다. 그러나 다시 만든 이 계단은 원래의 40계단이 아니다. 원래의 40계단은 문화관에서 약 25미터 떨어진 곳에 있었다.

착평공사다. 그야말로 바다 한가운데에 지금의 중앙동이 탄생한다.[45] 북항 매립과 영선산 착평을 하면서 한때 바다였던 평지와 가파른 산이었던 높은 길 사이에 40계단을 만든다. 당시로서는 작은 공사가 아니었기에 일자리를 찾는 막노동자들이 40계단 공사현장으로 모여들었고, 이러한 막노동자를 일본말 '도가다カカ'라 불렀는데, 도가다라는 말에서 요즘 막일꾼을 지칭하는 '노가다'라는 말이 생겼다.[46]

광복 이후 귀환동포와 6.25전쟁 피난민들은 40계단 위쪽 언덕 위와 뒤편 영주동 산동네에 판잣집을 짓고 살았다. 생계를 꾸리기 위해서 부산역이나 부산항으로 매일 나가야만 했는데, 빨리 갈 수 있는 지름길이 바로 40계단이었다. 여느 부산 산동네처럼 계단은 서로 교차해서 이동하고 이어주는 역할을 하는 곳이었기에 40계단에 자연스럽게 장터가 형성되었다.

호구지책으로 가정용품을 내다 파는 사람, 우여곡절 끝에 시중으로 흘러들어온 구호물자와 군용물자를 은근슬쩍 내다 파는 사람, 부두로 쏟아져 들어오는 각종 물자와 부산역 창고에 쌓여 있는 화물을 훔쳐서 내다 파는 얌생이꾼, 암달러상 등이 뒤엉켜서 그야말로 없는 물건이 없는 시장이 되었다. 대부분 정상적으로 유통되는 물건이 아니었던 탓에 빨리 팔고 도망쳐야 했기 때문에 많은 양의 물건을 싼값으로 한꺼번에 팔고 사는 시장으로 성장하다 보니 도떼기시장이라는 이름이 붙었다. 이 도떼기시장을 폐쇄하면서 제대로 된 시장을 열었는데, 그 시장이 오늘날 국제시장이다. 이런 이유로 국제시장은 지금도 도떼기시장으로 통한다.

40계단이 일반에 알려지게 된 것은 1953년 대화재와 대중가요 '경상도 아가씨' 때문이다. 1953년 11월 영주동 판잣집에서 일어난 불은 강한 바람을 타고 순식간에 부산역 일대를 전소시킨 부산역전 대화재로 번졌다. 당시 사진을 보면, 아기를 업은 채로 물동이를 인 아낙네가 대화재로 망가져버린 40계단을 내려오고 있다. 그 와중에도 봇짐을 진 아낙네는 뭔가를 팔려고 하는 것일까? 내려오는 아낙네에게 말을 건네는 것 같다.

연세가 많은 어르신들은 구성지게 흘러나오는 〈경상도 아가씨〉라는 곡으로 40계단을 기억한다. 고달픈 하루 일을 마치고 산비탈 판잣집으로 돌아가는 계단길에서 영도다리와 북항을 바라보는 피난민들에게 고향에 대한 그리움을 달래준 노래가 바로 〈경상도 아가씨〉다. 40계단으로 시작하는 이 노래는 경상도 아가씨를 매개로 이북 고향을 그리워하면서 슬피 우는 실향민을 그리면서 대중의 뇌리에 40계단을 각인시키는 역할을 했다.

경상도 아가씨

- 손로원 작사, 이재호 작곡

사십계단 층층대에 앉아 우는 나그네

울지 말고 속 시원히 말 좀 하세요.
피난살이 처량스러 동정하는 판자집에
경상도 아가씨가 애처로워 묻는구나.
그래도 대답 없이 슬피 우는 이북 고향
언제 가려나

고향길이 틀 때까지 국제시장 거리에
담배장수 하더래도 살아보세요
정이 들면 부산항도 내가 살던 정든 산천
경상도 아가씨가 두 손목을 잡는구나
그래도 뼈에 맺힌 내 고장이 이북 고향
언제 가려나

영도다리 난간 위에 조각달이 뜨거든
안타까운 고향애기 들려주세요
복사꽃이 피던 날 밤 옷소매를 끌어잡는
경상도 아가씨가 서러워서 우는구나
그래도 잊지 못 할 가고 싶은 이북 고향
언제 가려나

그러나 젊은 세대가 처음 40계단을 알게 된 건 이명세 감독의 영화 〈인정사정 볼 것 없다〉를 통해서다. 이명세 감독은

영화 〈인정사정 볼 것 없다〉의 한 장면(왼쪽) / 영화 포스터(오른쪽)
이 영화는 40계단 결투 장면으로 강렬한 인상을 남겼다.

마치 구로사와 아키라黑澤明 감독처럼 과감하게 환상적인 장면
을 연출했다. 40계단 결투 장면은 정말로 압권이다. 구로사와
아키라 감독이 자신의 영화 〈란〉에서 황금빛 들판을 묘사하기
위해 곡식 상단을 금빛으로 칠하기도 했던 것처럼, 이명세 감독
은 자신의 출세작인 〈인정사정 볼 것 없다〉에서 환상적인 폭력
의 미학을 연출함으로써 조폭영화의 새 장을 열었다.[47] 바로 그
현장이 40계단이다. 역사산책자가 영국 유학시절 비디오와 음
반을 파는 가게에서 발견한 단 한 편의 한국영화 〈인정사정 볼
것 없다〉는 40계단 문화관광 테마거리로 다시 살아나 있다.

전쟁 상황이 어떻게 되어가느냐?: 백산기념관

40계단 위 좁은 도로 좌우로 인쇄소가 많다. 동광인쇄골목이다. 서울로 치면 을지로 인쇄골목에 해당하는 곳이다. 동광인쇄골목 끄트머리에서 도로를 건너 직진하면 왼쪽에 독립운동가 백산 안희제 선생을 기념하는 '백산기념관'이다.

백산 안희제 선생은 1885년 8월 4일 경남 의령군 부림면 설뫼마을에서 농은 안발과 고성 이씨 사이에 4남매 중 맏아들로 태어난다. 일곱 살 된 1891년 집안 형님 되는 서간 안익제에게 한문을 배운다. 열다섯이 된 1899년부터 경서를 읽는다. 1901년 의령군수가 백일장을 열었을 때 뛰어난 문장으로 한시를 지어 주변을 놀라게 한다. 1905년 스물한 살이 된 백산은 시대에 맞지 않는 학문으로 오히려 나라를 해쳤다고 판단하고 상경한다. 보성전문학교 경제과에 입학한다. 일제에 맞서 국권을 회복하기 위한 방편으로 신지식을 흡수하여 새롭게 무장하고자 한 것이다.[48] 양정전문학교 경제과로 옮겨 1910년 졸업한다.

1911년부터 1914년까지 중국으로 망명해 북간도와 연해주를 거쳐 블라디보스톡에 정착한다. 신채호·김동삼·안창호·이동휘·김구 등 독립운동 지도자를 만나 국권회복을 위한 방략을 논의한다. 국내에 독립운동 기지를 구축하고 국외에 독립운동 자금을 조달하는 역할을 맡기로 한다. 백산 안희제 선생은 귀국 즉시 제지회사를 세워 2년 동안 운영한다. 1916년 고향전답 2,000마지기를 팔아서 백산상회를 설립한다. 1917년 경주

백산기념관(ⓒ 장호원)
백산 안희제 선생이 대한민국 임시정부 독립운동자금을 조달하기 위해 설
립한 백산무역주식회사가 있던 자리에 세웠다.

최부자 최준, 동래부사와 경상우도관찰사를 지낸 윤필현의 맏 아들 윤현태 등과 함께 백산상회를 합자회사로 전환한다. 윤현 태의 친동생이 윤현진이다. 회사 소재지는 부산부 본정 삼정목. 백산기념관이 자리하고 있는 부산광역시 중구 동광동 3가 10-2.

1919년에는 자본금 100만 원 규모의 백산무역주식회사로 전환한다. 백산 안희제는 최대주주, 최준은 사장, 윤현태는 전 무를 맡는다. 1917년 당시 조선총독부 인가를 받은 20개 주식 회사 중에서 경남방직과 함께 자본금 규모가 가장 큰 회사다.[49]

회사는 빠른 속도로 부실기업이 된다. 1925년 최준 사장이 책임지고 사퇴한다. 1927년 백산 안희제가 직접 사장이 된다. 그러나 1928년 1월 29일 부채 130만 원을 떠안은 채 결국 파 산한다.[50] 대신 대한민국 임시정부 독립운동자금의 68퍼센트를 조달했다.

1929년 중외일보 사장, 1930년 중외일보 발행인 겸 편집 인, 1931년 중앙일보 고문 등 언론계에 몸담았던 백산 안희제 선생은 옛 발해 수도 영안현 동경성에 땅을 매입하기 시작한 다. 1932년 농지를 개척하고 수로를 확장한다. 1933년 두 번째 로 망명하여 발해농장을 경영한다. 1934년 대종교 총본사를 동 경성으로 이주시키고 본격적인 활동에 들어간다. 1942년 11월 19일 일제는 임오교변을 꾸며서 백산 안희제 선생을 치안유지 법 위반으로 검거한다. 무려 8개월 동안 고문과 악형을 가한 일

백산 안희제 선생 흉상

백산 안희제 선생은 첩보작전을 하면서 용두산공원 소나무 밑에 구덩이를 파
서 비밀리에 통신문을 교환했다. 그 자리에 백산 안희제 선생 흉상을 세웠다.

제는 1943년 9월 2일 병보석으로 석방한다. 죽음을 눈앞에 둔
백산은 단정히 일어나 앉는다. "대전大戰 상황이 어떻게 되어가
느냐?" 이미 이탈리아가 패망하고 미·영·소 연합군이 득세하고
있다는 말을 듣고 입가에 미소를 지으며 자리에 눕는다. 석방된
지 몇 시간 지나지 않아 운명한다.[51]

광복을 되찾고 조국으로 돌아온 대한민국 임시정부 백범 김구 주석은 제일 먼저 경주 최부자 최준을 찾는다. 경교장에서 최준을 맞이한 김구 선생은 백산 안희제 선생을 통해 최준이 보내준 독립운동자금 장부를 펼쳐 보인다. 최준은 백산 안희제 선생에게 건넨 대한민국 임시정부 지원금 명세서 수첩과 대조한다. 최준은 통곡한다. "백산! 준을 용서해주게! 내가 준 자금이 대한민국 임시정부에 절반이라도 전달되었으면 다행으로 늘 생각한 준을 용서해주게!"[52] 최준은 백산 순국 뒤에야 독립운동 자금이 정확하게 전달된 것을 알았다. 설뫼마을로 달려가 백산 묘소에 참배한다.

나는 부산이로소이다: 부산근대역사관

백산기념관을 나와서 가던 방향으로 몇 발짝 걷다가 오른쪽 길로 들어서서 계단을 따라 올라가면 용두산공원이다. 남산 꼭대기에 서울타워가 있는 것처럼 용두산 꼭대기에 부산타워가 있다. 부산타워는 서울타워보다 2년 앞선 1973년 전국체전 개최를 기념하는 유산으로 만들었다. 항도 부산을 상징하는 타워인 만큼 기둥은 등대 모양으로 만들었다. 상층부는 불국사 다보탑 상층부에서 따왔다. 1955년에는 이순신 장군 동상을 세운다. 역시 광화문 이순신 장군 동상보다 앞서 세운 것이다. 주변 지명도 충무동·광복동 등으로 바꾼다. 일제의 기氣를 누르기 위한 것이다.

용두산공원 부산타워

용두산공원에서 중앙성당 방향으로 내려오면 도로 건너편에 부산근대역사관이 나온다. 1921년 동양척식주식회사 부산지점 건물로 만들었는데, 1945년 미군이 접수하여 숙소로 쓰다가, 1949년부터 미국문화원 건물로 사용했다. 부산 사람들에게 이 건물은 수탈의 상징이다. 그러나 동시에 자주독립으로 가는 시민운동의 상징이다.

1910년 동양척식주식회사 마산출장소를 설치한 일제는 1919년 마산지점으로 승격시킨다. 1921년 부산지점 건물이 완공되자 마산지점을 폐쇄하고 부산지점으로 이전한다.[53] 모두 여덟 곳에 동양척식주식회사를 만들었는데 현재 남아 있는 곳은 부산지점과 목포지점 두 곳뿐이다. 동양척식주식회사 목포지점도 목포근대역사관으로 사용하고 있다.

동양척식주식회사는 조선 쌀을 일본에 안정적으로 공급하고 몰락한 일본 농민을 구제하기 위해서 조선의 국유지를 자본으로 1908년 9월에 세운 일제의 국책회사다. 일본 내 몰락농민을 자작농으로 구제하고 '조선을 일본화'하고자 했던 이주사업을 통하여 1911년부터 1927년까지 모두 9,000호의 일본농민을 이주시켰다. 그러나 조선 농민들의 이주 반대운동에 지식인들까지 가세하면서 강한 반대에 부딪혔고, 이주한 일본 농민들도 대부분 몰락하거나 현상을 유지하는 데 그쳐서 결국 실패한다. 하는 수 없이 사업내용을 전환하여 조선 소작농으로부터 고율의 소작료를 수탈하는 지주사업을 한다. 이민사업의 실패로

부산근대역사관

일제 강점기에 동양척식주식회사 부산지점으로 지었다. 이후 미국 문화원으로 사용하다가 지금은 부산근대역사관이 되었다.

농업경영이 어려워지자 사업목적을 농업에서 금융으로 바꾸고 대상지역을 조선뿐만 아니라 대륙으로 확장한다. 사업 영역을 변경하고 대상지역을 확대하면서 조선을 비롯한 동아시아 전체로 확장해야 할 필요성이 대두되자 1917년 동양척식주식회사 본점을 동경으로 이전한다. 1937년 중일전쟁이 발발하자 군수산업에 집중 투자한다. 이처럼 동양척식주식회사의 사업 영역과 대상지역은 확대되었지만 주된 수입원은 조선 소작농에게서 수탈한 소작료였다.[54]

1945년 해방을 맞으며 점령군 맥아더사령부는 동양척식주식회사의 모든 재산을 접수한다. 미군정은 접수된 동양척식주식회사의 재산을 기반으로 신한공사를 설립하여 친미 우익인사들에게 불하해주고 1948년 대한민국 정부 수립과 함께 해산했다. 동양척식주식회사 부산지점 건물을 미군이 접수한 것은 1945년 9월 16일 부산에 도착한 미군 제24군단 제40사단 선발대가 숙소로 사용하면서부터다. 1948년 9월 11일 미군정의 모든 재산과 부채를 한국 정부에 이양하는 것을 골자로 한 "한미 간 재정 및 재산에 관한 최초의 협정"[55]을 체결하였지만 동양척식주식회사 부산지점 건물은 반환하지 않았다. 1949년 7월부터는 미국 국무부 산하 해외공보처 기관인 미국 문화원으로 사용하기 시작한다. 6.25전쟁 때 일시적으로 미국 대사관으로 사용하기도 했지만 전쟁 후에 다시 미국 문화원으로 사용한다.[56]

그 와중에 부산 고려신학대학 학생을 주축으로 한 대학생

불타는 부산 미국 문화원(© 동아일보)
《동아일보》1982년 4월 5일자

들이 미국 문화원에 불을 지르고 점거한다. 1982년 3월 18일이
다. 광주민주화운동 유혈진압 배후세력이자 독재정권을 비호하
는 미국을 응징하여 불평등한 한미관계를 바로잡기 위한 것이
라고 한다. 부산 미국 문화원 방화사건을 주도하고 사형을 선고
받은 문부식 씨에 대한 재판에서 한 검사는 '문부식의 생각이
옳다'고 말한다. 그리고 되묻는다. '그렇지만 피고의 형제나 친
척이 그곳에 있었더라도 불을 지를 수 있었겠는가?' 문부식은
아무런 대답도 하지 못했다고 한다.[57] 방화로 한 생명이 희생되
었기 때문이다. 이후에도 대학생들은 부산 미국 문화원을 세 차
례 더 점거하거나 점거를 시도한다. 부산 시민들도 '부산 아메

리칸센터 건물 반환 범시민 추진위원회'를 조직하여 적극적으로 반환운동을 전개한다. 부산 시민과 대학생들의 용감한 행동은 우리 사회 전체가 한미관계를 되돌아보는 계기가 되었다.[58]

더 이상 버틸 수 없었던 미국 정부는 1996년 4월 30일 마침내 우리정부에 반환한다. 미국은 47년 동안 무상으로 사용했다. 이후 부산 역사에 대한 살아있는 교육장으로 활용하기 위해 부산근대역사관을 만들어서 2002년 7월 3일 개관하여 오늘에 이르고 있다.

왜 우리는 우리 것을 우리 것이라고 말하지 못하면서 우리 것이라고 말한 청년에게 사형을 선고했을까?

바다 내음보다 더 진한 책 내음: 보수동 책방골목

부산근대역사관에서 남포동 쪽으로 걸어가면 동광성결교회 앞 네거리에 한 보따리 책을 안고 가는 청년과 마주친다. 여기가 '보수동 책방골목'이다. 전국 최대 규모의 헌책방골목이다. 지금도 새 학기가 되면 손님이 넘쳐난다. 그렇다고 중고등학생 교재만 있는 곳은 아니다. 멋진 커피숍까지 갖춘 대형 헌책방도 있고, 가족 나들이 나온 분들이 둘러볼 만한 문화관도 있다. '고서점'같이 옛 책을 파는 곳도 있고, 만화나 무협지 또는 외국서적이나 전문서적 등으로 특화된 헌책방도 물론 있다.

보수동 책방골목이 처음부터 이렇게 크지는 않았다. 6.25

보수동 책방골목 문화관(왼쪽) / 상징조형물(오른쪽)

전쟁 직후에 노성린 씨 부부가 오늘날 책방골목 입구[59]에 박스를 깔고 미군 부대에서 나온 헌 잡지와 만화, 고물상에서 수집한 각종 헌책을 노점으로 팔면서 보수동 책방골목이 시작되었다. 부산으로 피난 온 많은 사람들이 국제시장 근처에 정착해서 어렵게 살고 있었고 보수동 뒷산에는 피난 온 학교까지 노천교실이나 천막교실을 열고 수업을 했기 때문에 보수동 책방골목은 자연스럽게 학생들의 통학로가 되었다.

　게다가 어려웠던 시절이라 새 책을 산다는 것은 꿈도 꾸지 못했고 그저 헌책이라도 구입할 수 있으면 감지덕지했다. 노점

인형으로 재현한 천막교실

헌책방 수요가 급증한 것이다. 노점과 가건물 서점도 덩달아 늘어났다. 1970년대에 이르러서 헌책방은 약 70여 개로 불어났다. 마침내 부산의 문화명소가 되었다. 살림살이가 많이 나아진 요즘도 59개나 되는 중고서점이 성업 중이다.60

　　보수동 책방골목 왼쪽 끄트머리에 있는 '고서점古書店' 사장님에게 《근역서화징槿域書畫徵》이 있냐고 물었다. 지금은 없으나 약 40만 원 가량에 모두 네 차례 정도 거래를 했단다. 《근역서화징》은 개화파 지식인이자 민족대표 33인 중 한 분이셨던 위창 오세창 선생이 삼국시대부터 근대까지 우리 서화가에 대해서 모두 정리한 책이다. 쉽게 이야기하면 우리 서화가에 대

보수동 책방골목 한 대형 중고서점(위) / 보수동 책방골목(중간) / 보수동 책방골목 '고서점'(아래)

한 동의보감인 셈인데 아직까지도 이를 뛰어넘는 연구서는 나오지 않고 있다. 시공사에서 번역하여 출판한 적이 있으나 이미 절판되었다. 최근 주문이 쏟아지면서 다시 출판했다. 보수동 책방골목 고서점에서는 원서를 거래하고 있다.

보수동 책방골목 고서점 서가를 찬찬히 보니 옛날 휴대용 텔레비전이 책 사이에 끼어 있다. 오래된 책과 정겨운 추억을 함께 서가에 꽂았다. 간판 위를 보니 생각하는 사람이 난간에 걸터앉아 있다. 마치 생각 없이 살면 당장이라도 떨어질 것 같다. 수험생들이 보수동 책방골목에 오면 정신이 번쩍 들겠다.

도떼기시장: 국제시장

보수동 책방골목 끄트머리에 있는 고서점에서 빠져나와 사거리에서 왼쪽으로 꺾어서 내려가면 도로 왼쪽에 부평시장이 나온다. 부평에서 왼쪽으로 한 블록을 더 가면 국제시장이다. 국제시장은 엄청나게 큰 시장이다. 잘못 들어가면 찾아 나오기도 힘들다. 자녀들을 데리고 국제시장에 갈 때에는 손을 꼭 잡으시라. 국제시장은 해방되면서 형성되었고, 6.25때 전국 각지에서 모여 든 피난민들이 좌판을 벌여 미군부대에서 밀반출된 생활물자를 팔면서 커졌다. 그러나 비정상적이고 무질서한 시장이었다. 그래서 도떼기시장이라고 했다.

도떼기시장이 발전을 거듭하면서 이제는 전 세계 모든 물

영화 〈국제시장〉 포스터

도떼기시장 시절의 국제시장을 배경으로 한 영화 〈국제시장〉은 관람객 14,262,766명을 돌파하면서 한국영화 역사상 세 번째로 많은 관객을 동원했다.(2018년 7월 기준) 영화 촬영장소 중 한 곳인 국제시장 내 '꽃분이네'로 관광객들이 몰려들고 있다.

건을 다 판다는 시장이 되었다. 그래서 국제시장이다. 서울로 친다면 동대문시장에 해당한다. 포목점과 의류가 유명하기 때문이다. 특히 외국 중고의류가 많이 들어와서 구제골목, 일명 케네디시장이라 부를 정도로 부산 사람들의 유행 1번지로 자리를 잡은 시장이다. 이후로 일본인 관광객의 쇼핑 명소가 되었다가 요즘은 그 자리를 중국인 관광객이 대신하고 있다. 애초에 상품으로 국제시장이었다면, 지금은 사람으로 국제시장이다. 부산은 이래저래 국제도시다.

깡통시장: 부평동시장

다시 부평동시장으로 가보자. 국제시장 옆 보수동 책방골목 아래에 있는 부평동시장으로 들어가면 사람들이 시도 때도 없이 장사진을 이루고 있는 가게 옆을 지나게 된다. 〈별에서 온 그대〉라는 드라마 이후로 중국까지 유명세를 떨치고 있다는 치맥집 거인통닭이다. 기름에 튀겨서 만드는 음식은 고소한 맛이 장점이지만 느끼한 단점이 있다. 그래서 고소하면서도 느끼하지 않은 튀김을 최고로 쳐준다. 별다른 맛이 있다기보다는 그저 담백하다. 요즘 전국적으로 히트를 치고 있는 닭강정의 원조다.

  사장에게 맛의 비결을 물었다. 잘게 썰어서 튀긴 것이란다. 거인통닭은 닭 한 마리를 약 40조각으로 잘게 나눠서 뼛속까지 바삭하게 튀겨서 수분을 모두 증발시켰기 때문에 한 시간이 지

거인통닭

잘 튀긴 치킨을 상징하듯 칼라 마케팅이 이채롭다. 사장은 항상 똑같은 옷을 입고 밝고 온화한 미소로 손님을 맞는다. 치킨 맛은 좋지만 종업원들이 불친절하다는 지적이 있었으나 지금은 전혀 그렇지 않다.

나도 고소한 맛이 유지된단다. 통닭집에서 맛나게 먹다가 남은 치킨을 싸와서 집에서 먹었더니 흐물거려서 먹을 수 없었던 경험이 있다. 거인통닭 사장의 설명은 제대로 튀기지 않고 음식을 냈기 때문에 시간이 조금만 지나도 못 먹을 상태가 된다는 것이다. 젊은 세대의 취향에 맞춰서 맛에 변화를 줄 생각이 없냐고 물어보았다. 단호하게 답한다. 이미 맛을 완성했기 때문에 이제부터 할 일은 맛의 개선이 아니라 유지. 한번 드시라. 그래야 줄서서 먹는 이유를 알지!

거인통닭을 지나서 오른쪽으로 꺾으면, 어묵가게, 어묵분식집, 비빔당면집, 만두집, 빈대떡집 등이 차례로 이어진다. 부평시장은 닷새마다 열리는 5일장, 즉 전통시장이었다가 1910년 6월 일본인들이 소매시장을 열면서 근대화했다. 그때는 '일한시장日韓市場'이라 불렸다. 1915년 9월 부산부에서 일한시장을 매입해서 설비를 확충한 후 공설시장으로 재개장하면서 '부평공설시장'이라 고쳐 불렀다.[61] 전통시장이었던 시기를 제외하더라도 100년 넘은 시장이다. 지금처럼 깡통시장이라 불리기 시작한 것은 6.25전쟁 때다. 당시로서는 미군부대가 거의 유일한 상품공급원이었는데, 미군부대에서 흘러들어오는 물건은 대부분 전쟁물자라서 장기 보존할 수 있도록 주로 깡통(캔) 안에 담겨 있었다. 그래서 깡통에 담긴 음식을 부평동시장에서 팔기 시작했고, 이때부터 부평동시장을 일명 깡통시장이라 했다.

국제시장에서 쇼핑을 했다면 옆에 있는 부평동시장에서 요기를 하면 좋겠다. 부평동시장에는 부산 대표음식이면서 전국적으로 유명한 음식이 있다. 어묵이다. 서울에서 만든 어묵과 달리 부산어묵은 생선살이 많아서 쫄깃하고 고소하다. 직접 만든 어묵을 손님이 원하는 양만큼 포장하거나 택배로도 보낸다. 진짜 부산어묵이라고 하면 선물로 받는 분들이 의외로 좋아한다. 부산 개항장 산책 오신 김에 생색 한 번 내보시라.

부평동시장 어묵은 모두 맛있지만, 그 중에서도 '동광식품'과 '환공어묵'이 특히 유명하다. 환공어묵을 창업한 분은 부평동시장 동광식품 공장장이었던 서동진 씨다. 서동진 사장이 영주동시장에서 1961년 환공어묵을 창업하면서 부산 어묵공장

부평시장 환공어묵과 부평동 깡통야시장

은 광복 직후 한국인(창업주 이상조 씨)이 최초로 설립한 어묵공장 동광식품 그리고 일본에서 어묵 제조기술을 배워 온 박재덕 씨가 1950년 영도 봉래시장에 설립한 어묵공장 삼진식품 등과 함께 3각 구도로 재편된다. 이후 이들 3대 메이저 어묵공장에서 기술을 배운 기술자가 대거 독립을 하면서 어묵업계는 춘추전국시대를 맞는다.[62]

저녁 6시가 되니 부평동시장에 웬 포장마차가 열을 지어서 입장한다. 이 포장마차들이 부평동시장을 부평동 깡통야시장으로 바꾸어놓는다. 베트남 튀김만두 짜조, 인도네시아 볶음국수 미고랭과 인도네시아 닭꼬치 사떼아얌, 중국 만두 딤섬, 일본 튀김 이까슈마와 빈대떡 오코노미야끼, 필리핀 고구마 맛탕 가모떼큐와 바나나 맛탕 바나나큐 등 온갖 다문화 포장마차들이 끝없이 들어온다.[63] 밤 12시까지 열리는 전국 최초의 야시장 부평동 깡통야시장이라고 한다. 전국 최초다. 피난민을 산동네에 품었던 것처럼 다문화가족에게 시장을 내준다. 부평동시장에서 다시 한 번 국제도시 부산의 면모를 확인한다.

　부평동 깡통야시장에는 다문화 먹거리 외에도 많은 독특한 음식이 있다. 전쟁을 거치는 과정에서 부평시장만의 독특한 먹거리를 만들어냈다. 단팥죽, 씨앗호떡, 비빔당면, 유부전골 등등. 겨울에 부산을 들렸다면 단팥죽, 여름에 부산을 찾았다면 팥빙수!

자갈치시장 횟집 수족관과 생선구이 백반집

아지매시장: 자갈치시장

부평동시장에서 곧장 아래로 내려오면 도로가 나온다. 지하도를 건너 다시 계속 내려가면 자갈치시장 오른쪽 끄트머리다. 도떼기시장도 유명하고 깡통시장도 유명하지만, '부산' 하면 역시 자갈치시장이다. 자갈치시장은 부평시장보다 조금 늦은 1924년 남빈시장南濱市場이라는 이름으로 처음 문을 열었다. 남빈시장 자리를 매립하기 이전에는 남빈해수욕장이었는데, 충무동쪽 보수천 하구 일대에 주먹만 한 옥돌로 된 자갈밭이었다. 이자갈밭을 부산 사람들은 자갈치라 불렀다[64]. 자갈치라 부르던해변에 남빈시장이 생겼다. 자연스럽게 '자갈치시장'이라 부른

다.[65]

광복 이후에는 연근해 어선들이 잡은 수산물 집산지로서 어항 기능, 판떼기 노점상이 활어를 판매하는 시장 기능, 연안 여객선이 정박하는 내항 기능 등을 갖춘 갯가시장으로 발전한다. 1968년에는 판자집 가게를 정비한다. 1974년에는 자갈치 어패류시장으로 새롭게 단장한다. 1985년 화재로 소실된 후 1986년 부산어패류처리장으로 다시 문을 연다.

어패류처리장 서쪽 도로가에서 해삼, 멍게, 고래고기, 미역, 톳, 청각 등을 파는 판떼기 장수들이 촘촘하게 있었는데, 장사를 하는 분들이 모두 아주머니였기에 '자갈치아지매'라는 별명을 얻었다. 1970년 이곳 어패류시장 판떼기 장수를 철거하고, 10월에 시장을 신축해서 영업을 하다가, 1986년 화재로 불에 타버린 것을 보강하여 재개장하기도 했다. 부산시에서는 2003년부터 2006년까지 기존의 어패류시장을 철거하고 현대화된 새로운 시장으로 다시 지어서 오늘에 이르고 있다. 운영은 부산어패류처리조합에서, 시설관리는 부산시설관리공단에서 하고 있다. 이제는 판떼기 장수가 아니라 조합원들이 자갈치아지매다.[66]

주차장이 있는 오른쪽 끄트머리에서 자갈치시장 왼쪽으로 꺾어서 걸어 들어갔다. 처음에는 횟집 골목, 다음에는 생선구이 골목, 마지막으로 꼼장어(붕장어)구이 골목이 차례로 이어진다. 회에는 전혀 양념이 되어 있지 않다. 생선구이는 소금으로 간을

해서 구웠다. 꼼장어는 강한 양념을 했다. 어느 것 하나도 서울에서 먹는 그런 맛이 아니다. 굳이 이 중에서 하나를 꼽으라면? 생선구이를 선택했다.

전국적으로 생선구이 백반집이 많지만 조금만 눈여겨보면 고등어는 노르웨이산이고 갈치는 중국산이다. 게다가 봉긋해야 할 꽁치 배가 쑥 꺼져 있다. 그나마 국산을 골라 먹을라치면 값이 만만치 않다. 자갈치시장에 들리셨다면 생선구이 한 번 드시라. 꼼장어구이도 별미지만 생선구이는 기억 속에서 가물거리는 맛을 되살려준다.

자갈치시장을 빠져나와 도로로 나가니 지하철 자갈치역이다. 부평시장에서 자갈치시장으로 갈 때 건너온 지하도가 바로 지하철로 연결되어 있다. 자갈치역에서 세 번째 정거장이 부산역이다. KTX를 타고 서울로 다시 돌아왔다. 캄캄하다. 서울이 고향처럼 정겹다. 부산에서 이바구를 많이 하고 왔기 때문이겠지!

부산 개항장 소통길 산책로

지하철 1호선 부산역 5번 출구로 빠져나와 왼쪽으로 들어가면 차이나타운이다. '차이나타운'에서 조금 올라가면 다음 골목 모퉁이에 부산최초의 사립종합병원이었던 '백제병원'을 리모델링한 디자인 카페 '브라운핸즈 백제'가 보인다. 부산역 반대방향 백제병원 위 도로를 건너좁은 골목길 계단으로 올라가서 '초량초등학교' 담장을 따라 '초량교회' 사이 골목길로 올라가면 아주 긴 계단이 나온다. '168계단'이다. 경사도 30도가 넘는 가파른 계단을 오르려니 숨깨나 찬다. 고맙게도 쉬어가라고 전망대를 만들어 놨다. 가곡 〈기다리는 마음〉으로 잘 알려진 '김민부 전망대'다. 이럴 수가, 부산에 이렇게 멋진 곳이!

김민부 전망대를 뒤로 하고 계속 올라가니 '이바구공작소'다. 6.25 전쟁 중 피난 와서 정착한 주민들의 생활상을 들려주는 산복도로 생활관 이바구공작소 옥상에 올라가니 또 다시 전망대. 이번에는 부산 북항뿐만 아니라 산복도로 아래위를 가득 메운 산동네가 한눈에 들어온다. 산복도로 오른쪽으로 내려가면 한국의 슈바이처라고 불리는 장기려 박사를 기념하는 '장기려기념관'이다. 다시 돌아와서 산복도로 왼쪽 용두산공원 방향으로 걸어가니 부산 해양경관 조망 공간 '역사의 디오라마'다. 조망대 아래 카페 디오에서 차 한잔 하면서 잠시 쉬었다가 다시 내려간다.

정겨운 영주동 산동네 길을 돌아 코모도호텔 옆으로 내려와서 직진하니 좁은 도로 오른쪽에 '40계단 문화관' 이다. 40계단 문화관에서 100미터 정도를 더 걸어가니 왼쪽에 40계단이 나온다. 40계단에서부터 좁은 도로 좌우에 인쇄소가 많다. 동광인쇄골목이다. 서울로 치면 을지로 인쇄골목에 해당하는 곳이다. 동광인쇄골목을 빠져나와 도로를 건너 직진하면 왼쪽에 독립운동가 백산 안희제 선생을 기념하는 '백산기념관' 이다. 백산기념관에서 조금 더 걸어가면 오른쪽에 '용두산공원' 으로 올라가는 계단이다.

용두산공원 부산타워에 올라가면 부산 북항과 영도 그리고 부산 시내를 한눈에 볼 수 있다. 특히 야경이 멋지다. 용두산공원 좌우편이 조선 시대 '왜관거리' 였다. 동관과 서관 모두 10만 평이나 되는 규모였다는데 어떻게 된 영문인지 지금은 흔적도 없다. 싹 쓸어버렸다. 부산 사람들 대단하다.

용두산공원에서 중앙성당 방향으로 에스컬레이터를 타고 내려오니

'부산근대역사관'이다. 미국 문화원 방화사건 기억하시는가? 이곳이 바로 그 유명한 미국 문화원 자리다. 미국이 50년 동안 무상으로 사용하다가 지난 1999년 4월 30일 우리 정부에 반환해서 지금은 부산근대역사관이 되었다. 일제 강점기에는 동양척식주식회사 부산지점이었다. 부산근대역사관에서 시내 쪽으로 거슬러 올라가니 '보수동 책방골목'이 나온다. 전국에서 헌책방이 제일 많은 곳이다. 보수동 책방골목 왼쪽 끝에 있는 옛날책방 '고서점'을 지나 네거리에서 왼쪽으로 내려가면 '부평동시장'이 나오고 그다음 왼쪽 블록이 국제시장이다. 부평시장을 가로질러 내려와서 '부평족발골목'을 지나 부산국제영화제가 열리는 'BIFF광장'을 지나면 큰 도로가 나온다. 이 도로를 건너가면 이번에는 '자갈치시장'이다. 횟집골목, 생선구이골목, 꼼장어구이골목을 차례로 지나서 자갈치시장을 빠져나오면 지하철 1호선 남포역이다. 남포역에서 두 정거장을 가면 다시 부산역이다.

◉

브라운핸즈 백제 ▶ 초량교회 ▶ 168계단 ▶ 김민부 전망대 ▶ 장기려 기념관 ▶ 이바구공작소 ▶ 역사의 디오라마 ▶ 40계단 문화관 ▶ 백산기념관 ▶ 용두산공원 ▶ 부산근대역사관 ▶ 보수동 책방골목 ▶ 부평동 깡통시장 ▶ 국제시장 ▶ 자갈치시장

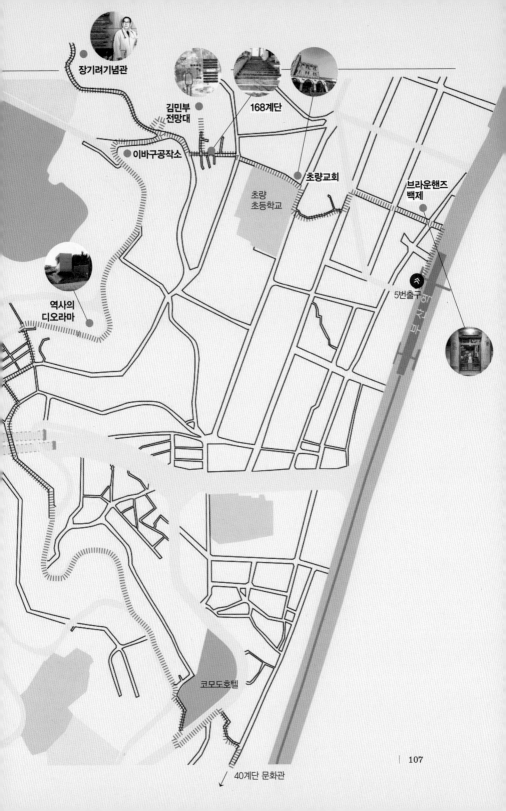

장기려기념관

김민부
전망대

이바구공작소

168계단

초량교회

초량
초등학교

브라운핸즈
백제

역사의
디오라마

5번출구

코모도호텔

40계단 문화관

보수동 책방골목

고서점

거인통닭

환공어묵

부평동 깡통시장

부산 BIFF 거리

3번출구

자갈치역

6번
출구

40계단
문화관

40계단 거리

중앙
성당

백산
기념관

부산타워
용두산 △

부산근대역사관

남포역

자갈치시장

2 인천 개항장 평화길 산책

상황은 급박하게 전개된다. 일본·미국·청국·영국·러시아·프랑스·독일 등 열강들은 앞다퉈 조선으로 진출한다. 조선은 우왕좌왕한다. 일본은 제 맘대로 석탄 창고를 만든다. 청국은 뒤질세라 조선을 속국으로 만들기에 급급하다. 러시아는 부동항을 찾아 서해로 내려온다. 영국은 러시아의 남하를 저지하러 나선다.

이들이 수도 한양으로 들어가는 좁은 길목에 제물포가 있었다. 좁은 길목으로 각국 상선과 군함이 몰려든다. 급기야 전쟁으로 비화한다. 청국과 일본이 다툰다. 우리는 뒷짐지고 있었다. 러시아와 일본이 싸운다. 모든 전쟁을 승리로 장식한 일본은 조선을 차지한다. 제물포는 인천이 된다.

광복을 되찾는다. 남한에서 정부를 수립한다. 그러나 분단으로 이어진다. 끝난 줄 알았던 전쟁을 다시 시작한다. 인천 앞바다에서 또 다시 전쟁을 치른다. 월미도 주민들은 네이팜탄에 타죽고 집을 빼앗긴다.

그러나 오랜 전쟁과 식민 그리고 분단을 통해서도 우리는 깨닫지 못한다. 러시아는 인천에서 저희 전쟁을 기념한다. 우리는 인천 앞바다에서 보물찾기에 열을 올린다. 전쟁은 종식되지 않았다. 평화는 오지 않았다. 이제 평화를 정착시킬 때가 되었다. 전쟁이 끝나지 않은 인천 개항장 평화길을 걷는다.

인천 개항장
다른 나라 전쟁터 우리 땅 제물포

고구려 때 인천은 매소홀현買召忽縣 또는 미추홀彌趨忽이라 했
다. 신라 경덕왕이 소성邵城이라 고쳐 부르면서 율진군에 복속
시켰고, 고려 현종 9년에는 수주에 복속시켰다. 숙종은 인예태
후 이씨의 친정 고을이라는 점을 들어 경원군慶源郡으로 높였
고, 인종은 순덕왕후 이씨의 친정 고을이기에 지인주사知仁州事
로, 공양왕 2년에 칠대어향七大御鄉이라는 점을 들어 다시 경원
부慶源府로 승격했다. 조선 태조 원년에 다시 인주로, 태종 13년
에 인천군仁川郡으로, 세조 6년에 소헌왕후의 외가이므로 인천
도호부仁川都護府로 승격했다.[67]

　인천도호부 북서쪽 약 8킬로미터 지점 바닷가에 수군만호
水軍萬戶를 지휘관으로 두고 지키게 했다. 제물량영濟物梁營 또는
제물진濟物鎭이라 불렀다. 병자호란 때 한양에서 통진을 거쳐
강화로 피난하던 길이 막혔다. 하는 수 없이 인조는 남한산성으

로 어가를 돌렸다. 전쟁이 끝난 뒤 효종 7년 1656년 제물진을 강화 동쪽으로 옮겼다.[68] 새로운 피난길을 만들면서 제물진을 폐하고 강화로 이전한 것이다.[69] 이때부터 개항할 때까지 작은 포구 제물포濟物浦로 남았다.

1875년 1월 부산에 운양·춘일·제2정묘 등 일본 군함 세 척이 나타난다. 제2정묘호에 조선 관헌을 태우고 무력시위하고 철수한다. 8월에는 맹춘·고웅 등 군함 두 척이 더 합세하여 강화에 나타난다. 초지진을 파괴하고 영종도에 상륙하여 분탕질을 자행한다. 1876년 2월 강화 연경당에서 일본과 수호조약을 맺는다.[70] 조선은 개항한다. 1883년 1월 부산과 원산에 이어서 세 번째로 제물포를 개항한다. 제물포는 이름을 인천으로 바꾸고 개항도시가 된다.[71] 자주적으로 개항할 수 있었던 모든 기회를 다 놓쳐버린 후이다. 조선에 남아 있는 선택지는 없었다.

풍도해전

일본은 1882년 제물포 앞바다 월미도에 석탄창고를 만든다. 조선 조정에 땅을 빌린 것이 아니고 그냥 만든다. 조선 땅이 일본 땅이나 되는 것처럼 마음대로 행동한다. 조선은 1883년 제물포를 개항한다. 9월 30일 독판교섭통상사무 민영목과 일본공사 다케조에 신이치로竹添進一郎는 '조선국인천구조계약조朝鮮國仁川口租界約條'를 체결한다. 이리하여 인천항 제물포에 일본인 전

용 부지日本租界를 만든다. 1884년 4월 2일 조선과 청은 '인천구
화상지계장정仁川口華商地界章程'을 체결한다. 일본조계 서쪽 언덕
위에 중국인 전용 부지淸國租界도 들어선다. 일본에 밀려 제물포
중심지에 조계를 설정하지 못한다. 대신 부두 가까운 곳에 조계
를 설정하여 무역에 이점을 누리고자 했다. 10월 3일 영국영사
애쉬톤William G. Aston이 초안을 잡은 '인천제물포각국조계장정'
을 체결한다.[72] 1885년 이홍장과 이토 히로부미는 천진에서 조
약을 맺는다. 조선에서 양국 군대를 철수한다는 것과 청나라와
일본 중 어느 한쪽이 조선에 진군하면 미리 알려준다는 것을 약
속한 '천진조약'이다. 1890년 월미도 석탄창고 조차계약을 맺는
다. 한성으로 들어가는 길목이다. 이곳에 군함을 정박하고 석탄
과 물을 공급할 수 있는 시설을 갖췄다. 일본은 인천 월미도를
선점함으로써 군사전략적 우위를 차지한다.

　　동학농민군은 황토현과 황룡에서 대승을 거둔다. 1894년 4
월 27일 오후 피 한 방울 흘리지 않고 전주성 서문으로 진군해
들어간다. 녹두장군 전봉준은 선화당으로 들어가 자리를 잡는
다. 5월 7일 동학농민군과 관군은 화약을 맺고 전주성에서 철
수한다. 외국 군대, 즉 청군과 일군의 개입을 우려한 탓이다.[73]

　　우려는 곧바로 현실이 된다. 조선은 청에 도움을 청한다.
1894년 6월 12일 북양대신 이홍장은 청군 2,500명을 아산으로
급파한다. 이에 맞서 일본군은 6월 28일 8,000명을 인천에 상
륙시킨다. 일본군 2,000명은 일본조계로, 1,000명은 일본공원

과 묘지 쪽으로 이동한다. 나머지 병력은 곧장 한성으로 들어가 남산 중턱에 자리 잡는다.

이홍장은 병력 증파를 결정한다. 7월 23일 아산 백석포에 상륙한다. 같은 날 순양함 13척, 포함 2척, 수뢰정 6척, 특무함 1척 등 일본 함대도 나가사키의 사세보항을 출항한다. 25일 청국군을 가득 실은 고승호는 중간에 조강호를 만나 아산만 근처에 이른다. 청국 군함 제원호와 광을호가 마중 나온다.

이 때 일본 함대가 갑작스럽게 청국군 함대와 수송선을 공격한다. 청국 군함 광을호와 청국군을 수송하던 영국 상선 고승호를 폭파시키고 조강호를 나포한다. 제원호는 큰 피해를 입었으나 겨우 도피한다.[74] 풍도해전이다. 그로부터 일주일이 지난 8월 1일 일본군은 전쟁을 선포한다. 청일전쟁은 이렇게 시작했고 제물포는 이렇게 일본군 병참기지가 되었다.

인천을 일본군 병참기지로 만든 이 전쟁을 우리는 어떻게 보았을까? 청일전쟁을 전후하여 조선을 여행하던 영국왕립지리학회 최초 여성회원 이사벨라 버드 비숍Isabella Bird Bishop은 이렇게 증언한다.

"조선 사람들은 언덕에 앉아서 제물포로 들어오는 일본군과 일본군 전쟁물자를 물끄러미 바라보았다. 넋이 나간 사람처럼 길거리를 어슬렁거렸다." 우리 땅에서 벌어진 전쟁에 우리는 구경꾼이었다. 전쟁이 끝나고 해가 바뀐 "1895년 1월 제물포 청국조계는 황폐했으나 일본 조계는 활기가 넘쳤다. 제물포로 들어와 정착한 조선 사람들은 더욱 열심히 살았다. 임금이 연일 상승했기 때문이다."[75]

미국 유학을 마치고 상해 중서서원中西書院에서 교수로 재직하던 중 청일전쟁 소식을 접한 윤치호는 이렇게 말한다.

"왕은 청국군 진영보다 일본공사관에 있는 것이 더 좋을 것이다. 모욕적이기는 하지만, 조선에 어떠한 강대국의 고압적인 행동도 이상할 것이 없다. 중국이 조선에서 저지른 만행에 질려버린 나로서는 중국이 아닌 다른 나라가 지배하는 것은 상대적으로 참을 만하다."[76]

오늘 우리는 청일전쟁을 어떻게 기억할까? 1975년 미원상사는 동양해난구조공사와 함께 여섯 차례 고승호 인양을 시도한다. 아산만 울도 남서쪽 2킬로미터 바다 밑 20미터 지점에 침몰된 고승호에는 엄청난 은괴와 은화가 실려 있다는 소문 때문이다. 실패한다. 1979년 청주에 사는 오승환이 다시 인양에 나선다. 철제 앵글 3개, 철판 1개, 납덩이 2킬로그램, 와이어 2미터를 인양하는 데 그친다. 1979년 한국우선기업주식회사에서 발굴 작업을 시작한다. 거센 조류를 이기지 못하고 포기한다.

2001년 주식회사 골드쉽에서 세 차례 인양 작업을 벌여 은화와 은수저 등을 소량 수습한다. 우리 조상들은 뒷짐 지고 있었다. 오늘 우리에게 청일전쟁은 보물찾기다.

제물포해전

청일전쟁에서 승리한 일본은 대만과 요동반도를 차지한다. 러시아는 삼국간섭으로 요동반도를 반환케 한다. 1898년 요동반도와 여순항 그리고 대련항을 조차한다. 부동항을 확보한 것이다. 러시아는 일본과 니시-로젠협약을 맺는다. 만주에서 러시아의 우월권을 인정하는 대신 조선에서 일본의 경제권을 인정한다. 일본과 불필요한 대립을 피하고 만주에 주력하기 위해서다. 1900년 러시아는 만주를 점령한다. 1902년 영국과 일본은 영일동맹을 맺고 러시아의 남진을 막기 위해 보조를 같이한다. 1903년 러시아 각료회의에서 강경파 노선을 채택한 데 이어서 일본에서도 주전파 입지가 강화된다.[77]

　　1904년 2월 8일 일본 함대가 제물포를 출항해 여순항으로 가던 러시아 포함 카레에츠호를 향해 어뢰를 발사한다. 카레에츠호는 일본 함대의 공격을 피해 제물포로 도망쳐 온다. 카레에츠호는 일본군 발포 사실을 바략호에 알린다. 바략호는 제물포에 정박해 있는 외국 함대에 일본군의 공격 사실을 알린다. 외국 함대들은 일본군에 항의한다. 일본군은 오히려 2월 9일 정오까

일제가 인양한 바략호(© Kataeb)

1904년 2월 8일 선전포고 없이 러시아 군함을 공격한 일본은 2월 9일 제물포 앞바다에서 해전을 벌인다. 바략호는 일본에 전리품을 남기지 않기 위해 급수판을 열어 스스로 침몰한다. 1905년 8월 8일 일제는 제물포 앞바다에서 바략호를 인양하는 데 성공한다. 사진은 인양 직후 모습이다.[78]

지 제물포를 떠나라고 요구한다. 바략호와 카레에츠호는 2월 9일 오전 11시 45분 제물포를 출항한다. 11시 45분 일본 함대는 인천 외항에서 러시아 군함을 공격한다. 12시 45분 바략호와 카레에츠호는 제물포로 되돌아온다. 바략호는 급수용판을 열어서 스스로 침몰한다. 카레에츠호는 탄약창고를 폭파시켜서 스스로 침몰한다. 제물포에 정박해 있던 러시아 상선 숭가리호도 화재로 수장한다. 일본군에게 전리품을 남기지 않기 위해서다.

일본군은 기습 공격을 감행한 이틀 뒤인 2월 10일에서야 전쟁을 선포한다. 러일전쟁으로 러시아군은 5만 명이 사망하고

27만 명이 부상을 입었다. 일본군은 8만 6,000명이 전사하고 27만 명이 부상했다. 1905년 9월 5일 미국이 주선하여 양국은 포츠머스조약을 체결한다.[79] 이로써 전쟁은 일단락을 맺는다.

　1904년 2월 20일 일본군은 순양함 바략을 인양하기 시작한다. 선체 내부 바닷물을 퍼내고 선실에 공기를 주입한다. 인양에 실패한다. 인양 방식을 바꿔서 다시 시도한다. 조수간만 차가 가장 큰 1905년 8월 8일 바략을 인양하는 데 성공한다. 제물포에서 일부 수리한 뒤 바략 자체 기관을 가동해서 일본으로 옮긴다. 150명의 숙련공과 잠수부 그리고 일본인 노동자와 조선인 노동자 800명을 투입해서 대대적인 수리 작업을 벌인다. 1908년 8월 28일 일본군은 바략을 해군사관학교 실습전대에 편입한다. 이름도 소이야로 고친다.[80]

　1916년 4월 4일 러시아는 소이야를 매입하여 다시 바략이라 부른다. 1916년 3월 18일 일본을 떠나 3월 21일 러시아로 돌아간다. 그해 여름까지 조선인·중국인·일본인 숙련공들이 바략을 수리한다. 11월 30일 북양함대에 편입한다. 1917년 2월 25일 바략은 러시아를 떠나 영국으로 향했다. 해군 수리공장에서 수리를 받기 위한 출항이다. 당시 러시아는 연합국에 속했기 때문에 연합국 군함 수리 목록에 추가해서 30만 파운드 가격으로 1년 동안 수리하기로 계약한다. 그렇지만 수리는 종전 이후로 미뤘다. 영국은 독일과 전쟁 중이었기 때문이다. 그 사이 러시아 2월 혁명으로 짜르 정권이 무너지고 이어서 10월 혁명으로 볼셰비키가 정권을 장악한다. 러시아는 연합국에서 적성국으로 바뀌었다. 수리비도 지불하지 않았다. 러시아 황제 빚을 갚기 위해 독일 회사에 판다. 1920년 2월 독일로 가던 중 폭풍우를 만나 스코틀랜드 렌달푸트에서 좌초한다. 1924년 8월 독일 회사는 좌초된 바략을 바다 위에서 해체한다.

2003년 러시아 국영방송은 제물포해전 참전 100주년 기념 다큐멘타리를 제작한다. 렌달푸트 앞바다에서 바략의 잔해를 찾아낸다. 러시아 사람들은 다시 바략에 관심을 집중한다. 2007년 8월 바략 복합단지를 만들어서 스코틀랜드에 헌정한다. 스코틀랜드는 바략 기념비를 국가 동상으로 등록한다.[81]

제물포해전 100주년 기념식과 추모비 건립은 인천에서도 이어진다. 2004년 2월 10일 순양함 바략과 구축함 코레에츠를 타고 875명 러시아 사람들이 다시 인천항에 입항한다. 2월 11일 인천항 연안부두 친수공원에서 추모비 제막식을 연다. 우리 땅 인천 제물포 앞바다에서 벌인 다른 나라 전쟁을 오늘 기념한다. 피해국인 우리나라에서 제국주의 전쟁을 기념한다.

스코틀랜드와는 상황이 다르다. 스코틀랜드에서 러시아가 전쟁을 벌인 것도 아니고 스코틀랜드 주민들이 식민의 아픔을 겪은 것도 아니다. 우리는 우리 땅에서 우리와 무관하게 벌어진 다른 나라 전쟁을 겪었다. 식민지로 전락했다. 그럼에도 불구하고 제국주의 전쟁을 기념하는 기념비 제막식을 우리 땅 제물포에서 또 다시 넋을 놓고 지켜보았다. 순양함 바략호 추모비 안내문은 기억해야 할 전쟁을 기념하고 있다. 우리는 아무런 교훈도 얻지 못했다. 과연 이곳이 대한민국 인천인가!

"1904년 2월 9일 러-일 전쟁 당시 인천 팔미도 해상에서 일본 군함들과 포격전을 벌인 후 순양함 바략호와 포함 코레에츠호는 큰 손상을 입고 소월미도 부근으로 피신하였다. 러시아 선원들은 일본군에게 함선을 넘겨주지 않기 위해 항복하지 않고 자폭을 감행하였다. 2004년 순양함 바략호와 포함 코레에츠호 러시아 선원들의 영웅적인 희생 100주년 기념으로 인천에서 이 추모비가 설치되었다."(순양함 바략호 추모비 안내문)

인천상륙작전

러일전쟁에서 사실상 승리한 일본은 월미도에 군사기지를 만든다. 이 과정에서 조선인이 살고 있는 북쪽마을을 강제 철거당한다. 대신 월미도 동쪽에 땅을 주어서 마을을 이루고 살 수 있도록 한다. 1942년 월미도 선착장 공사를 하면서 동쪽마을을 매립한다. 이번에는 월미산 기슭을 대신 받았다. 7층으로 턱지게 깎아서 마을을 이룬다.

1950년 9월 10일 새벽 미군은 네이팜탄으로 월미도를 무차별 공격한다. 월미도에 있는 북한군 군사시설을 파괴하기 위

월미도(왼쪽) / 인천에 상륙하는 미군(오른쪽)(© fickr)

한 것이다. 우리 주민 600여 명 중 100여 명이 불에 타 죽는다. 미군은 민간인 희생을 최소화하기 위한 아무런 조치도 취하지 않은 채 폭격했다. 눈으로 식별가능한 고도에서 월미도 주민들에게 기총소사까지 감행했다. 닷새째 된 9월 15일 미군은 인천 상륙작전을 실행한다. 만석동에 상륙한 미군은 공동묘지와 응봉산을 확보하고 항만을 장악한다. 용현동에 상륙한 미군은 수봉산을 차지하고 북한군이 인천을 탈출하거나 인천으로 공격해 들어오는 것을 차단한다.[82]

사전 폭격으로 앙상하게 변해버린 월미도에 상륙한 미군과 한국군은 400여 명 북한군과 전투를 벌인다. 108명을 사살한다. 150명 이상을 도저 전차로 밀어서 산채로 묻어버린다. 11시 15분 점령을 완료한다.[83] 월미도 주민들 집터도 밀어서 마을 전체를 평탄하게 만든다. 이때 가매장한 주민 시신과 네이팜탄에 타버린 주민시신도 함께 밀었다.

살아남아서 쫓겨난 주민들은 월미도 초입 제8부두 맞은편 판잣집 마을에 자리 잡고 살았다. 1971년 7월 20일 미군이 철수한 월미도에 우리 해군 제2함대 사령부가 들어온다. 국방부는 월미도에 소유자가 불분명한 땅이 있다는 것을 발견한다. 월미도 주민 마을이다. 땅주인을 찾아주지 않고 국유재산으로 처리한다. 1980년대 판잣집 마을마저 사라지면서 월미도 주민들은 인천 시내 곳곳으로 흩어진다. 2001년 우리 해군도 월미도에서 철수한다. 국방부는 월미도를 인천시에 판다. 월미도 주민들은 아직도 월미도로 돌아가지 못하고 있다.[84]

2007년 9월 13일 월미도 미군 폭격 희생자 위령제를 처음으로 열었다. 2008년 2월 26일 진실화해위원회는 월미도 사건 진실규명을 결정한다.[85] 국가의 잘못을 인정하고 피해자들에게 배상을 해주어야 한다는 결론을 내린다. 한국정부에 미국과의 협상을 통하여 월미도 사건의 피해자들에 대해 보상할 수 있는 방안과 함께 월미도 원주민들의 귀향, 위령사업 지원, 관계기록 정정 등 명예회복 조치를 적극 강구하라고 권고한다.[86]

개항도시 제물포는 이렇게 외국 군대 전쟁터로 그 역사를 이어오고 있다. 외국군대가 제물포 앞바다에서 전쟁을 벌인다. 외국 군대 보급기지를 월미도에 만든다. 외국군이 개항도시 제물포에 들어와서 전쟁기념비를 세운다. 우리는 언제쯤 우리 땅 제물포에서 전쟁을 기억하는 주체가 될 수 있을까? 얼마나 오랜 시간이 흘러야 평화를 말할 수 있을까?

인천 개항장 사람들
짠물 말라 문화를 꽃 피우니

아름다운 인천 사람: 우현 고유섭

1944년 6월 26일 개성박물관장 우현 고유섭은 간경화로 사망한다. 세상을 떠나기 직전까지도 우현은 한국미韓國美를 탐구하고 있었다. 우현이 세상을 떠난 뒤부터 우현을 본격적으로 연구하기 시작한다. 우현은 한국미를 탐구했고, 한국미술사학자들은 우현을 연구한다.

    1944년부터 1960년대까지는 주로 우현 고유섭이 해놓은 연구를 계승하는 작업을 한다. 우현 고유섭의 연구 업적은 엄청난 것이었다. 우현의 어깨 위에 올라서지 않고서는 민족문화 건설과 일제 잔재 청산이라는 시대의 요청에 부응할 수 없었다. 조요한 교수가 서울대 예과를 마치고 학부로 진학할 무렵 김환기 화백을 찾아간다. 김환기 화백은 고유섭의 요절을 애달파하면서 미학과로 진학할 것을 적극 권유한다. 조요한 교수는 우현을 읽기 시작한다. 겁에 질린다.[87] 우현은 그렇게 큰 산이다.

제2기에 해당하는 1970년대와 1980년대 중반까지 우현에 대한 평가는 비판적으로 흘러간다. 미술사학자들이 주로 일제 식민사관에 영향을 받으면서 한국미술의 미학적 특질을 규정한 몰역사성을 비판한다. 한국미술을 적조·애조·무관심성 등으로 특징지은 야나기 무네요시柳宗悅와 같은 일본 학자의 영향을 받았다는 것이다. 한국미술을 한 가지로 규정하려는 시도 자체가 환상이라는 비판이다.

제3기에 해당하는 1980년대 중반 이후로 우현 고유섭에 대한 연구는 본격적인 궤도에 올라선다. 비로소 우현 고유섭을 한국미학의 정초자로 재평가한다.[88]

고유섭이 짧은 일생 전체를 걸었던 한국미에 대한 탐구는 모두 10권 전집으로 고스란히 남았다. 읽는 내내 두 마음이 교차했다. 한편으로 감탄하고, 다른 한편으로 분노했다. 아무도 간 적 없는 길을 걷는데도 몇 백 년 전부터 있던 길을 걸어가는 듯 쉽게 걸어간다. 조각조각 나뉜 지식을 한 덩어리로 뭉쳐낸다. 그러나 마치 일본인 교수가 식민지 조선미술을 연구하듯 태연하게 조선인을 지레 폄하하는 글에서 분노했다. 역사산책자는 우현 고유섭을 읽으면서 이처럼 상반되는 두 마음을 동시에 겪었다. 그래서일까?! 미술사학자는 우현을 비판하고, 미학자는 우현에게 큰 의미를 부여한다. 일제 식민 잔재라는 비판과 한국 미학의 정초자라는 찬사가 교차한다.

용산에 살고 있던 고운경高雲慶은 제물포로 이사를 간다. 외과의사였던 넷째 아들 고주철高珠徹은 1945년 10월 인천 최초 종합일간지 대중일보를 창간한다. 다섯째 아들 고주홍高珠泓은 인천세관장을 역임한다. 둘째 아들 고주연高珠演은 관비 유학생으로 일본 유학길에 오른다. 동경 제일고등학교를 졸업할 무렵 데라우찌 마사다케寺內正毅 총독이 발표한 민족차별적 교육정책에 분개하여 대학 진학을 포기하고 귀국한다. 그 뒤로 인천에서 미두업을 시작한다.

우현 고유섭은 1905년 2월 2일 고주연의 맏아들로 태어난다. 인천 용동권번 계단 아래 용동 큰 우물 옆에 있던 처음 집에서 태어난다. 취헌 김병훈醉軒 金炳勳이 운영하던 의성사숙意誠私塾에서 한학의 기초를 닦고, 1914년 인천공립보통학교에 입학한다. 이 무렵부터 산에 가나 바다에 가나 어디에 가나 스케치북을 들고 가서 무엇이든 꼭 그린다. 1919년 3.1독립만세운동 때에는 직접 태극기를 그려서 동네 아이들에게 나눠주고 함께 만세운동을 한다. 용동을 두 번째 돌 무렵 일경에게 붙잡힌다. 형사와 친분이 있었던 사촌형 고흥섭高興燮 덕분에 사흘 만에 풀려난다.[89]

1920년 보성고등보통학교에 입학하고, 1925년 졸업과 동시에 경성제국대학 예과로 진학하여, 1927년 본과 법문학부 철학과에서 미학과 미술사를 전공한다. 1929년 이점옥 여사와 결혼한다. 1930년 졸업하고 미학연구실 조수가 된다. 1930년 12

우현 고유섭 스케치 〈자화상〉[90]

월부터 1931년 5월까지 강진·광주·능주·보성·장흥·영암·구례 등 주로 전라남도 지역에 있는 고적을 답사한다.[91]

　1930년 10월 개성을 부府로 승격한다. 초대 김병태 부윤과 개성부민들은 이를 기념하기 위해 1931년 5월부터 6개월 동안 자남산 남쪽에 개성박물관을 짓는다. 최초의 지방박물관이다. 스승 우에노 나오테루上野直昭는 공부하기 좋으니 개성으로 가라고 권한다. 1933년 3월 우현은 경성제대 미학연구실 조수를 사임하고 초대 개성박물관장으로 부임한다. 개성박물관장으로 재직하면서 조선 고고미술 연구에 매진한다. 다른 한편 우현을 계승할 세 명의 제자를 길러낸다. 동경제국대학에서 경제학을 전공한 황수영, 메이지대학에서 미술사를 공부한 진홍섭, 개성 송도고보 학생 최순우 등이 바로 그들이다.[92]

　우현은 동경제국대학에서 경제학을 공부하던 황수영에게 경주로 가라고 이른다. 문무대왕릉을 찾으라는 말이다. 1965년부터 1967년까지 대왕암 조사를 마치고 문무대왕릉이라는 사실을 밝힌다.[93] 황수영은 우현의 육필 원고를 책으로 발간한다.

　진홍섭은 1949년 5월부터 10월까지 인천 전역에 산재한 고적을 조사한다. 1949년부터 1953년까지 인천의 연혁, 인천의 명소고적 등 세권으로 된 책을 한권으로 편철한《인천의 고적》을 인천박물관 지하 수장고에 남긴다. 계획대로 간행했다면 대한민국 최초 지역문화유적총람이 되었을 것이다.[94] 이경성은 초대 인천박물관장을 역임한다. 그와 함께 1949년 10월 23일

계룡정

강진군에서는 청자기와와 가마터를 발굴한 곳에 청자박물관을 짓고 고려청자 재현에 성공한다. 청자박물관 앞마당에 개성 황궁에 인종이 짓고 청자기와를 이은 양이정을 복원한 계룡정을 지었다. 이제는 청와대 청색기와를 걷어내고 청자기와로 덮을 차례다.

제7차 서곶지방 고적조사에 동행했던 유희강과 우문국은 각각 제2대와 제6대 인천박물관장을 역임한다.[95]

우현이 1930년과 1931년 두 해 동안 전라남도 일대를 두루 답사할 때 강진에 들렀던 것은 청자가마터와 청자기와편을 찾기 위한 것이었다. 고려 의종이 개성 황궁에 양이정養怡亭을 만들고 청자기와靑瓷로 덮었다.[96] 우현은 바로 그 청자기와를 구워낸 가장 우수한 도요지가 전라남도 강진군 대구면이라는 것을 알고 있었다.[97] 1939년에는 이태준·김용준·길진섭 등이 창간한 문예지《문장》에 "청자기와와 양이정"을 발표하기도 한다. 개성박물관에는 강진 도요지에서 출토했다는 청자기와를 출품 진열하기도 했다.[98] 그러나 추정할 뿐 정확한 장소를 알지 못했고 가마터도 발굴하지 못했다. 《朝鮮美術史(조선미술사)》를 쓴 세키노 다다시關野貞가 동경제대에 수장했다는 청자기와편 역시 정식으로 발굴한 것이 아니라 상인에게 산 것이었다. 1964년 5월 우현의 제자 최순우는 전라남도 강진군 대구면 사당리 117번지 이용희 씨 집 마당에서 500여 점에 달하는 청자기와 조각을 찾아내고, 9월에는 가마터도 발굴한다.[99] 그 터에서 고려청자를 복원하고, 청자박물관을 세우고, 청자기와로 이은 양이정을 복원한다. 최순우는 국립중앙박물관장이 된다.

1941년 6월 장인에게 4천 엔을 빌려 고추 장사를 한다. 고추 장사 실패로 큰 병을 앓아 3개월 동안 일어나지 못한다. 9월 간경화 진단을 받는다. 1944년 6월 개성박물관 관사에서 이 세상을 하직한다.[100] 우현은 한국미술사를 완성하지 못했다. 아직 우리는 미완성인 채로 남아 있는 우현을 넘어서지 못했다.

인천 개항장 산책
평화길

우리나라 첫 감리교회: 개신교 내리교회

1847년 펜실베이니아 출신 로버트 맥클레이Robert Maclay, 1824~1907 목사는 감리교 선교사로 중국에 들어간다. 25년 뒤 1873년 일본으로 자리를 옮긴다. 1874년 아오야마학원青山學院을 설립한다. 딕킨슨대학 선배 존 가우처John Goucher, 1845~1922 목사가 보내준 거액으로 세운 명문대학이다. 1882년 고균 김옥균古均 金玉均, 1851~1894이 인솔해서 일본으로 유학 간 학생들은 맥클레이 부부에게 영어를 배운다. 1883년 보빙사로 미국에 간 운미 민영익芸眉 閔泳翊, 1860~1914은 미국 대통령을 알현하기 위해 워싱턴으로 가는 기차 안에서 가우처 목사를 만난다. 체스터 아더Chester Arthur, 1829~1886 대통령을 알현한 뒤 볼티모어로 가서 다시 가우처 목사를 만난다.

가우처 목사의 요청에 따라 미국 감리교회 총회선교위원

회는 조선 선교를 결의한다. 조선 선교비 5천 달러를 책정하고 그중 2천 달러는 가우처 목사 특별헌금으로 충당한다. 가우처 목사는 일본선교사 맥클레이 목사에게 조선 선교 가능성을 조선에 가서 직접 타진해줄 것을 요청한다. 1884년 6월 23일 제물포에 내린 첫 방한선교사 맥클레이는 이튿날 한양에 들어가서 미국공사 푸트Lucius Foote, 1826~1913의 영접을 받는다. 1884년 7월 2일 고균 김옥균은 맥클레이 목사의 선교의향서를 고종에게 전달한다. 7월 3일 고종은 전신 부설과 미국 상선 조선바다 항행 그리고 병원과 학교 설립을 윤허한다. 미국 감리교회는 조선 국왕 고종으로부터 사실상 선교 윤허를 받은 것이다.

1885년 4월 5일 부활절 오후 3시 아펜젤러Henry Gerhard Appenzeller, 1858~1902 부부와 언더우드Horace Grant Underwood, 1859~1916는 제물포항에 도착한다. 아펜젤러 부부는 대불호텔에 여장을 푼다. 언더우드는 잠시 쉬었다가 바로 한양에 있는 의료선교사 알렌Horace Newton Allen, 1858~1932에게로 향한다. 아내가 임신 중이어서 아펜젤러는 어쩔 수 없이 잠시 일본으로 돌아간다. 6월 20일 제물포에 재입항한 아펜젤러는 현재 내리교회가 자리하고 있는 언덕 위 초가집을 빌려서 생활한다. 7월 29일 한양으로 거처를 옮긴 때까지 39일간 머물렀다. 아펜젤러가 떠난 직후 조선 신자들이 내리교회를 설립한다. 3.1독립만세운동 민족대표 33인 중 한 분이신 제9대 담임목사 신홍식申洪植, 1872~1937은 자신이 쓴 인천 내리교회 《敎會歷史(교회역사)》

에서 다음과 같이 말한다.

"一千八百八十五年에 本 教會가 비로소 시작하였는데 美國 牧師 월능거Ollinger氏가 京城 貞洞에 住宅을 定하고 本教를 巡察하며 조선교인 盧丙日氏를 파송하여 傳道하였더라."[101]

1883년 5월 16일 황해도 송천리에 조선 최초 장로교회 소래교회를 세웠다. 1885년 4월 5일 인천 제물포에 조선 최초 감리교회 내리교회를 세운다. 천주교회와 마찬가지로 개신교회도 조선 신자들이 시작한다.

노병일은 1890년 내리교회 첫 예배당을 조선집으로 지었다. 1894년 풍도 앞바다에서 청일전쟁이 발발한 이래 전선은 점점 북상한다. 제물포 사람들은 피난을 떠나기 전 교회를 찾아와 귀중한 문권과 가재도구를 맡긴다. 1895년 청일전쟁이 끝나고 다시 제물포로 돌아온 사람들은 내리교회에서 문권과 가재도구를 다시 찾아간다. 교회는 지역주민의 신뢰를 얻는다. 많은 사람들이 교회로 몰려든다.[102] 1901년 아펜젤러는 조선집을 허물고 웨슬리예배당을 신축·완공한다. 1955년 9월 웨슬리예배당을 허물고 1958년 12월 22일 새 예배당을 완공한다. 1964년 2월 원인을 알 수 없는 화재로 교회당과 모든 역사유물들을 태우고 만다. 1966년 6월 새 예배당을 봉헌할 때까지 영화학교

개신교 내리교회

**웨슬리 예배당 앞 백범 김구 선생과 신자들 기념촬영(왼쪽)(© 내리교회) /
복원한 웨슬리예배당(오른쪽)**

1946년 12월 내리교회를 방문한 백범 김구 선생이 내리교회 신자들과 함께
원래 웨슬리예배당 앞에서 기념촬영을 하고 있다. 오른쪽 사진은 2014년 복
원한 웨슬리예배당의 모습이다. 한국 개신교회는 끊임없이 짓고 허물기를 반
복하고 있다. 웨슬리예배당 복원이 한국 개신교회에게 각성의 계기가 되었으
면 좋겠다.

교정에서 예배를 드리는 동안 100여 명 교인들만 남는다. 오늘
날 내리교회를 건축한 것은 지난 1985년 12월.[103] 1885년 4월
에 시작한 내리교회는 1985년 12월 새 예배당을 짓고 100주년
을 기념한다.

조선 신자들이 지은 첫 조선집 예배당과 아펜젤러 선교사
가 지은 웨슬리예배당을 유산으로 남겼더라면 얼마나 좋았을
까! 아쉽기는 하지만 웨슬리예배당을 원래 모습 그대로 복원한
것으로 만족해야겠다. 화재에 대비해 사료가 될 각종 기록들을

별도로 보관했더라면 또 얼마나 좋았을 것인가! 아펜젤러비전 센터에 내리교회역사관을 지은 것으로 위안을 삼는다.

조선을 사랑한 서양 의사: 성공회 내동성당

내리교회 언덕 뒤편에 내동성당이 있다. 1956년 성당을 짓고 이곳으로 왔다. 내동성당이 이곳에 자리 잡기 전에는 병원이 있었다. 1904년 러일전쟁 서막을 열었던 제물포해전에서 부상자를 후송하여 치료한 곳도 바로 이 병원이다.[104]

조선에 들어온 선교사들은 이 병원을 성누가병원St. Luke Hospital and Dispensary이라고 불렀다. 성 누가의 날에 개원했기 때문이다. 그러나 1891년 10월 이곳에 병원을 열었던 성공회 의료선교사 랜디스Elis Barr Landis, 1865~1898는 낙선시의원樂善施醫院이라 불렀다. 성누가병원이라는 이름은 조선인에게 아무런 의미가 없을 것이기 때문이다. 그래서 '선행을 베풀어 기쁨을 누리는 병원'이라는 뜻으로 낙선시라는 간판을 달고 병원 벽에는 조선 그림과 글씨를 걸었다.[105] 랜디스는 모든 관심을 조선 그리고 조선에 관한 것에 기울였다. 제물포 사람들은 랜디스를 '약대인藥大人'이라 불렀고, 병원이 자리한 언덕을 약대인 산이라 불렀다. 제물포 사람들이 랜디스를 얼마나 존경했는지 짐작하고도 남는다. 선교사들은 랜디스를 'the little doctor'라고 불렀다. 랜디스 박사를 불렀던 이름으로부터 의사이자 선교사 그

리고 학자로서도 손색이 없었던 분이라는 것을 알 수 있다.[106]

랜디스는 1865년 12월 18일 미국 펜실베이니아 랭카스터에서 태어났다. 랜디스의 조상은 재세례파Anabaptist의 한 분파인 메노나이트Mennonite였는데, 신앙의 자유를 찾아 17세 후반 스위스에서 미국으로 이주한다. 1888년 펜실베이니아대학교 의과대학을 졸업하고 랭카스터 카운티 병원에서 의사 생활을 시작한다. 1890년 뉴욕 올 세인트 재활병원 의사로 자리를 옮겨서 일하던 중 영국 성공회 코프Charles John Corfe, 1843~1921 주교를 만난다. 주교는 서품을 받고 조선 선교에 나서기 직전 함께 일할 사람을 찾아서 조선에서 캐나다를 거쳐 미국을 여행하고 있었다.

1890년 9월 29일 랜디스 박사는 코프 주교와 함께 제물포에 도착한다. 1891년 10월 조선지계朝鮮地界 그러니까 조선인마을에 병원을 완공하고 본격적인 진료에 들어간다. 현재 내동성당이 있는 자리다. 대부분 조선 환자들은 가난했기 때문에 진료비와 치료비를 받지 않았다. 1893년 5월부터 10월까지 랜디스 박사가 보고한 진료 기록에 따르면, 제물포 개항장에 있는 유럽인들은 건강상태가 좋다. 일본인 환자 1,000명 중 22명이 사망했다. 사망자 중 40%는 폐결핵이었다. 청국인 사망률은 800명 중 4명으로 일본인보다 낮다. 주로 류머티즘으로 고생한다. 조선인은 매독·말라리아·결막염·고막파열 등으로 고통을 겪고 있다.[107]

1892년 이래로 조선고아학교를 개설해서 가르치는 한편

성공회 내동성당

조선 고아 중 한 명을 입양해서 키운다. 같이 생활하는 고아 숫자는 순식간에 다섯으로 불었다. 초대교회의 전통에 따라 모든 그리스도인 재산을 공동으로 소유하고 공동으로 사용하고자 했던 메노나이트의 신앙을 실천한 것이다.[108]

1895년 크리스마스 때 유럽과 미국으로 안식년 휴가를 떠나지만 1896년 5월 다섯 달 만에 제물포로 돌아온다. 두고 온 고아들 때문에 서둘러 귀국한 것이다. 1897년 여름 외국인조계에서 가까운 조선지계에 새로운 거처를 정하고 다섯 명의 고아와 함께 생활한다. 한편으로 고아를 돌보기 위해, 다른 한편으로 가장 조선적인 환경에서 조선을 연구하기 위해서다. 조선 고아들에게 가장 편안하게 생활할 수 있는 곳은 두말할 나위 없이 조선인들이 모여 사는 조선지계다. 조선을 연구하는 학자로서 가장 적절한 연구 장소 역시 조선지계다. 그러나 1898년 4월 16일 갑자기 몸져눕는다. 발병한 지 3주 만에 유명을 달리한다. 논농사를 짓던 곳과 가까운 저지대에 살다가 말라리아에 감염된 것 같다.[109]

랜디스 박사의 임종을 지켰던 트롤로프 주교에게 한 가지 부탁을 남긴다. 자신이 연구한 조선 관련 논문과 각종 도서를 처분해 달라는 것이다. 트롤로프 주교는 랜디스 박사가 소장한 도서를 성공회 명의로 일괄 구매한다. '랜디스 기념 문고Landis Memorial Library'를 만들어서 조선 관련 도서를 보관하고, 일부 논문을 출판하는 한편, 랜디스 박사의 전체 저술을 언젠가 단행본으로 엮어서 출판하기를 희망한다.[110] 1900년 영국성서공회 왕립아시아학회 한국지부를 창설하고 설치한 도서관에 1903년 랜디스 기념 문고를 대여한다. 1941년 일제가 선교사를 추방할 때 연희대학교에 위탁한다. 현재 연세대학교 도서관에서 보관 중이다. 당시 랜디스 문고는 서양어로 저술한 한국학 문고 중 가장 포괄적이라는 평가를 받고 있다.[111]

남북을 다 차지하자: 홍예문

내동성당을 나와서 오른쪽 담장을 따라 굽어 걸으면 홍예문虹霓門 위를 지난다. 일본 공병부대가 1906년 착공해서 1908년 완

인천시 중구를 남북으로 연결하고 있는 홍예문

공했다. 일본지계 송학동에서 월미도 방향에 있는 만석동으로 가는 지름길을 열기 위해 송학동 언덕을 깎아서 홍예문을 만든다. 일본식 성벽쌓기 방식으로 나름 멋을 부려서 지었다. 일본인이 급속도로 증가하면서 일본지계가 좁았다. 홍예문을 뚫어서 건너편 조선인마을 인현동까지 진출한다. 인근에 각국지계가 있었기 때문에 자연스럽게 각국지계로도 진출할 수 있었다. 게다가 공장이 많았던 만석동으로 가려면 해안가로 에둘러야만 했다.[112] 홍예문은 만석동 공장으로 가는 지름길 노릇을 한다. 그야말로 돌 하나 던져 세 마리 새를 잡는 횡재다. 제물포는 남북으로 연결되고 일제는 모든 것을 다 차지한다.

홍예문 위를 지나 계속 걸어가면 자유공원으로 들어간다. 광장에서 바라보는 인천항 야경은 가히 걸작이다. 자유공원을 가로질러 왼쪽 계단으로 내려가면 선린문을 지나 차이나타운으로 이어진다. 옛날 청국조계 지역이다.

그 맛이 아니네!: 공화춘 짜장면박물관

1882년 임오군란이 발발하자 오장경 제독吳長慶 提督, 1833~1884은 청군을 이끌고 조선에 들어온다. 이때 40여명의 군역 상인도 함께 들어온다. 군역 상인은 오장경 군대에 생필품을 공급하는 역할을 한 상인들로서 조선인을 상대로 무역활동도 했다. 주로 광동성과 절강성에서 온 중국 남방상인들이다. 조선에서 시장을 개척하면서 초기 화교의 모태가 되었다. 1884년 12월 급진

짜장면박물관

공화춘은 우리나라에서 처음으로 짜장면을 만들었다고 알려져 있다. 2012년 이 공화춘 건물을 리모델링해서 짜장면박물관으로 다시 문을 열었다.

개화파가 주도하고 일본이 지원한 갑신정변이 실패한다. 청나라의 영향력이 커질 것을 우려한 일본은 2개 대대병력을 조선에 보낸다. 1885년 4월 청나라와 일본은 천진조약을 맺고 조선에서 철병한다. 이때 인천에서 활동하던 군역 상인도 청나라로 돌아간다.

　　1885년 10월 원세개袁世凱, 1859-1916가 조선주재총리교섭통상사의 신분으로 조선에 부임한다. 1886년부터 인천 청상들이 본격적으로 활동하기 시작한다. 이번에는 산동성에서 온 북방상인이 주축을 이룬다.[113]

산동성 모평현 유방촌 사람 우희광于希光, 1886~1949도 이때 들어온 북방상인 중 한 명이다. 인천 청국조계지로 들어온 것은 1907년. 인천에는 이미 1,000명도 더 되는 중국 상인들이 살고 있었다. 이듬해인 1908년 우희광은 산동회관山東會館을 설립한 다. 1912년 국부 손문孫文, 1866~1925이 중화민국을 건국하자 산동회관을 공화춘共和春으로 바꾼다. 공화춘, 즉 '공화국에 봄날이 왔다共和國的春天到了'면서 아시아에서 처음으로 민주공화국을 세운 경사스러운 일을 경축한 것이다. 한국전쟁 때 잠시 영업을 중단했다가 전쟁이 끝난 뒤 다시 영업을 시작한다. 그러나 인천시청 이전으로 영업이 위축되다가 1984년 마침내 폐업한다.[114]

우희광의 아들 우홍장于鴻章, 1917~1993과 그 가족들은 대부분 대만으로 이주한다. 장남 우심진于心辰, 1940~2003과 그 가족들만 남아서 신포동 제일은행 옆에 중화루中華樓를 열어서 영업을 계속하고 있다. 지난 2010년 인천시 중구에서 공화춘을 사들여서 2012년 짜장면박물관으로 개관했다. 우리나라 짜장면 발원지라는 역사성과 청국조계지 건축양식을 보존하고 있다는 점을 인정한 것이다. 지난 2006년 문화재청은 공화춘 건물을 근대문화유산 246호로 등록했다.

2004년 공화춘이 다시 문을 열었다. 이현대 사장이 상표등록을 하고 공화춘에서 100미터 떨어진 자리에서 개업했다. 이름만 공화춘이라 아쉽기는 하지만 공화춘 주방장을 어렵게 수

소문해서 다시 시작했다는 것이 이현대 사장의 설명이다.

역사산책자에게 짜장면은 추억이기도 하고 고집이기도 하다. 짜장면이 추억인 것은 어릴 적 기억 때문이다. 대부분이 그러했다. 짜장면은 졸업식 때나 먹을 수 있는 경사스러운 음식이다. 그땐 그랬다. 짜장면이 고집인 이유는 책 때문이다. 《여가의 발견》이라는 책을 편집하다가 편집자와 옥신각신 싸웠다. 나는 짜장면을 고집하고 편집자는 자장면을 주장했다. 사실 당시 대한민국 정부 공인 표기법은 자장면이었다.

내 주장은 국민을 주인으로 여기지 않고 교화의 대상으로 간주하는 독재자의 그릇된 시각에서 자장면이라는 괴상한 외래어 표기법이 등장했다는 것이다. 한자로는 炸醬麵(작장면)이라 쓴다. 중국어 발음은 짜지앙미엔이다. 1986년 외래어 표기법에 한자어를 포함시키면서 국립국어원은 짜장면을 틀렸다고 판정했다. 많은 변명을 늘어놓기는 했지만, 자를 짜로 발음하면 국민정서가 더욱 포악해져서 데모를 하게 된다는 가설에 근거한 판단이다. 그러나 짜장면의 경우는 여기에 해당 사항이 없다. 효과를 효꽈로 읽거나 사건을 사껀으로 읽는 경우와 다르다는 말이다. 한자어로 읽으면 작이 되어야 하고, 중국말로 읽으면 짜가 되어야 한다. 자장면은 애초에 없었다. 작장면이나 짜장면이 있었다. 2011년 8월 31일 국립국어원에서 자장면과 짜장면 모두 표준어로 인정했다.

그렇다면 우리나라 사람들은 언제부터 짜장면을 먹었을

까? 2005년 10월 7일 인천시 중구에서는 '짜장면 탄생 100주년 대축제'를 열었다. 이것이 옳다면 우리나라에서는 1905년부터 짜장면을 먹었다. 우리나라 어디에서 먹기 시작했을까? 인천시 차이나타운에 있는 짜장면박물관이다. 옛 공화춘 자리이다. 과연 그럴까?

지금 우리가 먹는 짜장면은 막 삶은 따뜻한 면에 카라멜이 들어 있는 볶은 짜장을 얹은 것이다. 한국식 짜장면이다. 중국식 짜장면은 면을 삶아서 식힌 다음 볶은 면장麵醬과 각종 야채를 얹어서 비벼 먹는 가정식 요리다. 한국짜장면은 약간 물기를 머금고 있지만 중국짜장면은 물기가 없다. 한국짜장면은 따뜻하지만 중국짜장면은 차다.

맛에서 결정적 차이가 난다. 한국짜장면은 달고 중국짜장면은 짜다. 카라멜이 결정적 차이를 낳았다. 볶은 춘장, 즉 짜장에 카라멜을 처음 넣은 것은 지난 1948년이고, 산동성 출신 화교 왕송산이 처음으로 만들었다. 주식회사 영화식품의 사자표 춘장은 이렇게 탄생한다. 지금도 업계 1위이다.[115]

오늘 우리가 먹는 짜장면은 아무리 빨라도 1948년을 거슬러 올라갈 수 없다. 공화춘 역시 아무리 빨라도 1908년이다. 그러나 우리에게 짜장면이 중요한 것은 발원지나 연대 때문이 아니다. 이제 더 이상 졸업식 때 먹는 경사스러운 음식이 아니다. 한 끼 때우는 서민음식이 되었지만 다른 한편으로는 때가 되면 먹어야만 하는 일상적인 음식으로 새롭게 자리매김하기도 했

다. 훈련소에 입소해서 군사훈련을 받는 군인이 가장 먹고 싶어
하는 음식이 짜장면이다. 이사철이 되면 짐 정리를 하다 말고
신문지 깔고 앉아 맛있게 먹는 음식이 짜장면이다. 최고급 중
국요리집이라 할지라도 그곳이 한국이라면 마지막 입가심하는
음식은 짜장면이다. 그 짜장면 원조를 찾아 인천 개항장 공화춘
을 찾았다. 급히 주문해서 먹었다. 그 맛이 아니네!

땅 따먹기: 일본조계와 신포시장

신포시장 쪽으로 걸어가면 왼쪽에 조계계단이 있는 길을 건넌
다. 조계계단과 그 앞길은 청국조계와 일본조계를 가로지른다.
개항기 제물포에서는 일본과 청국 사이에 땅따먹기가 치열했다.
선점한 일본은 땅을 너무 적게 차지하는 실수를 범한다. 후발 주
자 청국은 언덕 위 땅을 차지할 수밖에 없었지만 배에서 짐을
부리기에 가까운 곳이어서 나름 나쁘기만 한 것은 아니었다.

　일본지계 첫 건물은 우리나라 최초 호텔 대불호텔이다.
2018년 복원했다. 이어지는 건물들은 대부분 은행이다. 인천개
항박물관으로 활용하고 있는 일본 제1은행 인천지점, 인천개
항장근대건축전시관으로 사용하고 있는 일본 제18은행 인천
지점, 인천시 중구 요식업조합에서 사용하고 있는 일본 제58은
행 인천지점 등 근대건축물이 서로 머리에 머리를 맞대고 있다.
나름 독특한 경관을 형성하고 있다. 1883년 11월, 1890년 10

청국지계와 일본지계를 가르는 조계계단을 만들기 전 1905년 모습(위)(© flickr) /
2018년 모습(아래)

월, 1892년 7월에 각각 완공했다. 일본인들이 개항기에 세운 서양식과 일본식을 결합한 건축물들이다. 서양식을 흉내 낸 건축물이라서 의양풍이라 부른다. 당시 일본은 서양식 정규 건축교육을 받은 건축가가 없었다. 요코하마 같은 외국인 거류지에서 서양 사람들이 짓는 건물에 관여하면서 어깨너머로 배운 것이다.[116] 그렇지만 오늘날 우리 시각으로도 여전히 아름답다.

　일본조계를 가로지른 뒤 왼쪽으로 꺾어서 다시 오른쪽 골목으로 들어가면 신포시장이다. 신포동·용동·답동 등지는 일본에게 이래저래 쫓겨 다녔던 조선인이 살던 곳이다. 청국인들은 청일전쟁에 패배한 뒤에도 많은 밭을 소유하고 있었다. 부유한 청국인은 과수원을 경영하고, 가난한 산동 농민들은 작은 채소밭을 일구었다. 결국 인천부 채소 재배는 청국인 손으로

신포시장 내 푸성귀시장 터
중국 산동성 농부들은 작은 텃밭을 일구어서 인천 채소시장을 장악했다.

이루어졌다.[117] 신포시장에서 왼쪽으로 좁은 길을 들어가면 이들이 가꾼 채소를 팔았던 푸성귀시장이다. 청국인들은 어떻게든 땅을 차지하기 위해 청국조계는 말할 것도 없거니와 일본조계·각국조계·조선지계 등지에 땅을 악착같이 사들인다. 전쟁에는 졌어도 땅따먹기에는 지지 않으려는 듯……

언덕 위에 평화: 천주교 답동성당

조선에서 천주교회의 역사는 실학을 추구한 조선 선비들로부터 시작한다. 그 숫자는 많지 않았다. 1831년 로마교황청으로부터 조선 전교 업무를 위임받았던 파리외방전교회가 조선 선교에 나선다. 구교 신자들이 빠르게 늘어난다. 그러나 순탄하지 않았다. 1839년 기해박해로 약 2,000명이 넘는 천주교인들이 순교한다. 1866년 병인박해 때는 그보다 더 많은 신자들이 피를 흘린다.

1886년 5월 7일 조선은 프랑스와 지루한 협상을 시작한다. 조선은 프랑스에 병인양요 때 강화도를 불법 점령하고 조선인에게 입힌 피해를 보상받고자 한다. 아울러 러시아와 동맹을 맺고 있는 프랑스와 조약을 맺음으로써 일본을 견제하고자 한다. 프랑스는 극동지역에서 입지를 강화함으로써 경제적 이익을 확보하고자 한다. 또한 전교의 자유와 선교사 보호를 확약받고자 한다. 6월 4일 드디어 수호조약을 맺는다. 조선은 전교의 자

천주교 답동성당

유를 보장하지 않았다. 대신 더 이상 박해는 없을 것이라는 점을 암시한다.[118] 사실상 천주교 조선 전교의 문이 열린 셈이다. 드디어 평화가 왔다.

천주교회가 인천에서 본격적으로 전교를 시작한 것은 1893년이다. 우바오로 신부가 서울로 떠난 1898년 서요셉 신부가 후임으로 부임하여 현 위치에 임시 성당을 짓는다. 1904년 5월 1일 부임한 으제니오 드뇌 신부는 1905년 혜성고아원, 1909년 박문학교, 1929년 박문유치원 등을 신축하거나 설립한 데 이어서 1933년 드디어 성당 증개축을 시작하고 1937년 답동성당 바오로대성당을 준공한다.[119] 이후 치자렛 신부가 고딕성당이었던 답동성당을 로마네스크 양식으로 개축하여 오늘에 이른다.

답동성당은 웅장하면서도 편안한 로마네스크 양식 교회당의 아름다움을 한껏 자랑하고 있다. 성공회 서울주교성당과 천주교 전주 전동성당과 함께 우리나라 3대 로마네스크 양식 건축물로 손색이 없다.

답동성당으로 올라온 언덕 반대쪽 후문으로 나가서 태권도학원이 있는 막다른 골목에서 왼쪽으로 꺾어서 걸어가면 개항로로 연결된다. 개항로에서 오른쪽 아래로 내려가면 도로가 왼쪽에 커피숍 싸리재가 있다. 잠시 쉬어간다.

개항로 빨간 벽돌집(위) / 커피숍 싸리재(아래)

마침내 인천 사람: 커피숍 싸리재

커피숍 싸리재 사장을 만났다. 싸리재 바로 옆 빨간 벽돌집에서 39년 동안 의료기사업을 했다. 1950년 소래에서 태어난 인천 토박이다. 2012년 환갑 되던 해에 배낭을 메고 소래에서 해남까지 걸었다. 박차영 사장은 걷는 내내 삶에 대해서 생각했다. 앞으로 어떻게 살아야 할지 고민했다. 45일 만에 해남에 도착하니 눈부시게 아름다운 노을이 반긴다. 고민은 끝났다. 인천 개항로를 떠나지 않기로 작정한다.

마침 싸리재 건물이 경매로 나와서 매입했다. 개항로에서 처음 장사를 시작한 39년 전까지만 해도 개항로 도로변 땅값은 평당 1,000만 원을 호가했다. 연수동 아파트 한 채가 7,500만 원 하던 시절이다. 항도백화점, 상업은행, 조흥은행, 애관극장, 인형극장, 신신예식장(삼성요양병원 자리), 기독병원 등 개항로는 인천의 명동이었다. 다른 점이 있다면 서울 명동은 일본인들이 살았지만 인천 개항로에는 조선인이 살았다는 정도다.

동네 동생에게 리모델링 공사를 맡겼다. 천장을 뜯었다. 황홀했다. 20일 공사기간은 5개월로 늘었다. 970만 원에 시작한 공사는 2억 원을 소진한 다음에야 끝났다. 원래 집주인이 1930년에 올린 상량문 '昭和 5年 4月 5日'도 그대로 살렸지만, 어려서부터 음악을 좋아했던 새 주인 박차영 사장의 취향도 새로 덧입혔다. 인천에서 나고 자란 사람으로서 인천에 뭔가 하나를 남기고 싶었던 소망을 이뤘다.

박차영 사장에게 인천 사람으로서 정체성에 대해 질문했다. 약간 신경질적인 반응을 보이더니 이내 말문을 이어간다. "인천에서 나고 자랐기 때문에 인천 사람이라고 생각할 뿐이다. 다른 곳에서 태어났다면 그곳을 고향이라고 생각하고 살았을 것이다." 얼핏 단순하기도 하고 정체성이 없는 말처럼 들리기도 한다. 그러나 억지로 의미를 부여하지 않으려는 소박한 뜻에 공감한다. 미우나 고우나 있는 그대로 지키려는 담담함에 경의를 표한다. 그 위에 더한 작은 희생을 소중하게 음미한다. 커피 한 모금 음악과 함께…….

구수한 큰 맛: 용동 큰 우물

경기도 인천군 다소면 선창리 용현 117번지. 우현 고유섭 선생이 어린 시절을 보낸 곳이다. 용동 큰 우물을 중심으로 권번·병원·양조장·술집 등이 즐비했던 뒷골목이다.

용동 골목길에서는 일상이 된 '질박·둔탁·순수한 생활미술'에서 나오는 '구수한 큰 맛'을 늘 보면서 자랐다. 우현은 일상생활과 결합된 '기교를 부리지 않은 기교, 아무런 계획을 세우지 않은 계획'을 조선의 아름다움이라고 보았다.[120] 우현의 조선미학은 용동 골목길에서 나온 것일지도 모른다. 적어도 용동에서 보낸 일상이 없었다면 우현이 놓은 조선미학의 주춧돌은 많이 달라졌을 것이다.

용동 큰 우물

용동 큰 우물은 가물어도 물이 마르지 않고 많았다. 그래서 큰 우물이다. 마르지 않는 샘이 있으니 자연스럽게 마을을 이루고 살았다. 용동이다. 1881년 인천부에서 용동 큰 우물을 정비했다. 지금 모습처럼 육각정자를 둘러 친 것은 지난 1967년. 개항로 골목길에 있는 우물이었기에 나그네·외교관·선교사 등 서울로 가는 사람들은 모두 이 물을 마셨을 것이다. 대화양조장·영화양조장 등 우물 주변 다섯 개 양조장에서도 우마차를 동원해 용동 큰 우물물을 길어서 술을 빚었다. 술을 찾는 이가 많았기에 양조장이 많았다.

골목길 역사산책_개항도시편

예인조합 용동권번 각자계단석

돈깨나 있는 나리들은 용동권번龍洞券番에서 술을 마셨다. 권번은 예인조합을 일컫는 말이다. 용동 큰 우물 뒤편 개항로로 올라가는 골목길 계단이 용동권번으로 가는 길이었다. 인천 예인들이 권번을 조직한 것은 1901년 5월. 용동권번 예인들은 취헌 김병헌 선생에게 서화와 가락을 배웠다.[121] 지금은 애관극장으로 그 자리를 지키고 있는 개항로 협률사에서 공연을 했다. 취헌 김병헌 선생은 우현 고유섭을 가르친 것처럼 용동권번 예인들도 가르쳤다. 일제가 대동아전쟁을 획책하던 1940년대 초반에 없어졌다. 지금도 대리석 계단에 새긴 용동권번은 그대로 남아 있다.

용동권번에 복혜숙卜惠淑, 1904~1982이라는 뛰어난 예인이 있었다. 동학군이었던 아버지 복기업은 목사가 된 뒤 선교사와 함께 열심히 전도했다. 동학군 전력을 알아 낸 일제에 붙잡혀 모진 고문을 당한다. 임신 중이었던 어머니까지 철창에 갇힌다. 차디찬 감옥에서 병을 얻은 채로 풀려난다. 겨우 출산했지만 아이는 이내 죽고 만다. 날이 새면 뒷산에 묻어주려고 잘 싸서 윗

목에 뉘뒀다. 그런데 이튿날 새벽 아이가 꿈틀거리는 것이 아닌가! 복혜숙은 이렇게 태어났다.[122]

이듬해 충남 보령에서 인천으로 올라온다. 하와이 이민 길에 오르기 위해서다. 어머니 건강이 좋지 않아 신체검사를 통과하지 못했다. 목사였던 아버지 덕에 이화학당에 입학한다. 일본 요코하마기예학교와 조선배우학교에서 공부하고 여배우로 활동을 시작한다. 1924년 마쓰모토松本英一 감독이 만들어서 크게 성공한 〈농중조籠中鳥(새장 안의 새)〉를 1926년 이규설 감독이 리메이크할 때 주연으로 출연한다. 한국에서도 크게 성공한다.[123] 1927년 이구영 감독은 기생과 화가의 슬픈 사랑이야기를 다룬 〈낙화유수〉를 찍으면서 복혜숙을 주연으로 발탁한다. 춘원 이광수가 단성사에 권고해서 구입한 미국제 윌라드 카메라로 촬영했다고 해서 장안에 화제가 됐던 영화다.[124] 연속으로 흥행에 성공하면서 복혜숙은 일약 스타덤에 오른다.

그러나 개런티가 없던 시절이었기에 생활은 곤궁했다. 1928년부터 8년 동안 종로 익선동 한옥거리 초입에 있었던 조선어학회 1층에서 '비너스다방'을 운영한다. 영화인들과 연극인들은 물론이거니와 조병옥 박사·춘원 이광수·윤보선 전 대통령 등이 단골이었다. 주간다실 야간살롱으로 운영했다. 버터에 간장을 부어 만든 소스에 오징어를 잘게 썰어 찍어 먹는 안주로 상당한 인기를 끌었다.[125] 다시 인천으로 온 것은 극단 토월회가 인천공연에 나섰을 때다. 흥행에 실패한다. 여관비와 식

용동권번 예인들(© 인천광역시청)126

비는 밀리고 남자 단원들은 돈 구하러 서울로 떠났다가 영영
돌아오지 않는다. 용동권번에서 일한다. 춘원 이광수와 인촌 김
성수가 복혜숙을 구출하겠다고 용동에 나타났단다. 3년간 일하
고 모든 빚을 청산한 뒤에야 ⋯⋯127

서민들은 목로집에서 술잔을 기울였다. 광복 뒤에도 한동
안 문을 열었던 안흥관·청대문집 등 목로집은 온돌 부뚜막과
나무로 만든 긴 탁자가 있는 술집이었다. 인천 앞바다에서 잡아
온 생선과 찌개로 안주를 만들어 팔았다. 용동 목로집이 서울로
퍼져나가면서 생긴 이름이 목로주점이다. 1970년대에는 동그
랑땡 안주에 막걸리집이, 1980년대 이후로는 생맥주집이 목로

집을 대신했다.[128]

기생조합과 양조장 그리고 술집이 즐비한 이 골목길에 산부인과 병원이 있다. 가천길병원이다. 1958년 서울대학교 의과대학을 졸업한 이길여 총장이 친구들과 함께 용동 큰 우물 바로 옆 적산가옥에 자성의원을 열었다. 1964년 미국 유학을 떠났다가 1968년 귀국해서 같은 자리에 이길여의원을 다시 열었다. 보증금 없는 병원이라는 소문이 퍼지면서 가난한 사람들이 많이 찾았다. 동인천길병원으로 지금도 제 자리를 지키고 있다.

인천 개항장 평화길 산책로

1호선 전철 동인천역에서 내린다. 1번 출구를 돌아 나와서 3번 출구 앞 건
널목을 건너서 동인천역을 등지고 곧장 걷는다. 5분가량 걸어 오르면 오
른쪽 언덕 위에 빨강벽돌로 지은 남한 첫 개신교회 '내리교회'가 서 있다.
뒤편에 정동제일교회를 빼닮은 웨슬리기념관과 교회설립 130주년을 기
념해 지난 2016년에 개관한 내리교회역사전시관 등 볼거리가 풍성하다.
내리교회와 웨슬리기념관 사이 길 자유공원로27번길을 올라간다. 막
다른 골목길에서 왼쪽 벽돌담장길을 따라 감아 오르면 성공회 '인천내
동교회'다. 교회 빨강벽돌 담장길 송학로를 따라 계속 걷는다. 3분이면
'홍예문' 위를 지나고, 다시 3분이면 '자유공원'이다. 맥아더동상 아래
광장에 서면 인천항과 월미도 그리고 인천공항으로 이어지는 인천대교
를 한눈에 조망할 수 있다. 특히 해넘이가 멋지다.
자유공원 한미수교 100주년 기념탑을 지나 왼쪽 계단으로 내려간다.
계단 아래 선린문善隣門을 지나 계속 이어지는 계단을 끝까지 내려가면
청국조계清國租界 차이나타운이다. 제일 먼저 텔레비전 드라마 〈북경반
점〉을 촬영한 연경대반점과 〈다큐멘타리 3일〉을 촬영한 옛날짜장집 만
사성이 역사산책자를 반긴다. 계단 끝에서 왼쪽 길로 꺾으면 '공화춘'.

공화춘에서 오른쪽으로 내려가다가 북성동행정복지센터를 끼고 왼쪽 골목길 차이나타운로44번길로 들어서면 끄트머리에 '짜장면박물관'이 나온다. 한국식 짜장면을 처음 만든 중국집 공화춘 옛 건물이다. 공화춘 건물을 그대로 살려서 박물관을 만들었다.

박물관 정문에서 약간 올라가서 오른쪽으로 꺾어 막다른 길에서 다시 왼쪽으로 들어선다. 차이나타운로59번길 해인성당과 중국원을 지나면 눈앞에 옛 대불호텔 '중구생활자료전시관'이 보인다. 우리나라 첫 호텔이다. 옛 대불호텔에서부터 일본조계日本租界다. 일본조계로 직진해서 들어서기 직전 왼쪽으로 눈을 돌리면 조계계단. 이 계단길이 청국조계와 일본조계를 가르는 경계였다.

일본조계로 들어서면 옛 일본 제18은행 인천지점 '인천근대건축전시관', 옛 일본 제1은행 인천지점 '인천개항박물관', 옛 일본 58은행 인천지점 등이 이어진다. 곧장 걸어가면 '중화루'. 경인철도를 개통하면서 쇠퇴하기 시작한 대불호텔을 인수해서 만든 청요리집이다. 지금 자리로 옮겨서 성업 중이다. 200미터가량 직진해서 정정아식당을 끼고 왼쪽으로 꺾어서 50미터를 걸어가면 오른쪽이 '신포시장'이다.

신포시장을 가로질러 대로변으로 나가기 직전 닭강정가게 오른쪽 골목으로 들어가면 청국노동자들이 농사를 지어서 내다팔았던 푸성귀시장 터. 신포시장을 빠져나와서 대로를 건너 오른쪽 언덕으로 올라가면 '답동성당'이다. 올라온 반대방향 답동성당 왼측으로 내려가서 우현로 50번길을 따라 오른쪽으로 올라간다. 태권도장 앞 막다른 길에서 왼쪽으로 꺾어서 걸어가면 세일마트 앞 개항로 사거리. 오른쪽으로 꺾어서 개항로 따라 내려가면 왼쪽 길가에 커피숍 싸리재가 있다.

싸리재에서 다시 올라와서 세일마트를 끼고 오른쪽으로 들어서서 다시 도로를 건너 왼쪽 우현로62번길 골목으로 들어선다. CF모텔을 끼고 오른쪽 좁은 골목으로 눈을 돌리면 대리석 계단길이다. 자세히 살펴보면 계단 대리석에 '龍洞 券番(용동 권번)'이라 각자해놓았다.

용동 권번 계단을 내려와서 오른쪽 우현로90번길 골목길로 들어선다. 미로처럼 굽은 길을 빠져나오면 산부인과로 유명한 동인천 길병원 뒤편이다. 여기에서 왼쪽 주차장을 가로지르면 '용동 큰 우물'. 용동 큰 우물에서 동인천 길병원 '가천 이길여 산부인과 기념관' 앞을 지나서 큰 길 우현로로 나가면 오른편에 동인천역이다.

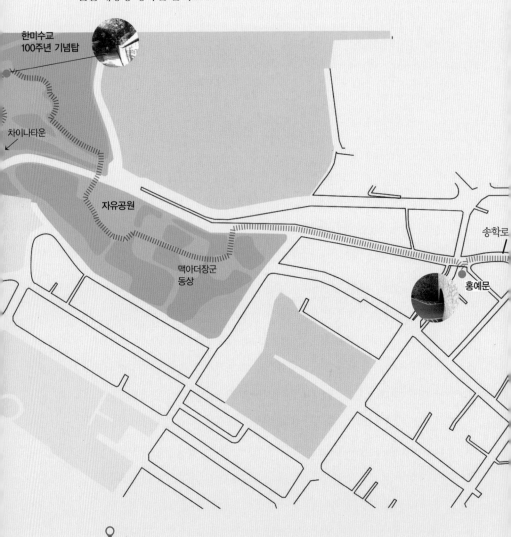

내리교회 ▶ 웨슬리기념관 ▶ 인천내동교회 ▶ 홍예문 ▶ 자유공원 ▶

짜장면박물관 ▶ 해인성당 ▶ 인천개항박물관 ▶ 인천근대건축전시관

▶ 신포시장 ▶ 답동성당 ▶ 커피숍 싸리재 ▶ 62번길 용동권번 계단

길 ▶ 용동 큰 우물

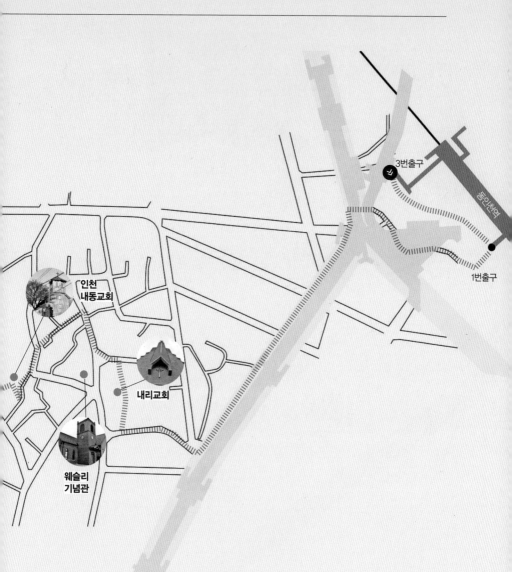

3번출구

동인천역

1번출구

인천
내동교회

내리교회

웨슬리
기념관

공화춘

짜장면박물관

차이나타운 59번길

해인성당

인천개항박물관

인천근대건축전시관

정정아식당

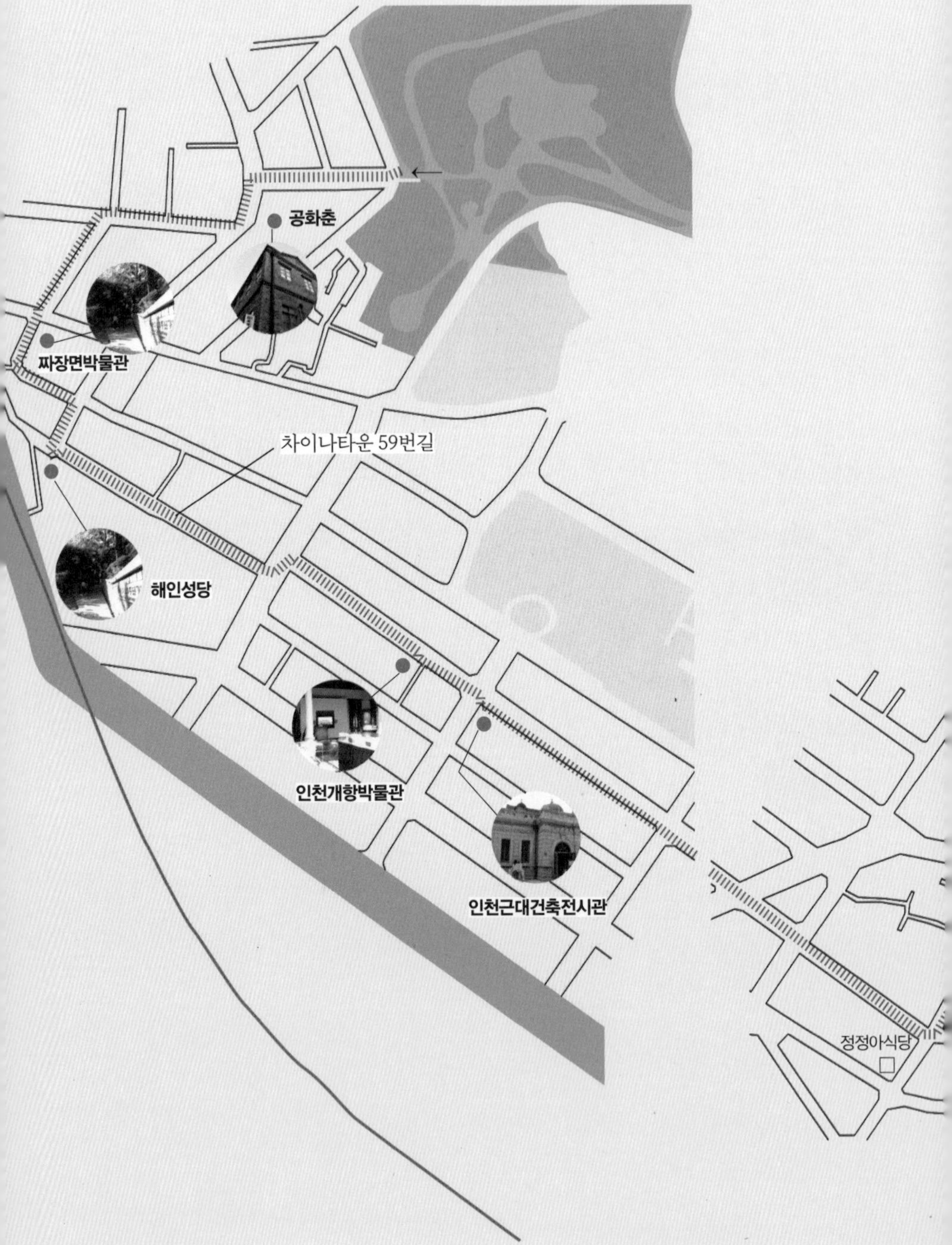

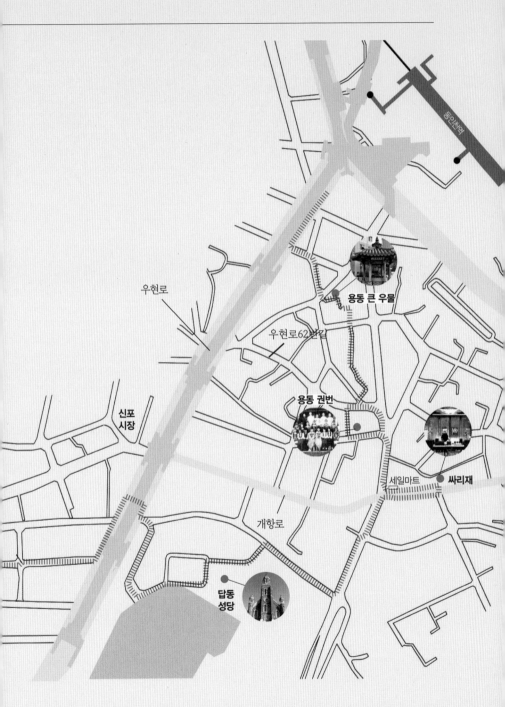

용동 큰 우물

우현로

우현로62번길

용동 권번

신포
시장

세일마트

싸리재

개항로

답동
성당

동인천역

3 양림동 근대길 산책

2015년 12월 28일 한일 양국 정부는 위안부 문제 해결을 위한 합의에 이르렀다고 발표한다. 2016년 9월 1일 일본 정부는 화해치유재단 계좌로 109억 원을 송금한다. 정작 아베 신조安倍晉三 총리는 사죄할 생각이 털끝만큼도 없다고 한다. A급 전쟁범죄자의 후손답다. 게다가 기시다 후미오岸田文雄 일본 외무상은 서울 일본 대사관 앞 위안부 소녀상을 이전하라고 요구한다. 세계 11위 경제대국 대한민국이 단돈 109억 원 때문에 우리 할머니들 가슴에 또 다시 못을 박았다.

전범의 후손은 왜 이다지도 떳떳한가? 왜 우리는 전범의 후손에게 모욕을 당해야 하는가? 우리는 왜 이다지도 비굴한가? 왜 우리는 전쟁범죄자에게 사과를 요구하는 것도 이렇게 힘든가?

1887년 전기등소에서 발전설비를 가동하여 전기불로 경복궁을 밝힌다. 자주적 근대화를 상징하는 일대 사건이다. 1905년 일본은 한국을 합방한다. 일본은 조선에서 식민지 근대화를 본격적으로 추진한다. 1945년 일본군은 섬으로 돌아가고 그 빈자리에 미군이 들어온다. 서구적 근대화가 시작된다. 도움을 받던 나라 대한민국이 도움을 주는 나라 대한민국으로 발돋움한다. 그러나 자주적 근대화의 과제는 여전히 풀지 못한 숙제로 남는다.

우리에게 일본은 어떤 나라인가? 일제가 이식한 근대는 대한민국 근대화의 초석인가 아니면 자주적 근대화를 좌절시킨 만행인가? 착잡한 마음을 쓸면서 근대사회로 가는 길 양림동을 걷는다.

양림동
근대로 가는 길목

1904년 미국 남장로교 선교사들은 광주읍성이 자리하고 있는 성내면에 땅을 매입하기 위해 백방으로 노력한다. 그러나 부지를 마련하는 데 실패하고 대토를 물색한다. 무등산을 마주하고 있는 양림동 동쪽언덕에 자리를 잡는다. 광주 사람들이 어린아이를 풍장風葬하던 무덤자리다. 광주 사람들은 드나들기를 꺼렸지만 선교사들은 전망 좋은 언덕으로 여겼다. 이곳에 임시사택을 짓고 처음 들어온 때가 1904년 12월 25일 성탄절이다. 죽은 자들이 저세상으로 가는 길목에서 근대사회로 가는 길목으로 전환되는 순간이다.

풍장은 시신을 나무 위에 매달아두는 장례를 일컫는다. 시신이 썩을 때까지 기다렸다가 뼈를 수습해서 묻는 방식이다. 시신을 나무에 걸어두는 풍장이라 해서 나무樹, 수장樹葬이라고 한다. 일단 나무에 걸어서 살이 썩으면 뼈를 수습해서 다시 매장한다. 두 번 장례를 치른다고 해서 재장再葬이라고 한다. 우리나라 사람들이 전통적으로 행했던 장례방식이다.

"나라를 다스린 지 61년 되는 해에 왕이 하늘로 올라갔다. 칠 일 뒤 유체가 땅에 떨어져 흩어졌다. 왕후도 세상을 떠났다. 나라사람들이 시신을 합하여 장사지내려고 했지만 큰 뱀이 쫓아다니며 방해했다. 머리와 사지를 각각 장사지내서 다섯 무덤五陵 또는 뱀무덤蛇陵이라 했다."[129] 신라 시조 박혁거세 장례 기사다. 시신을 나무에 걸었다. 살이 썩고 뼈가 땅에 떨어졌다. 뼈를 모아 매장했다. 수장과 재장으로 풍장한 것이다.[130] 박혁거세는 원래 신라 지역 사람이 아니다. 청동기를 가지고 북방에서 내려온 고조선 유민이다.[131] 북방 풍장을 남쪽 지방에 전한 것이다. 4대 탈해왕 장례 기사다. "왕위에 있는 지 23년 되던 건초建初 4년, 후한 장제後漢 章帝 4년(서기 79년) 기묘에 붕어했다. 동쪽 강 언덕紹川丘에 장사지냈다. 그 뒤에 탈해왕 신령이 나타나서 가르침을 주시니 삼가 뼈를 묻었다. 뒤에 신령이 명하기를 '내 뼈를 조심해서 매장하라'고 했다. 왕릉을 파보니 해골 둘레가 3자 2치, 몸 뼈 길이가 9자 7치였다. 치아는 엉기어 하나처럼 되었고 뼈마디도 모두 이어져 있었다. 참으로 천하무적 장사의 골격이다. 뼈를 부수어서 소상을 만들어 궁궐에 안치했다. 신령이 다시 와서 '내 뼈를 동악東岳에 안치하라'고 이른 까닭에 그곳에 봉안했다."[132] 시신을 동쪽 강 언덕에 가매장한다. 탈육한 뒤 뼈를 수습하여 동쪽 산 토함산에 묻는다. 동쪽 강 언덕에

가매장했다가 동쪽 산에 묻었다. 재장했다. 풍장으로 재장하는 것은 우리 고유 장례방식이다.[133]

세월이 많이 흘렀다. 더 이상 풍장을 이상적인 장례방식으로 생각하지 않는다. 다만 어린아이가 죽었거나 비정상적으로 죽은 경우에는 풍장을 한다. 풍장은 최근까지 이어졌다.[134] 광주 사람들은 어린아이가 죽으면 양림동 언덕 숲속 나무에 걸어서 풍장했다. 생활이 어려워서 풍장을 한 것이 아니라 으레 그렇게 했다.[135]

전통사회에서는 동서양을 막론하고 산 자와 죽은 자가 같은 곳에 살았다. 일상생활 공간과 무덤을 한 공간에 두었다. 우리나라에서는 주로 산 아래 냇가에 마을을 만들고 그 뒷산 언덕에 무덤을 두었다. 죽음으로 인생이 끝난다고 생각하지 않았다. 소나 말에 관을 싣고 동쪽 언덕 위 무덤자리에 장사지낸다. 광주·전남이 속한 마한馬韓에서는 소나 말을 천상·지상·지하 세계를 왕래하는 동물이라고 믿었다. 영혼을 하늘나라로 운반하는 신령한 동물이다. 북방민족 고구려는 무덤자리를 동쪽에 썼다. 백제 상례제도는 고구려와 같다. 아침에 떠오르는 태양처럼 부활하기를 기원한 것이다. 언덕 위에 무덤자리를 잡았다. 언덕은 저세상으로 가는 길목이다. 먼저 나무에 걸어두었다가 살이 썩으면 뼈를 수습해서 매장한다. 영혼은 뼈 속에 있다고 믿었다. 뼈는 조상의 근간이기에 뼈가 있어야 자손이 번성한다.[136]

골목길 역사산책_개항도시편

미국 남장로교회 선교사들은 풍장 하던 자리에 광주선교부Mission Station를 건설한다. 양림교회·광주제중원(현 광주기독병원)·숭일학교·수피아여학교·오웬기념각 등을 차례로 만든다. 서양교회·근대식 병원·근대식 교육기관·근대식 공연장 등 광주사람들은 난생처음 근대를 마주한다. 저세상으로 가는 길목이 근대사회로 가는 길목으로 거듭난다.

무덤자리를 근대문화 발상지로 바꾼 선교사들은 양림동 언덕 맨 위에 묘역을 조성한다. 우리 조상들은 먼저 떠나는 사람이 이 세상에서 저세상으로 손쉽게 갈 수 있도록 언덕 위에 무덤을 만들었다. 선교사들도 동쪽 언덕을 근대사회로 가는 길목으로 바꾼다. 더 높은 동쪽 언덕에 자신들을 위한 무덤자리를 조성한다. 하늘나라로 속히 가기를 간절히 소망했을까? 그 옛날 양림동 언덕 위에 풍장했던 광주 어린아이처럼 선교사들도 양림동 언덕 위에 있다. 양림동 언덕 위에서 근대사회로 들어간다.

양림동 사람들
근대사회 개척자

광주 양림동 청아빌라 벽에 〈최후의 만찬, 양림〉이라는 작품이 있다. 〈최후의 만찬〉을 패러디한 작품이다. 〈최후의 만찬〉에 등장하는 열두 제자의 면면을 보면 예수가 누구인지를 알 수 있다. 〈최후의 만찬, 양림〉에 등장하는 일곱 명의 서양 사람들과 다섯 명의 한국 사람들을 보면 양림동을 알 수 있다.

맨 왼쪽에 있는 스와인하트Swinehart는 건축기사다. 목포, 광주, 순천 등지에 최초로 서양식 건물을 지은 사람이다. 왼쪽에서 두 번째 인물 다형 김현승은 양림교회 제5대 당회장 김창국 목사의 아들이다. 평양에서 태어났으나 양림동에서 자라면서 주옥같은 시어로 양림동과 그 시대를 노래했다. 세 번째가 로버트 윌슨, 여섯 번째 쉐핑, 일곱 번째 클레멘트 오웬, 여덟 번째 포사이드, 열 번째 코딩튼 등은 의료선교사다. 오웬이 시작한 광주제중원을 광주기독병원으로 키운 사람들이다. 쉐핑은 한센

〈최후의 만찬, 양림〉

병자 치료에 헌신한 간호사다. 우리나라에 간호사협회를 처음
으로 조직하고, 한일장신대학교의 전신인 이일성경학교를 세워
서 여성교육에 앞장섰다. 네 번째 조아라 장로는 광주의 어머니
로 불리는 여성운동의 대모다. 열한 번째 정율성은 의열단원으
로서 무장독립운동에 참가한 투사다. 중국 본토에서 팔로군과
함께 일제에 맞서 싸운다. 그 여세를 몰아 조국 광복을 이루고
자 했던 중국 3대 음악가 중 한 사람이다. 마지막 정추는 차이
코프스키 직계 4대 제자 중 한 명이다. 차이코프스키 음악원 졸
업작품 〈조국교향곡〉으로 심사위원 전원 만점을 받는다. 유례
가 없는 만점이다. 교향곡 〈1937년 9월 11일 스탈린〉을 작곡하
여 스탈린에 의한 고려인 강제이주의 슬픈 역사를 고발한다. 검
은 머리의 차이코프스키라는 별명을 얻는다. 정추의 동생 정근
은 KBS 어린이합창단 지휘자로 우리에게 익숙한 〈둥글게 둥글

게〉, 〈텔레비전에 내가 나왔으면 정말 좋겠네〉 등을 남긴다.

양림동 사람들은 근대음악, 근대문학, 근대의료, 근대교육, 근대사회운동으로 양림동을 말한다. 남도에 스며 있는 전통 우리 소리와 서양선교사를 통해 전수받은 서양음악이 서로 만나 근대 한국음악을 빚었다. 오웬, 포사이드, 쉐핑, 윌슨, 코딩튼 등은 근대서양의학을 양림동에 이식시킴으로써 오늘날 한국 근대의학의 초석을 다진다. 김현승의 시어와 선교사들이 번역한 순한글 성서를 통해 한글을 재발견한다. 스와인하트의 근대건축은 지금도 양림동을 밝히고 있다. 그렇지만 가장 근대적이고 가장 양림동스러운 사람은 유진 벨과 오방 최흥종이다.

조선 남도 개척자: 유진 벨

1885년 언더우드와 아펜젤러 두 선교사가 서울에 들어온다. 서울에 첫 교회를 세운다. 그로부터 7년 뒤 안식년을 맞은 언더우드 선교사는 테네시주 내쉬빌에서 열린 미국 해외선교 신학생 연맹Inter-Seminary Alliance for Foreign Missions에서 선교사 한국 파송을 요청한다. 1892년 미국 남장로교 해외선교부는 선교사 7인을 한국에 파송한 것을 시작으로 계속해서 파송한다.

7인의 선발대에 이어서 1895년 한국에 도착한 유진 벨 Eugene Bell, 1868~1925 선교사 부부는 1897년 나주로 내려간다. 유진 벨 선교사는 미국 남부지방 켄터키에서 태어났다. 켄터키센

윌리엄 린톤과 샬럿 벨 결혼사진(소장: 유진벨재단)

트럴대학교와 켄터키신학대학교에서 공부하고 유니온신학대학교에서 신학박사 학위를 취득했다.

첫 선교지인 나주에서는 양반들의 반대에 부딪혀 선교에 실패한다. 1897년 목포 개항에 때를 맞춰 유달산 북쪽 기슭 양동에서 목포선교부 개척에 착수한다. 유진 벨 선교사는 양동교회, 의사 오웬 선교사는 프렌치기념병원, 스트래퍼 선교사는 정명여학교 등을 차례로 개설한다. 유진 벨 선교사는 1904년 성탄절을 기해 양림산 남동쪽 기슭에 광주선교부를 개척한다. 유진 벨은 오웬, 놀란, 그레이엄 등 선교사와 함께 북문안교회, 광주기독병원, 숭일학교, 수피아여학교 등을 시작한다. 유진 벨 선교사 혼자서 모든 것을 이루지 않았다. 그러나 유진 벨 없이 오늘날의 양림동을 생각하기는 힘들다. 유진 벨 선교사는 1925년 57세를 일기로 양림동에서 소천한다. 양림동 선교사 묘역에 안장한다.

1912년 조지아공대를 수석으로 졸업한 윌리엄 린톤William Linton, 1891~1960은 군산 영명학교에서 교육선교사로 첫 둥지를 튼다. 1922년 유진 벨 선교사의 딸 샬럿 벨 Charlotte Bell과 결혼한다. 1937년 일제가 강요하는 신사참배에 맞서 전주 신흥학교를 폐쇄한다. 1940년 결국 강제로 추방당한다. 광복과 함께 1946년 전주로 돌아온 윌리엄 린톤은 제일 먼저 신흥학교를 복교한다. 기전여학교 신사 터에 공중화장실을 짓는다. 신사 위에 똥통을 얹어서 보복한 것이다. 1956년에는 숙원이었던 기독대학 한남대학교를 대전에 설립한다. 1960년 소천한다. 2010년 대한민국 정부는 건국훈장 애족장을 추서한다.

모두 버리고 떠난 사람: 오방 최흥종

오방 최흥종五放 崔興琮, 1880~1966 목사는 1880년 광주군 성내 면 불로동에서 태어난다. 최학신의 둘째 아들이다. 어머니는 다섯 살 때 돌아가시고 새어머니 밑에서 자란다. 열일곱 살 때 아버지마저 돌아가시자 방황하기 시작한다. 무쇠주먹 최망치라는 별명을 얻는다. 패거리와 함께 장터를 전전하면서 무고한 사람들에게 돈을 뜯어 술을 마신다. 새어머니 공씨의 권유로 스물한 살 때인 1900년 강명환과 결혼하지만 방황은 그치지 않는다. 1904년 유진 벨 선교사 임시사택 건설현장에 행패를 부리러 갔다가 김윤수를 만나면서 심경에 변화가 일었다. 꼬박 엿새 동안 유진 벨 선교사가 건네준 성경을 읽고 1904년 12월 25일 유진 벨 선교사 임시사택에서 열린 성탄절 예배에 참석한다. 1907년 유진 벨 선교사에게 세례를 받는다.[137]

　　선교사 포사이드Wiley H. Forsythe, 1873~1918 의사가 한센병자를 데리고 양림동에 도착하던 날 최흥종 인생에 일대 전환이 일어난다. 양림동에서 의료선교를 하던 목사이자 의사 오웬 Clement C. Owen, 1867~1909 선교사가 급성 폐렴에 걸린다. 목포선교부 진료소에서 환자를 돌보던 선교사 포사이드 의사가 급히 광주로 올라온다. 목포에서 배를 타고 영산포에 내린다. 영산포에서 말을 타고 광주로 향한다. 광주로부터 약 21킬로미터 떨어진 곳에서 한센병에 걸린 여인과 마주친다. 포사이드는 자기 외투를 입히고 자기 말에 태워서 광주선교부로 데리고 온다. 그날 최흥종은 윌슨Robert M. Wilson, 1928~1963 원장에게 우리말을 가르치고 집으로 가려는 순간 포사이드 의사와 마주친다. 포사이드는 한센병자를 번쩍 들어서 말에서 내린 다음 겨드랑이를 부축하고 벽돌가마 옆으로 데려가고 있었다. 그때 한센병자가 지팡이를 떨어뜨린다. 감염될까 무서워서 주저하던 최흥종이 피고름 묻은 지팡이를 집어 든다. 온몸이 뜨거워지는 것을 느낀다. 예수님 사랑은 고사하고 동포애조차 결여한 자신을 발견한다. 사울이 예수를 만난 뒤로 바울이 된 것처럼 최흥종도 최영종에서 최흥종으로 이름을 바꾼다. 완전히 새로운 삶을 살겠다고 다짐한다. 하나님사랑·이웃사랑·나라사랑, 삼애三愛를 실천한다.[138]

윌슨 원장이 한센병자를 돌보고 있는 광주제중원(현 양림동 광주기독병원)에서 한센병자를 돌본다. 부모로부터 물려받은 땅 1,000평을 기부한다. 1912년 11월 광주나병원을 완공한다. 독일계 미국인 간호선교사 쉐핑Elizabeth J. Shepping, 1880~1934이 광주나병원에 합류한다. 양림동 사람들과 마찬가지로 무명옷을 입고 고무신을 신고 보리밥에 된장국을 먹으면서 한센병자들과 고아 그리고 여성을 돌봤다. 일제가 한글을 말살하려고 혈안이 되었을 때 쉐핑은 영어와 한글을 병기하던 간호회지를 한글 전용으로 바꿨다. 조선간호부회 회칙에도 한국어를 공용어로 못 박았다. 조선독립을 기도했고 확신했으며 가르쳤다. 조선과 결혼했으니 오직 조선만을 섬길 뿐이었다. 원인을 알 수 없는 병을 얻어 1934년 저세상으로 가면서 두 가지를 유산으로 남겼다. 두 홉의 밀가루와 해부용으로 기증한 시신. 광주시 최초로 시민장을 치렀다.[139] 광주 사람들은 최흥종을 나환자의 아버지라 부르고 쉐핑을 나환자의 어머니라 부른다.

최흥종에게 기독교 신앙과 나라 사랑은 둘이 아니다. 광주 3.1 만세운동 거사일을 1919년 3월 10일 오후 2시로 정한 최흥종은 3.1운동에 참여하기 위해 상경한다. 파고다공원에서 일경에 체포되어 3년형을 받고 1920년 출소한다. 1921년 평양신학교를 졸업한 최흥종은 광주 북문 밖 교회 담임목사로 부임한다. 1923년 3월부터 1924년 6월까지 시베리아에서 선교사로 활동한다. 이때 안중근 의사의 어머니 조마리아 여사에게 세례를 베푼다.

1932년 구라협회求癩協會를 조직한 최흥종은 광주에서 한센병자 150명과 함께 11일 동안 걸어서 경성으로 간다. 구라대행진 도중 한센병자와 걸인은 500명으로 불어난다. 한센병자들이 조선총독부에 도착하자 전염을 두려워한 일경들이 피한다. 최흥종과 쉐핑은 조선총독 우가끼 가즈시게宇垣一成와 면담한다. 한센병자 치료 및 요양 시설 자혜원 확충을 요청한다. 소

석아정 현판 앞면(왼쪽) / 석아정 현판 뒷면(오른쪽)(소장: 의재미술관)
석아정 현판은 소전 손재형의 스승 성당 김돈희가 썼다. 역시 명필이다. 석아정 현판 뒷면에 의재 허백련이 오방정이라 쓰고 매화를 그렸다. 역시 남종화가다.

록도에 살고 있는 일반인을 이주시키고 섬 전체를 한센병자 갱생시설로 만들어줄 것을 요청한다. 우가끼 총독은 특별열차를 운행해서 한센병자 귀환을 돕는다. 소록도에 나병환자 수용시설을 대폭 확충한다.

1934년 한센병자를 돌보던 쉐핑이 유명을 달리한다. 1935년 최흥종은 거세 수술을 하고 아호를 오방五放이라 짓는다. 가사로부터, 사회로부터, 경제로부터, 정치로부터, 종파로부터 오는 다섯 가지 욕심과 집착을 버린다. 와세다대학 유학시절 2.8 독립선언을 이끌어내는 데 주도적인 역할을 하고 동아일보 편집국장 서리를 지낸 최원순崔元淳, 1891~1936으로부터 무등산 석아정石啞亭을 물려받는다. 석아정에 오방정五放亭을 짓고 생활한다.

1945년 8월 17일 전라남도 건국준비위원회장에 추대된다. 소치 허련小痴 許鍊, 1808~1893에게 사사한 남종화의 대가 의재 허백련毅齋 許百鍊, 1891~1977과 함께 생활한다. 오방은 의재에게 성경을 가르치고, 의재는 오방에게 도덕경을 가르친다. 의재 허백련에게 오방정을 물려준다. 한국전쟁으로 소실된 오방정을 다시 짓고 춘설헌春雪軒이라 이름한다. 이곳에서 제자를 길러 남종화 화맥을 잇는다. 의재는 1977년 타계할 때까지 30년 동안 이곳에서 산다.[140] 오늘날 의재미술관이다.

1947년 김구 선생이 오방정을 찾는다. 이레 동안 최흥종 목사와 함께 기거하면서 정치참여를 촉구한다. 오방은 거절한다. 김구 선생은 "화광동진和光同塵"이란 휘호를 남기고 상경한다. 노자《도덕경道德經》 제4장에 나오는 말이다. 노자는 도道를 일컬어 텅 비었다沖고 말하고, 덧붙여 설명하기를 "挫其銳 解其紛 和其光 同其塵(좌기예 해기분 화기광 동기진)"이라 했다. "날카로운 것을 무디게 하고, 엉킨 것을 풀고, 빛을 조화롭게 하고, 티끌을 고르게 한다"는 뜻이다. 화기광 동기진, 즉 화광동진은 "나는 스스로 있는 자"(구약성서 출애굽기 3장 14절)라고 말한 야훼와 상통한다.[141] 컵에 물을 가득 채우면 더 이상 컵에 물을 채울 수 없다. 어디엔가 빈 구석이 있어야 컵이다. 그래서 도는 텅 빈 것이다. 뭔가를 계속 행하고 부수고 만든 통에 세상이 꽉 찼다. 도처에서 사람들이 죽어 나자빠진다. 빈 채로 나뒀더라면 잘 살았을 것을! 도를 터득하면 달라진다. 사람을 죽일 수도 있는 날카로운 것을 무디게 해서 더불어 잘 산다. 분쟁의 씨앗이 되는 엉킨 것을 풀고 화해한다. 빛을 비추어 명확히 드러냄으로

의재미술관 전시실

정의롭게 하려다가 너무 튀어서 한 치 앞도 보지 못하는 우를 범하지 않도록 빛을 조화롭게 한다. 하루를 사는데도 아우성이 넘쳐나서 사방천지 티끌이 이리저리 날뛰지만 도를 깨치고 살면 티끌마저도 고르게 된다. 무등산 오방정에서 도덕경과 성서를 함께 읽었던 최흥종에게 시의적절한 휘호다. 광주YMCA에 걸어둔다. 1948년 제헌국회 의원들이 이승만을 대통령으로 선출한다. 최흥종은 울면서 휘호를 떼어낸다.[142]

1949년 의재 허백련과 함께 삼애학원三愛學院 농업고등기술학교를 설립하여 젊은이들을 농촌지도자로 육성한다. 1956년 음성나환자 수용시설 호혜원互惠園을 나주에 설립한다. 1958년에

골목길 역사산책_개항도시편

는 폐결핵환자를 수용하기 위해 무등산에 송등원松燈園을, 1963년에는 무등원無等園을 설립한다. 1966년 2월 10일부터 금식기도를 시작한다. 금식기도 95일째 되던 5월 14일 소천한다. 광주 시민들은 한국인 최초 시민장을 치른다. 수많은 한센병자들이 장례식에 참석한다. "아버지"를 외치며 오열한다. 아버지가 버린 다섯 가지五放에서 한 가지를 더 취하겠다는 뜻으로 육취六取라고 호를 지은 아들 최득은은 "아버지를 조금 알 것 같다"고 말한다. 최흥종 목사는 가족을 제대로 돌보지 못했다. 1990년 정부는 독립유공자 애족장을 추서한다. 국립묘지에 안장한다.[143]

양림동 산책
근대사회로 가는 길

대륙을 지켜 조국에 광복을: 정율성거리

용산역에서 고속열차를 타고 광주송정역까지 한 시간 33분. 광주송정역에서 지하철로 갈아타고 남광주역까지 34분. 심리적 거리는 서울에서 광주보다 송정에서 남광주가 더 멀다. 남광주역 2번 출구를 빠져나와서 광주천 건너 고가도로가 끝나는 지점에 동상이 하나 있다. 중국 3대 음악가 정율성 흉상이다. 왜 양림동에 중국 음악가 흉상이 있을까?

1945년 9월 2일 미주리 함상에서 일본은 항복문서에 서명한다. 9월 3일 중화민국은 일본 항복문서를 접수한다. 중국은 이날을 전승절로 삼고 있다. 2015년은 항일전쟁 승리 70주년이 되는 해이어서 9월 3일 전승절 행사를 그 어느 때보다 성대하게 치른다. 하이라이트는 시진핑習近平주석의 열병식이다. 시진핑 주석의 개시 명령과 함께 열병식을 시작한다. 시진핑 주석이 탄 무개차가 움직이기 시작하자 첫 음악 〈중국 인민해방군 행진곡〉이 울려 퍼진다. 정율성이 작곡한 곡이다. 정율성은 중국 사람이 아니다. 한국 사람이다. 양림동 사람이다.

정율성鄭律成, 1914~1951은 정해업鄭海業, 1873~1931과 최영온崔永瑥, 1873~1964 사이에 넷째 아들로 태어난다. 양림동에서 나고 자란다. 화순 능주초등학교와 양림동 숭일학교 그리고 전주 신흥학교 등에서 공부한다.[144]

독립운동과 기독교신앙. 정율성이 태어난 친가와 외가 두 집안 공통점이다. 어머니 최영온은 최흥종 목사 누나다. 최흥종 목사는 아버지 정해업의 처남이고 정율성은 최흥종 목사 조카다. 최흥종 목사 동생 최영욱은 세브란스의전을 졸업하고 미국 에모리대학에서 의학박사 학위를 취득한다. 광주기독병원 원장과 전라남도 초대지사를 역임한다. 작은 외삼촌 최영욱과 맏형 정효룡은 광주학생 YMCA를 만든다.

유진 벨 선교사 사랑방에서 시작한 수피아여학교 교사였던 아버지 정해업[145]은 항일투쟁을 결심하고 임시정부를 찾는다. 그러나 임시정부 내부 갈등을 목도하고 귀국한다. 첫째 형 정효룡鄭孝龍, 1894~1934은 최흥종 목사의 동생 최영욱과 같이 유진 벨 선교사가 설립한 숭일학교를 다닌다. 1920년 우리나라 최초로 만든 전국 노동자 조직 조선노동공제회에 가입하여 활동하다가 일경에게 체포된다. 출옥 후 중국 상해로 망명하여 독립운동을 한다. 1927년 일경에게 또 다시 체포되어 국내로 압송된다. 형기를 마치고 출소한지 1년 만인 1934년 유명을 달리한다. 심한 고문을 당한 듯하다.

둘째 형 정충룡鄭忠龍, 1901~1927은 1919년 3.1운동에 참가한다. 일제가 내린 체포령을 피해 중국으로 간다. 운남강무학교를 졸업하고 국민혁명군 제24군 중좌로 북벌전쟁에 참가한다. 1927년 북벌 중 뇌막염으로 사망한다.

셋째 형 정의은鄭義恩, 1912~1980은 '조선혁명군사정치간부학교' 제1기 졸업생이다. 의열단에서 중국 남경에 세운 독립군 양성 학교다. 졸업과 동시에 특명을 받는다. 같이 졸업한 민족시인 이육사는 경상도로, 정의은은 전라도로 독립군을 모집하기 위해 잠입한다. 1933년 정율성은 형을 따라 중국으로 간다. 정의은은 1934년 남경군관학교 사건, 즉 의열단이 남경에 세운 조선혁명군사정치간부학교를 일제가 찾아내면서 상해에서 일경에게 체포되어 국내로 압송된다. 출옥한 1936년부터 고향 양림동에서 어머니를 모신다.

의열단이 남경에 세운 조선혁명군사정치간부학교를 1934년 졸업한 정율성은 남경 고루鼓樓전화국에 침투한다. 상해와 남경을 오가는 일본인 전화를 도청해서 정보를 수집하는 임무를 맡은 것이다. 임무를 수행하면서 레닌그라드음악원 출신 크라노아Krenowa 교수에게 성악 레슨을 받는다. 크라노아 교수에게 음악을 배우면서 이름을 정부은鄭富恩에서 정율성鄭律成으로 바꾼다. '아름다운 선율律로 인민의 목소리를 대변成하겠다'는

정율성 동상(왼쪽) / 양림동 정율성 생가(오른쪽)

의지를 다진다. '권총과 폭탄으로 일본놈들을 습격하는 무장독립투쟁에 대한 긍지'로 가득 찼던 여느 의열단원과 정율성은 달랐다. 정율성은 오히려 조선의 독립과 중국의 항일전 승리는 하나라고 생각했던 당시 중국에서 활동한 조선 혁명가들과 닮았다. '조선을 해방시키기 위해 우선 일제에 대항해서 싸우고 있는 마지막 보루 중국 대륙을 지키려 했다.'[146]

　　1937년 7월 7일 일제가 노구교사건을 일으키자 정율성은 중국공산당 중심지 연안으로 향한다. 중국공산당은 연안에 섬북공학·항일군정대학·노신예술학원·중국여자대학 등을 설립한다. 1938년 섬북공학을 졸업한 정율성은 노신예술학원 음악학부에 입학한다. 어느 날 해 질 녘 언덕 위에서 달빛을 받으며 항일군정대학생들이 행진하는 것을 보고 〈연안송延安頌〉을 작곡한다. 중국의 아리랑이라 불린다. 심지어 일본인이 출판한 악보집에도 실릴 정도였으니 그 인기를 짐작하고도 남는다. 〈연안송〉으로 음악적 재능을 인정받은 정율성은 1938년 8월 15일 노신예술학원 졸업과 동시에 항일군정대학에서 음악을 가르치면서 항일군정대학 합창단을 지휘한다. 1939년 5월에는 중국공산당에 입당한다. 국민당과 공산당이 제2차 국공합작을 감행하면서 국민혁명군을 창설한다. 공산당 홍군은 국민혁명군 팔로군으로 재편된다. 정율성은 훗날 〈중국 인민해방군 행진곡〉으로 지정된 〈팔로군 행진곡〉을 작곡한다. 1939년 12월 노신예술학원 음악학부 성악 선생으로 부임한다.

1942년 2월 1일 중국공산당 중앙학교 개학식에서 마오쩌뚱은 삼풍정화운동三風淨化運動을 선언한다. '학풍을 정돈하여 주관주의를 반대한다. 당풍을 정돈하여 종파주의를 반대한다. 문풍을 정돈하여 당팔고黨八股를 반대한다'는 정풍운동이다. 그 일환으로 연안문예좌담회를 1942년 5월 한 달 동안 양가령楊家領에서 개최한다. 마오쩌뚱이 개최한 좌담회에 참석한 100여 명 중 정율성은 유일한 조선인이다. 11월에는 팔로군 총사령부 태항산에서 개교한 조선혁명군정학교 교육장을 맡는다. 1945년 연안으로 옮겨서 조선군정학교로 개편하고 교무과장으로 일한다. 미군은 조선군정학교를 졸업한 조선의용군을 활용하여 첩보활동을 전개하고, 임시정부 광복군을 조선에 투입하여 게릴라전을 펼칠 계획을 세운다. 전자를 북중국첩보작전계획이라 하고, 후자를 독수리계획이라 한다. 그래서 1944년 7월 22일 중국주둔 연합군 사령관 스틸웰Joseph Warren Stilwell이 파견한 미군 군사사찰단이 연안을 방문한 이후 소수 미군 군사사찰단은 연안에 주둔한다.[147]

1945년 8월 15일 일제가 패망하자 중경 임시정부 인사들은 서울로 돌아간다. 연안에서 활동한 조선독립운동가들은 대부분 평양을 택한다. 1945년 9월 3일 연안을 출발한 조선의용군은 무장해제 당한 채 3개월 만인 11월 말 압록강을 건넌다. 임시정부 인사들도 개인자격으로 귀국한다. 북에서는 김일성의 지원을 받는 소련파가 요직을 독차지하고 국내파와 연안파의 독립투쟁을 제대로 인정하지 않는다. 1947년과 1948년 두 해 동안 조선인민군 협주단 단장 정율성은 전국 순회공연을 한다. 〈조선 인민군 행진곡〉을 작곡한다. 그러나 아내 정설송은 결국 중국 저우언라이周恩來총리에게 가족과 함께 돌아가고 싶다는 편지를 보낸다. 저우언라이 총리는 김일성에게 정율성 일가 중국 귀환을 정식 요청한다.

1951년 1월 정율성은 중국지원군 제3차 작전에 참가하여 서울로 간다. 폐허가 된 서울 거리를 떠돌다가 버려진 책무더기 속에서 조선궁중음악 2부 8집 고전악보를 발견한다. 1996년 부인 정설송이 방한하면서 우리 정부에 기증한다. 1958년 대약진운동이 일어난다. 예술작품을 만들기 전에 직접 생산현장으로 내려가 체험하라는 것이다. 농촌으로 가서 강철제련운동에 동참한다. 그러나 결국은 우경 반당 혐의를 뒤집어쓴다. 1962

년 제7차 인민대회를 끝으로 혐의를 벗기는 했으나 문화대혁명으로 또 다시 집중훈련반에 배치되어 사실상 감금상태에서 사상교육을 받는다. 1976년 1월 저우언라이가 사망한 데 이어서 9월 마오쩌둥이 사망하면서 문화대혁명도 종지부를 찍는다. 중앙악단 당서기로 복직한 정율성도 12월 사망한다.[148]

뒤뚱뒤뚱 걷는 예술: 펭귄마을

정율성 흉상이 있는 곳에서 오른쪽 길 안으로 들어선다. 정율성을 기념하는 각종 전시물로 아파트 담벼락을 장식했다. 정율성이 작곡한 음악을 들을 수 있도록 만들었다. 길을 가다가 오른쪽 골목 안으로 들어서면 정율성 생가가 있다. 가던 길을 계속 걸어가면 양림5거리가 나온다. 오른쪽으로 고개를 돌리면 펭귄이 눈에 들어온다. 따뜻한 남쪽 동네에 웬 펭귄?

'펭귄마을' 김동균 촌장을 만났다. 다섯 해 전부터 가꾸기 시작했다고 한다. 펭귄마을에서 40년째 살고 있는 펭귄아재에게 골목 이름을 짓자고 했다. 펭귄아재는 펭귄마을이라고 답한다. 펭귄아재는 교통사고를 당한 후부터 걸음걸이가 불편하다. 뒤뚱거리면서 걸으니 펭귄이라는 별명이 따라다닌다.

누군가 버린 다반茶盤을 주워서 펭귄마을이라 써 붙인다. 집주인들에게 허락을 받고 펭귄마을 벽에 작품을 전시한다. 어느 해인가 펭귄마을 골목길 안에 있는 집에 불이 난다. 타고 남

양림동 펭귄마을

은 자리에 텃밭을 일군다. 그러나 원래 텃밭이 있던 터라 마을 사람들이 먹을 채소는 충분했다. 텃밭 사이사이에도 작품을 전시한다. 어느새 펭귄텃밭이 된다.

현재 남구청에서는 펭귄마을에 있는 집 일부를 매입하고 있다. 현재 20퍼센트가량 남은 집은 2017년까지 매입 완료한다는 계획이다. 2018년부터 민속촌으로 꾸미기 위해서다. 매입한 빈집은 원형 그대로 살려서 갤러리로 사용하기도 하고, 예술가들이 입주하기도 하고, 방문객들이 쉬어갈 수 있는 커피숍이나 식당으로도 사용한단다.

버린 냄비가 새롭다. 고장 난 시계가 작품이다. 망가진 악기가 예술이다. 펭귄마을에서는 그렇다. 펭귄마을을 백로마을로 만들지 않았으면 좋겠다. 예술이라는 이름으로 민속촌을 정당화하기보다 펭귄마을이 지니고 있는 아름다움을 부각시키는데 초점을 맞췄으면 좋겠다. 짧은 다리가 보기 흉하다고 예쁘고 날씬한 다리로 바꾸지 말라는 말이다. 뒤뚱거리는 펭귄마을에 감동하고 있다. 날렵한 서울은 서울에서만 봤으면 좋겠다.

양림 오거리에서 천변좌로418번길을 따라 끄트머리까지 걸어가면 왼쪽 마을주차장 옆에 '양림마을이야기관' 있다. 이야기관 1층으로 들어가면 양림동을 산책하는 다섯 가지 길을 영상으로 보여준다. 조아라기념관에서 3.1만세운동길로 이어지는 양림동 광주정신길. 사직전망타워에서 양림동 전체를 둘러보고 호남신학대학교 언덕에서 무등산을 조망하는 양림동 생태길. 한희원미술관에서 펭귄마을을 지나 양림동이 낳은 문인들 거처로 이어지는 신문화창작길. 에비슨기념관 오웬기념각 선교사사택 광주기독병원 등 광주 초기 기독교역사문화를 한눈에 꿰뚫는 기독교문화길. 중요 민속문화재 1호와 2호 이장우 가옥과 최승효 가옥 그리고 광주 정공엄지려 등을 둘러보는 전통문화산책길. 영상을 통해 다섯 길을 보고 나면 얼른 걷고 싶어진다.

양림마을이야기관 2층에서는 양림동 사람들에 대한 이야기를 듣는다. 〈최후의 만찬, 양림〉에서 양림동 사람들을 한눈에 본다. 양림동은 사람 때문에 호기심이 발동하는 동네다.

고향에 있어도 그리운 고향: 한희원미술관

양림마을이야기관을 나와서 주차장 반대편 서서평길을 잠시 걷다가 골목 안 서서평길로 들어서면 '최승효 가옥'이 나온다. 안타깝지만 집 마당으로는 들어갈 수 없다. 문 앞에서 발길을 돌려 막다른 골목 끝에 있는 '한희원미술관'으로 간다. 우~와! 이 정도면 충분하다. 최승효 가옥 못 봐도 좋다.

언덕 위 교회는 아름답다. 푸른 눈을 가진 선교사는 신비롭다. 화가 한희원에게 고향 양림동은 푸른 초원과 나무숲으로 가득한 동화 속 마을로 남았다. 교사였던 아버지를 따라 송정리·나주·담양·함평·광양 등지로 이사를 다녔다. 부모님은 한희원이 열 살 되던 무렵 양림교회가 보이는 언덕 아래 나무숲 우거진 곳에 집을 마련했다. 양림동에서 대학 졸업할 때까지 살았다. 오웬기념각에서 태권도를 하고, 언덕 위 교회 마당에서 뛰어놀았다.

소설가 문순태의 《징소리》를 읽고 크게 감명을 받는다. 문순태가 양림동에서 쓴 소설이다. 문순태 집으로 찾아간다. 같이 차를 마시는 시간이 잦아진다. 결국 문순태가 37년에 걸쳐서

한희원미술관

완성한 대하소설 《타오르는 강》 삽화를 그린다. 2016년 4월에
는 양림동 한희원미술관에서 《타오르는 강》 삽화 전시회 '거리
에서 만난 문학과 미술전'을 연다.

　양림동 문순태 옆집에는 조소혜가 산다. 드라마 〈젊은이의
양지〉, 〈첫사랑〉 등을 쓴 작가다. 한희원의 친구 동생이다. 대학
시절 1년 동안 그림을 배웠으니 한희원의 제자이기도 하다. '거
리에서 만난 문학과 미술전'을 처음 연 것은 지난 2003년이다.
양림동 사람 문순태와 조소혜 그리고 김현승이 쓴 소설과 드라
마 그리고 시를 그림으로 그려서 전시회를 개최한다.

　2015년 양림동 막다른 골목에 한희원미술관을 열었다. '거

　　　　　　　　골목길 역사산책_개항도시편

리에서 만난 문학과 미술전'을 한희원미술관에서 계속하고 있다. 동화 같은 마을 양림동에 아파트를 짓는다. 철거 현장에서 낡은 창틀을 주워왔다. 양림동 그 기억만이라도 지키고 싶었다. 낡은 창틀을 액자 삼아 양림동을 그렸다.[149] 양림동을 상설전시하고 있다. 한희원은 양림동에 있어도 양림동이 그립다.

광주 부자: 이장우 가옥 對 최승효 가옥

다시 가던 길을 계속 가면 몇 발짝 만에 이장우 가옥이 나온다. 양림동 부자동네를 걷고 있다. 다들 어마어마하다.

현준호·최명구·정낙교 등을 일제강점기 광주 3대 부자라 일컫는다. 현준호는 전남 전체를 통틀어 아홉 번째 부자다. 서른두 살 때인 1920년 호남은행 설립위원으로 참여해 1925년 은행장이 된다. 호남은행 최대주주였으나 경영은 김신석에게 맡긴 것으로 유명하다. 소유와 경영을 분리한 것이다.[150] 돈 이야기밖에 할 말이 없다. 아쉽다.

광주에서 두 번째 부자라는 최명구는 광산동에 공회당 흥학관을 지어서 지역사회에 기증한다. 독립운동가인 아들 최상현은 중국과 무역을 하면서 막대한 부를 쌓는다. 1921년 양림동 집을 지으면서 상당한 공을 들인다. 백두산과 압록강 인근 목재를 3년 동안 바닷물에 담가서 썩지 않도록 한다. 모든 서까래 끝에 동판을 박아서 부재가 상하는 것을 막는다. 최상현은 대청을

최승효 가옥

사동 최부자집

제외하고 모두 다락을 둔다. 일제는 이 부잣집 다락에 독립운
동가들이 은신하고 있다는 것을 꿈에도 몰랐다.[151] 광복이 되기
전 광주 사동에 새로 이층 한옥을 지어서 이사를 간다. 양림동
집은 셋째 아들 최정상에게 물려준다.[152] 광주문화방송 설립을
주도한 정수장학회 이사 최승효가 1965년 인수한다. 최승효 가
옥이 됐다. 이래저래 정수장학회와 문화방송은 붙어 다닌다.

　　1999년 이후로 최승효의 아들 최인준이 작업실 겸 자신의
집으로 쓰고 있다. 그는 뉴욕에서 백남준에게 사사했다고 한다.
최승효가 이 집을 인수할 때는 개인 소유 문화재가 아니라 모
든 이들이 향유할 수 있는 광주문화예술 사랑방으로 만들려고

했다. 작은 언덕 바위 사이에서 흘러내리는 맑은 물을 끌어서 지당을 만들고 운치를 더했다.[153] 지금은 개방하지 않는다. 안타깝다. 볼 수도 없다.

참봉 정낙교鄭洛敎도 호남은행 24명 설립위원 중 한 사람이다. 정낙교는 1914년 양림동 뒷산 사직단으로 올라가는 길 입구에 양파정을 짓고 매년 전국한시백일장을 열었다. 당시에는 정자 바로 앞에 광주천이 흘러서 배산임수를 이룬 승경이었다. 광주천과 무등산천 두 물줄기가 합류하면서 거세게 부딪히던 곳이다. 그래서 강물이 산을 휘감으며 물결을 일으킨다고 해서 양파정楊波亭이라 이름 붙인다.

원래 이 자리에 '돌로 만든 물소 모양 정자', 즉 석서정石犀亭이 있었다. 1370년 광주목사 김상金賞이 석서정을 짓는다. 한여름 급류에 장마가 들면 세차게 흐르는 두 물줄기가 서로 부딪혀서 사납게 쏠린다. 가옥을 파괴하고 전답을 깎아낸다. 피해는 고스란히 백성들에게 돌아간다. 두 물줄기가 서로 충돌하는 곳에 돌을 쌓고 새 물줄기를 내서 물길을 둘로 갈랐다. 새로 만든 물줄기 때문에 옛 물길에 섬이 생기고 물살이 약해졌다. 백성들이 당하던 수해도 사라졌다. 중간 섬에 석서정을 지었다. 꽃나무를 심고 부교를 놓아서 백성들이 출입하게 했다. 목은 이색牧隱 李穡, 1328~1396에게 석서정기石犀亭記를 요청한다. 돌은 산의 뼈에 해당한다. 물은 뼈를 이기지 못한다. 물소는 물을 물리친다. 그래서 석서정, 돌물소石犀 정자로 이름을 삼았다. 수재

이장우 가옥

이장우 가옥 안채 머름

를 막아 양림동 사람들이 편안하게 살도록 한 것이다.[154]

양림동 사람들은 참봉 정낙교가 양파를 팔아서 큰돈을 벌었다고 하여 양파정이라 이름 지었다고 말한다. 정순방鄭淳邦이 지은 〈過楊波亭〉(양파정을 지나며)라는 시에는 그 당시 양파정을 이렇게 그린다. "광주천이 흐르고 버들솜 날린다. 시를 짓고 술을 마신다. 밤에는 달구경을 한다. 나그네는 앉기도 하고 눕기도 하면서 쉬어간다."[155]

1899년 아들 정병호가 양파정에서 가까운 양림동 128번지에 안채와 대문간 집을 짓는다. '이장우 가옥'이다. 가세가 기울어서 1959년 집을 판다. 동신대학교 설립자 이장우李章雨,

창덕궁 후원 부용지(위) / 이장우 가옥 연못(아래)

1919~2002가 매입한다. 사랑채·행랑채·곳간채 등을 추가로 지어서 오늘날과 같은 형태를 갖췄다. 기막힌 집이다. 볼 수 있어서 좋다.

안채 마루와 맞닿은 머름 당초문이 예사롭지 않다. 복 받고 건강하게 살기를 기원하면서 壽福康寧 머름을 정교하게 장식했다. 머름은 높게 만든 문지방이다. 온돌방에 따뜻한 열기를 보존하고 밖에서 방 안을 쳐다보는 시선을 차단하기 위해 머름을 만들었다. 안채는 기품을 자랑한다. 연못을 앞에 둔 사랑채는 군세다. 그런데 뭔가 좀 이상하다?[156]

사랑채 연못을 두른 대리석과 안채 앞 곧은 대리석이 눈에 거슬린다. 동선이 직선이라 단조롭다. 우리 조상은 적절하게 둘러가고 때로 오르내리면서 율동을 부여했다. 큰 나무, 좁은 문, 정자 등을 이용해서 방향을 틀기도 하고 둘러가기도 했다. 마사토를 거칠게 깔아서 지형에 높낮이를 주고 색깔도 보는 방향에 따라 달리 볼 수 있게 함으로써 훨씬 다채롭게 했다. 자연이 원래 그러하니까!

이장우 가옥은 대리석을 무 자르듯 잘라서 반듯하게 포장했다. 인공적이다. 우리 조상은 자연지세와 경쟁하지 않았다. 단 한 번도 함락된 적이 없는 남한산성을 보라! 하물며 안마당과 다투어 이기려고 해서야 되겠는가?

연못 모양도 좀 이상하다. 한국과 중국에 있는 연못은 모두 사각형이다. 한국은 방형方形, 중국은 세장방형細長方形이라는 차이점이 있다. 한국은 거의 사각형에 가깝지만 중국은 길쭉한 직사각형이라는 뜻이다. 조선시대에 들어서면서 방형 연못에 원형 섬을 쌓는다. 방지원도方池圓島, 즉 네모난 연못 한가운데를 둥근 석가산으로 꾸몄다. 우리나라에서만 볼 수 있는 연못이다.[157] 우리 조상들은 하늘을 둥글다고 여겼고 땅을 네모나다고 생각했다. 하늘과 땅은 음과 양으로 조화를 이루어 생육하고 번성한다. 천원지방天圓地方 형태로 연못을 조영함으로써 자손만대 수복강녕하고자 하는 뜻을 표현한 것이다. 창덕궁 후원 부용지와 이장우 가옥 연못을 비교해보자. 부용지는 네모난 연못에 둥근 섬이 있다. 네모난 연못은 땅을, 둥근 섬은 하늘을 뜻한다.[158] 음양이 조화롭다. 이장우 가옥은 둥근 연못 한가운데 거북조형물을 설치했다. 음과 양이 서로 반대다.

이장우 가옥 정원은 전통적인 형태와 조성원리를 벗어났다. 한국정원도 아니고 미국정원도 아닌 것이 그렇다고 일본정원도 아니다. 새롭게 창조한 것도 아니다. 니 마음대로 만드셨다. 다행히 삽질이 한창이다.

할아버지의 이름으로: 오웬기념각

이장우 가옥을 나와서 가던 길에서 좌회전하면 좁은 골목길 끝에 정려비와 석상이 나온다. 1611년 조정에서 내린 '효자정려孝子旌閭'다. 승정원 동부승지 양촌 정엄楊村 鄭淹, 1528~1580과 아버

충견상(왼쪽) / 충견벤치(오른쪽)

지 예조참판 조계 정만종棗溪 鄭萬鍾은 양림동 사람이다. 양촌은 양림동이라는 뜻이다. 조계棗溪는 대추나무골이라는 뜻이다. 양림동을 감싸고 흐르는 광주천 옛 이름이 조탄棗灘이다.[159] 조계는 조탄골짜기, 즉 대추나무 시내가 흐르는 골짜기라는 말이다. 결국 아버지는 마을 옛 이름으로 호를 삼고, 아들은 마을 요즘 이름으로 호를 지었다.

양촌은 어머니가 병들자 허리띠를 풀지 않고 배설물을 맛보면서 극진하게 돌본다. 어머니가 돌아가시자 슬픔을 이기지 못하고 1년 만에 세상을 떠난다. 정려비 옆에 석상이 있다. 충직했던 개를 기리는 석상이다. 정엄이 기르던 개다. 양림동과 한양을 오가며 편지 수발을 했다고 한다. 양촌은 전대에 엽전을 넣어서 개에게 걸어 심부름을 시켰다. 한양으로 오가는 길에 밥을 사 먹도록 한 것이다. 주막집 아낙이 밥값을 너무 많이 가져가면 되돌려줄 때까지 자리를 떠나지 않았다고 한다. 편지 수발을 하던 중 충청도에서 새끼 아홉 마리를 낳는다. 아홉 차례에 걸쳐서 새끼를 물어다 양림동으로 옮긴 끝에 탈진해 죽는다. 이 사실을 안 양림동 주민들이 석상을 세워 충직한 개의 모성애를 기렸다.[160] 주인의 효성과 개의 모성애는 정려와 석상으로 남았다.

정려비에서 오거리로 나와 양림교회 십자가가 높이 보이는 길을 따라 걸어가면 멋진 벽돌 건물이 나온다. 네모난 건물인데 유난히 문이 많다. 정방형 건물 모서리를 중심으로 좌우를 나눠 남녀출입문을 달리한 '오웬기념각'이다. 숭일학교 남학생들은 왼쪽 출입문, 수피아여학교 여학생들은 오른쪽 출입문을 사용한다. 정동제일교회를 중심으로 왼쪽에 위치한 배재학당의 학생들은 왼쪽 출입문을 사용하고 오른쪽에 위치한 이화학당의 학생들은 오른쪽 출입문을 사용한 것과 같다. 남녀를 엄격하게 구분했던 조선사람들을 배려한 건축이다. 선교사들이 대장 Captain이라 불렀던 토목기술자 스와인하트L. M. Swineheart가 지은 건물이다. 결원아치창과 주석기둥 그리고 네덜란드식으로 쌓은 벽돌 등 지금 보아도 전혀 손색이 없는 독특한 서양풍 건물이다.[161] 당시 광주는 물론 인근 고을에서도 구경꾼들이 모여들

오웬기념각

었다고 한다. 1918년 최흥종 목사의 동생인 의사 최영종과 결혼한 김필례는 1920년 오웬기념각에서 '김필례음악회'를 개최한다. 광주에서 처음 열린 음악회다. 1921년에는 블라디보스톡 교포음악단이 오웬기념각에서 공연을 한다. 남녀가 쌍을 이뤄 사교춤과 탭댄스를 추는 공연이었다. 남과 여가 드나드는 출입문이 달랐을 뿐만 아니라 중앙에 휘장을 쳐서 서로 볼 수도 없었던 시절이다. 서양문화와 유교문화가 충돌한다.[162]

목사이자 의사였던 오웬C. C. Owen, 1867~1909은 1898년 선교사로 조선에 도착한다. 1899년 목포 양동에 오웬진료소를 열고 본격적인 진료를 시작한다. 1900년 정동 언더우드 목사 사택에서 의사이자 선교사였던 조지아나 휘팅Georgiana Whitting, 1869~1952과 결혼한다. 광주선교부를 개설한 1904년 12월 24일 유진 벨과 함께 양림동에 도착한다. 1909년 3월 28일 일요일 아침 장흥 전도 여행 중 앓아눕는다. 이튿날 조선 신자들은 오웬 선교사를 가마에 태워서 산 세 개를 넘어 60리 떨어진 장흥읍에 도착한다. 다음 날 아침 가마꾼을 구해 뛰다시피 해서 130리를 더 간다. 새 가마꾼을 사서 밤새 70리를 또 달린다. 수요일 새벽 2시에 양림동에 도착한다. 상태가 호전되는 듯했으나 토요일 아침 급격하게 악화된다. 의료선교사 윌슨 의사는 급히 목포선교부에 있는 포사이드 의사에게 도움을 요청한다. 포사이드는 다 죽어가는 한센병자를 자신의 말에 태우고 양림동 언덕에 도착한다. 그러나 오웬은 "나에게 조금만 휴식을 주었으면"

이라는 마지막 말을 남기고 떠난다.[163]

오웬은 네 살 때 아버지를 여의고 할아버지 윌리엄 오웬 William Owen 밑에서 자란다. 오웬은 할아버지 기념병원을 짓고자 했으나 성경을 가르칠 건물이 더 절실하다고 생각했다. 농한기인 겨울에 일주일 또는 한 달씩 성경학교를 열었다. 200리나 300리 떨어진 곳에서 북문 안 양림리교회를 찾아온 조선신자들은 성경공부가 끝난 뒤 교회 처마 밑에서 웅크리고 잠을 청했다. 사람들이 너무 많이 모여들어서 교회에 다 수용할 수 없었던 것이다. 오웬은 무척 안타까웠다. 오웬이 떠난 뒤 미국에서 건축기금 4,000달러가 도착한다. 1914년 드디어 오웬기념각을 완공한다. 좌우 출입문 위 현판에 "In Memory of William L. and Clement G. Owen(윌리엄 오웬과 클레멘트 오웬을 기념하며)"이라 쓴다.

오웬기념관 맞은편에는 에비슨기념관이 있다. 세브란스병원을 짓고 연희전문과 통합하여 연세대학교를 설립한 올리버 에비슨을 기념하는 건물이 아니다. 그의 아들 고든 에비슨 Gordon W. Avison을 기념하는 건물이다.

땅과 이웃: 에비슨기념관

일제가 조선을 침략한 가장 중요한 목적 중 하나가 조선 쌀 수탈이다. 토지조사사업을 벌여서 소유가 불분명한 토지를 빼앗

에비슨기념관

아서 일본인 지주나 동양척식주식회사에 넘긴다. 1920년대에는 산미증산계획을 추진하면서 소작농으로 전락한 조선 농민을 더욱 불안정하게 만든다. 몰락 소작농은 급기야 도시빈민자로 전전한다. YMCA 총무 신흥우는 미국으로 건너간다. 미국 YMCA 국제부 총무 존 모트John Mott를 만난다. 농업기술 전문 간사를 한국에 파견해줄 것을 요청한다. 일제의 농업수탈에 맞서기 위해서다.

드디어 농업기술 간사 일곱 명이 한국에 들어온다. 1924년 고든 에비슨Gordon Wilberforce Avison, 1891~1967도 가족과 함께 펜실베이니아 주 윌리암스 항구를 출발하여 한국에 도착한다.

1933년 자신의 사택이 있었던 양림동 수피아여학교 맞은편 일대에 농업실습학교를 설립한다. 1936년 첫 졸업생을 배출한다. 쌀농사·토질개선·종자보급·온실농업·축산·양계·양봉 등 농업기술을 전수한다. 안식년 휴가 중 통조림 제조기술을 배워서 농산물을 통조림에 저장하고 판매하는 일도 추진한다. 하나님사랑·땅사랑·이웃사랑, 세 가지 사랑을 가르쳐서 호남 농촌지도자를 양성한다. 에비슨 부인은 두유를 보급하여 영유아사망률을 크게 줄인다. 생산량이 적어서 우유를 먹일 수 없었다. 대신 생산량이 많았던 콩으로 두유를 만들어 보급한다. 1939년 일제는 고든 에비슨 일가를 강제 출국시킨다. 광복 이후 다시 한국에 들어오기를 간절히 원했지만 결국 들어오지 못한다. 1967년 소천한다.

골목길 역사산책_개항도시편

고든 에비슨이 처음 한국에 들어온 것은 1893년 7월 16일 이다. 캐나다 토론토대학교 의과대학 교수였던 아버지 올리버 에비슨Oliver R. Avison, 1860~1956을 따라 들어왔다. 아버지 에비슨 은 토론토대학교 의과대학 YMCA 파송 의료선교사로 한국에 들어왔다. 캐나다를 출발할 당시 고든 에비슨은 생후 1년 6개 월밖에 되지 않은 데다 폐렴까지 앓고 있었다. 맏아들과 맏딸도 성홍열에 시달리고 있었다. 아내 제니 에비슨Jennie Barns Avison은 만삭이었다. 많은 사람들이 만류했지만 올리버 에비슨은 뜻을 굽히지 않았다. 부산에 도착한지 일주일 만인 1893년 7월 23일 넷째 더글라스 에비슨Douglas Avison, 1893~1952을 출산했다. 세 자 녀 모두 쾌차했다.[164]

훗날 아버지 올리버 에비슨은 연희전문과 세브란스의전 두 학교의 학장이 된다. 연세대학교로 통합할 수 있는 밑거름 을 다지고 1935년 한국을 떠난다. 전도유망한 의대교수 에비슨 은 33세 젊은이로 한국에 왔다가 76세 할아버지가 되어 미국으 로 돌아간 것이다. 넷째 더글라스 에비슨은 아버지를 이어서 토 론토대학교 의과대학을 졸업한다. 북장로교 의료선교사로 한국 에 들어와서 세브란스 병원 부원장이 된다. 1940년 일제에 의 해 추방된다. 1952년 캐나다 밴쿠버에서 별세한다. 유언에 따 라 더글라스 에비슨을 양화진 선교사 묘역에 안장한다. 1985년 부인 캐들린 로슨Katheleen Isabel Rawson이 별세한다. 유언에 따라 남편 곁에 합장한다.[165]

조아라기념관

2010년 양림교회는 '에비슨기념관Avison Memorial Center'을 지어서 고든 에비슨을 기념한다. 1층 기념관에서 그가 양림동에 남겨놓은 많은 이야기를 듣는다. 2층 커피숍에서 커피보다 유명한 떡팥빙수를 먹으면서 잠시 쉬어간다.

광주 어머니: 조아라기념관

에비슨기념관을 나와서 사거리 왼쪽 길을 따라 올라가면 오른쪽에 '조아라기념관'이 나온다. 소심당 조아라曺亞羅, 1912~2003는 전남 나주군 반남면 애안리 조형률 장로와 김서운의 둘째 딸로 태어난다. 태어난 지 사흘 되던 날 여자선교사 안나가 심방을 와서 자신의 이름을 준다. 아버지는 안나를 한자로 바꾼 아라亞羅를 호적에 올린다. 조형률 장로는 고향 나주군 반남면 대안리에 교회를 세운다. 조아라가 졸업할 무렵 양림동으로 이사를 하고 양림교회 장로가 된다. 집안에서 가장 먼저 기독교를 받아들인 것은 큰아버지다. 양림동 광주선교부에서 선교사를 도와 장로로 일했다.

조아라는 1927년 김필례 선생에게 감화를 받고 광주 YWCA 학생 회원으로 가입한다. 1931년 수피아여학교 고등과를 졸업한다. 졸업과 동시에 선교사 쉐핑이 설립한 이일학교 교사로 일한다. 1933년 수피아백청단 주모자로 연행되어 강제사직하고 투옥된다.

1935년 이택규 전도사와 결혼한다. 1937년 평양신학교 2학년이었던 이택규 전도사는 장로회 평양총회가 신사참배를 결의한 것도 모자라 '교회가 모금해서 일제에 비행기를 사주자'고 결의하는 것을 보고는 자퇴한다. 이택규 전도사는 광주로 내려와서 피신하던 중 진성 장티푸스로 사망한다. 조아라는 보성읍교회가 설립한 사립학교 교사로 봉직하던 중 신사참배를 반대하면서 투옥된다. 1945년 광복과 함께 수피아여학교 총동창회 회장에 피선된다. 전국 장로교 학교 중에서 가장 먼저 수피아여학교를 재건하고 교사로 일한다.

1950년 한국전쟁이 발발하자 고아들이 광주YWCA로 몰려든다. 광주여자기독청년회라는 간판에 '기독'이라는 낱말을 보고 자선기관으로 잘못 안 것이다. 잠만 재워달라고 애걸하는 전쟁고아를 뿌리칠 수 없어서 성빈여사를 시작한다. 성빈여사에 있는 전쟁고아를 가르치기 위해 야간중학교 호남여숙을 설립한다. 1962년 윤락여성이 사회문제로 대두한다. 윤락여성직업보도를 위해 계명여사를 연다. 1967년 이농이 급증한다. 계명여사에서는 이농한 불우여성들에게 미싱과 자수 등 직업교육과 함께 야학을 통해 한글을 가르친다.[166]

1980년 광주민주화운동 수습대책위원으로 활동하던 중 또다시 투옥된다. 감옥에서 얻은 좌골신경통으로 여생 내내 고생한다. 2003년 7월 8일 92세를 일기로 소천한다. 광주는 민주시민장으로 광주의 어머니 조아라 장로를 떠나보낸다. 김준태 시

피터슨 선교사 사택(왼쪽) / 윌슨 선교사 사택(오른쪽)

인은 조시 〈님은 하느님의 착하고 부지런한 어린 딸이었습니다
- 조아라 장로님, 조아라 어머님의 영전에 부쳐〉에서 조아라
를 이렇게 기억한다.[167]

> 쫓기는 젊은이들을 치마로 감싸 쓰다듬어주고
> 자신의 흰 저고리를 찢어 상처를 동여매주고
> 그들 젊은이와 함께 불길에 갇혀 울고 울었던
> 외롭고 가난한, 아픈 사람들의 벗 - 못 잊을 첫사랑이여

언덕 위 회색 집: 선교사 사택

조아라기념관을 나와서 가던 방향으로 걸어가면 양림다방 골목

커티스 메모리얼 홀

길로 접어든다. 언덕을 올라가면 왼쪽에 회색벽돌 건물 피터슨 선교사 사택이 보인다. 계속 길을 올라간다. 호남신학대학교로 접어들어서 곧바로 왼쪽으로 꺾으면 회색벽돌 건물이 또 하나 눈에 들어온다. 윌슨 선교사 사택이다. 거제도에 있었던 선교사들은 요트를 타기도 하고, 서울에 있는 선교사는 별장도 있었다고 한다. 그러나 양림동에 있었던 선교사가 할 수 있는 호사라고는 고향을 연상시키는 사택이 고작이었다.

선교사 사택에서 내려와 호랑가시나무를 끼고 오른쪽 골목길로 들어간다. 다시 한번 오른쪽으로 꺾이는 지점에 멋스러운 회색벽돌 건물이 나타난다. 커티스 메모리얼 홀, 일명 유진 벨 기념 예배당이다. 선교사들끼리만 모여서 예배를 드리던 건물이다. 선교사들끼리만 하고 싶은 이야기도 있었을 것이고, 때로는 한국인들에게 보이기 민망한 말싸움을 하는 장소이기도 했을 것이다. 무엇보다 방전된 영성을 회복하는 공간이었으리라 짐작한다.

커티스 메모리얼 홀 앞에서 굽은 골목길을 따라 오르막을 오른다. 오른쪽에 있는 헌틀리 선교사 사택을 지나서 기독간호대학교 기숙사와 선교원 건물을 가로질러 올라간다. 언덕 맨 위에 올라서면 검정 돌에 이름을 새긴 순교기념비가 나온다. 일제에 의해 죽임을 당하고, 여순사건으로 죽창에 찔리고, 인민군에게 생매장 당한 기독교인의 이름이 무수하게 계속된다. 그리고 선교사 묘역이 이어진다.

양림동 선교사 묘역(위)

유진 벨 선교사 사택(아래 왼쪽) (소장: 유진벨재단) / 유진 벨 선교기념관(아래 오른쪽)

선교사 묘역을 지나서 아래로 내려가면 어느새 호남신학대학교 캠퍼스다. 정문을 빠져나와 아래로 내려가면 왼쪽에 유진 벨 선교기념관이 나온다. 회색벽돌에 기와지붕을 얹은 건물이다. 양림교회와 영흥학교 그리고 수피아여학교 등을 시작했던 유진 벨 선교사 사택 모양을 본떠서 지었다. 조선기와, 중국벽돌, 미국건축이 서로 조화를 이룬다. 만약 우리가 자주적 근대를 열었다면 저런 모습이 아니었을까! 서양 근대나 일본이 해석한 근대가 아닌 한국식 근대를 보는 듯하다.

우리에게 근대는 무엇인가? 우리 강산 곳곳에 남아 있는 일제 잔재와 친일파를 어떤 시각으로 보아야 하는가? 청산해야 할 과거인가 아니면 새로운 미래를 건설하기 위해 잊어야 할 장애인가? 양림동은 말한다. 조국 광복을 위해 목숨 바쳐 싸웠지만 대가를 바라지 않는다. 그러나 친일과 매국을 보듬어 안고 가야 할 과거라고 말하지 말라.

미국은 우리에게 어떤 나라인가? 우방인가 아니면 또 다른 지배자인가? 양림동은 말한다. 우리가 경험한 미국은 지배자가 아니다. 광주 어머니와 린튼가 후손들은 말한다. 그러나 책임이 있다면 당당하게 책임을 묻자. 골목길 산책자는 이런 나라를 걷고 싶다. 이런 나라에서 살고 싶다.

양림동 근대길 산책로

KTX 광주송정역에서 내려서 지하철로 갈아타고 남광주역 2번 출구를 빠져나와서 광주천 건너 고가도로가 끝나는 지점에 이르니 동상이 하나 눈에 들어온다. 양림동 사람 정율성이다. 중국 3대 음악가 중 한 분이다. 오른쪽 길로 들어서면 아파트 담장에서 음악이 흘러나온다. '정율성거리'다. 정율성거리를 지나 계속 직진하면 오거리가 나온다. 오거리에서 오른쪽으로 두 번 꺾어서 좁은 골목길로 들어가면 '펭귄마을'이다. 한편으로 신비롭고 다른 한편으로 약간 산만하다. 다시 양림오거리로 나가서 가던 길을 곧장 가면(천변좌로418번길을 따라가면) 길 끄트머리에 '양림마을이야기관'이 있다. 양림동 사람들과 길에 관한 이야기를 들을 수 있는 곳이다.

양림마을이야기관을 나와서 주차장 반대편 서서평길을 잠시 걷다가 골목 안 서서평길로 들어서면 '최승효 가옥'이 나온다. 대문 앞에서 발길을 돌려 막다른 골목 끝에 있는 '한희원미술관'으로 간다. 여기서 다시 가던 길을 계속 가면 오른쪽에 이장우 가옥이다. 이장우 가옥 정문을 등지고 골목길로 들어서면 '효자정려비'와 충견상이다.

효자정려비에서 양림오거리로 나와서 십자가 높이 솟은 양림교회를 바라보며 걸어가면 어느새 멋진 건물 앞에 다다른다. '오웬기념각'이다. 교회를 사이에 두고 왼쪽에 오웬기념각 오른쪽은 '에비슨기념관'이다. 2층 커피숍에 들러 떡팥빙수를 먹었다면 1층 기념관 전시시설도 놓치지 마시길.

에비슨기념관을 나와서 왼쪽 길로 접어들면 오른쪽에 '조아라기념관'. 조아라기념관을 나와서 가던대로 도로를 건너면 양림다방, 양림다방에서 언덕을 올라가면 '윌슨 선교사 사택', 그 아래에 호랑가시나무. 호랑가시나무를 지나 한적한 길로 접어들면 왼쪽에 '커티스 메모리얼 홀', 계속 걸어서 간호대학 기숙사를 가로질러 산길로 올라가면 '선교사 묘역'이다. 선교사 묘역에서 올라간 반대편으로 내려가면 호남신학대학교 캠퍼스. 캠퍼스 정문을 빠져나오면 왼쪽에 멋스러운 한양옥 복합건물이 나온다. 유진벨선교기념관이다.

♀

정율성거리 ▶ 펭귄마을 ▶ 양림마을이야기관 ▶최승효 가옥 ▶ 한희원미술관 ▶ 이장우 가옥 ▶ 오웬기념관 ▶ 에비슨기념관 ▶ 조아라기념관 ▶ 윌슨 선교사 사택 ▶ 커티스 메모리얼 홀 ▶ 선교사 묘역 ▶ 유진벨선교기념관

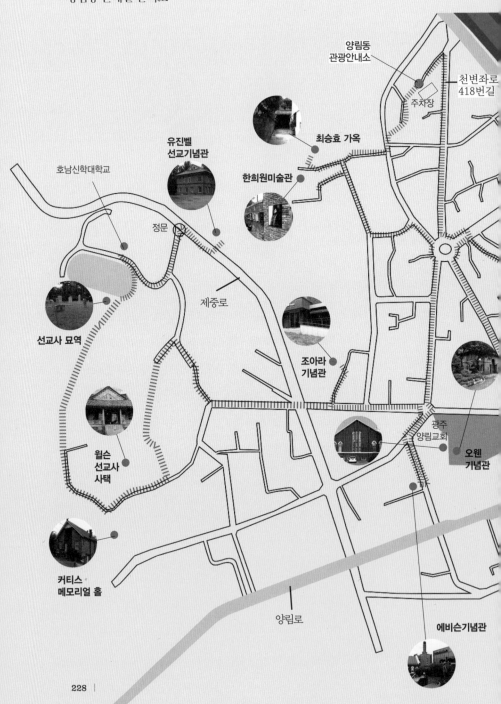

양림동
관광안내소

천변좌로
418번길

주차장

최승효 가옥

유진벨
선교기념관

한희원미술관

호남신학대학교

정문

제중로

선교사 묘역

조아라
기념관

광주
양림교회

오웬
기념관

윌슨
선교사
사택

커티스
메모리얼 홀

양림로

에비슨기념관

펭귄마을

약수천

남광주역

2번출구

고가도로

정율성
거리

정율성 동상

4 순천 꽃길 산책

　우리나라에서 제일 먼저 꽃 피는 마을은 어딜까? 순천시 매곡동 탐매마을이다. 가장 먼저 피는 꽃나무는? 탐매마을 김준선 교수댁 앞마당 매화나무다. 양지바른 언덕 위에서 1월 말 또는 2월 초에 핀다. 매년 탐매축제를 열고 있다. 새 봄을 여는 꽃 축제 역시 순천시 매곡동 탐매마을이 제일 먼저 시작한다. 제일 먼저 꽃이 피니 제일 먼저 축제를 할 밖에! 순천 탐매축제에 이어서 구례 산수유축제, 그다음이 여의도 벚꽃축제다. 대한민국 정부 수립한 지가 언젠데 아직도 벚꽃축제인가!

　매곡동梅谷洞은 매화계곡이라는 뜻이다. 옛날 순천에서는 '저우실'이라 했다. 겨울계곡冬谷이라는 뜻이다. 우리 민족은 북쪽을 일컬어서 겨울이라 했다.[168] 색깔은 검정. 꽃은 매화. 눈 속에서 피는 꽃이다. 검게 변한 대지는 죽은 것이 아니다. 새 생명을 잉태하고 있다. 겨울과 매화가 서로 어울려서 매곡동이 되었다.

　가끔 생각하지만 부질없다 여겼던 질문?! 우리나라에서 제일 먼저 꽃 피는 곳은 어딜까? 비 오는 것은 늘 봤지만 비 오는 곳과 오지 않는 곳 그 경계를 본 적은 없다. 봄에 꽃은 늘 봤지만 꽃 피는 봄과 꽃 없는 겨울, 그 경계를 본 적은 없다. 부질없는 질문이 아니다. 비가 후덕이기 시작하는 곳이 그 경계다. 제일 먼저 꽃 피는 마을이 봄과 겨울의 경계다.

경계에 선 도시 순천에는 봄볕 내려 눈을 녹이고 제일 먼저 붉은 매화를 피운다. 그러나 아직 북풍한설 멎지 않은 때다. 홍매紅梅를 보면 봄이지만 날씨를 보면 겨울이다. 순천은 호남사림이 탄생한 곳이다. 호남사림은 기호학파를 형성한다. 많은 선비들이 사화를 당해 피를 흘린다. 기호학파는 당인으로 굳게 뭉친다. 마침내 서인西人이다.

조선 말기 민족은 근대화 소용돌이에 휘말린다. 자주적 근대화 노력은 일제의 총칼 앞에 무릎 꿇는다. 일제는 식민지 근대화를 강요한다. 보성 선비 조상학이 순천에 복음을 전한다. 1906년 순천읍교회(현 순천중앙교회)를 개척한다. 전통과 근대의 경계에서 과감하게 근대로 발을 들인다. 신앙으로 일제에 항거한다.

1913년 미국 남장로교회 선교사들이 순천 매곡동 매산등 선교사마을에 들어온다. 순천사람들은 근대 문물과 제도를 받아들인다. 해방을 맞는다. 좌익과 우익의 경계에 선다. 여순사건이 일어난다. 무고한 사람들이 피를 흘린다. 좌익과 우익의 경계에서 사랑을 선택한다. 신앙으로 모든 죽임에 항거한다. 순천에 사랑의 원자탄이 터진다. 동족상잔의 비극을 극복한다. 전국에서 기독교인이 제일 많은 도시 순천이다. 봄볕 내리던 날 붉은 매화만큼이나 기이하고 고운 순천 꽃길을 걸었다.

김준선 교수댁 홍매

이 나무가 꽃을 피워야 전국에 봄꽃이 피기 시작한다.

순천
꽃 피는 마을

가장 오랜 순천 이름은 '모래드리'다. 비가 많이 오는 여름이면 옥천 양쪽 들판에 모래가 쌓였다. 그래서 모래들판, 사평沙平이다. 신라가 한반도를 통일한 이국시대二國時代에는 삽평歃平이라 고쳐 불렀다. 백제가 나당연합군에 패하고 난 뒤 땅이름을 한자로 바꾸면서부터다. 고려시대에는 승평昇平이라 했다. 충선왕 2년 1310년에 순천順天이라 고쳐 불렀다. 이 이름이 조선으로 이어져 오늘에 이른다.

태종 13년 1413년 순천에 도호부를 설치한다. 여수와 돌산을 속현으로 삼았다. 고종 32년 1895년 갑오경장을 하면서 순천도호부를 순천군으로 고쳤다. 이때 여수와 돌산도 나뉘어서 각각 군이 된다. 일제강점기 1914년 순천면으로 고쳤다가, 1931년 순천읍이 된다. 1949년 대한민국 정부 수립 후에 순천시가 된다. '산과 물이 기이하고 고와서 소강남小江南'이라 불렀다.[169]

선교사마을

산과 물이 기이하고 꽃이 고운 고을 순천에 변화의 바람이 불었다. 변화를 몰고 온 사람들은 미국 남부에서 한양을 거쳐 순천에 온 선교사들이다. 1885년 미국 북장로교회 선교사 언더우드 Horace G. Underwood, 1859~1916와 북감리교회 선교사 아펜젤러Henry Appenzeller, 1858~1902가 한양에 들어온다. 외교중심가 정동에 근대화의 거센 물결이 일어난다.

1891년 첫 안식년을 맞은 언더우드 부부는 미국으로 간다. 조선 선교에 대한 관심을 환기시킨다. 조선 선교헌금을 모금한다. 그해 10월 테네시 주 내슈빌에서 열린 제12회 전국 신학교 선교사동맹에서 언더우드가 조선 선교에 대해서 연설을 한다. 밴더빌트대학교에서 영문학 공부를 마치고 에모리대학교에서 신학을 공부하고 있던 윤치호가 조선 정세에 대해서 연설을 한다. 대성공.[170] 레이놀즈 부부와 전킨 부부 그리고 테이트 남매와 데이비스 양 등 일곱 사람이 조선선교를 자원한 것이다. 1892년 11월 한양에 도착한다. 7인의 선발대라 부른다.

1894년 테이트와 1897년 레이놀즈를 필두로 전주천변 화산 언덕에 전주선교부를 개설한다. 1898년 전킨과 드루는 선창가 언덕 위 부지를 매입하고 군산선교부를 개설한다. 1898년 유진 벨과 클레멘트 오웬 선교사는 북촌 무덤자리에 목포선교부를 개설한다. 1904년 크리스마스이브 유진 벨과 클레멘트 오웬 두 선교사는 목포에서 광주로 가서 양림동 언덕 무덤자리에

7인의 선발대(소장: 순천기독진료소)

터를 잡고 광주선교부를 개설한다.

1913년 프레스톤과 코잇 두 선교사는 광주에서 순천으로 내려와 북문 밖 매산등, 곧 매곡동 언덕에 순천선교부를 개설한다. 전주·군산·목포·광주를 거치는 동안 노하우를 쌓았다. 그래서 순천선교부는 다른 지역 선교부와 달랐다. 다른 지역에서는 선교사들이 선교지로 들어가서 선교부를 건설했다. 순천에서는 1911년부터 1913년까지 선교사마을을 조성한 뒤 선교사들이 들어갔다. 순천에 최초로 서양건물 프레스톤 사택과 여러 채 선교사 사택을 짓는다. 묵상의 숲속 저수탱크에 물을 모아서 상수도 시설을 갖춘다. 1913년 존 커티스 크레인 선교사는 매산학교를 개교한다. 1916년 로저스 선교사는 알렉산더 병원을 개원한다. 근대 선교사들이 터 잡은 매산 언덕 선교사마을은 교육시설·의료시설·상수도시설·하수도시설·전기시설 등 도시기반시설을 모두 갖추면서 마을을 확장해 가는 근대도시의 상징이었다.[171]

순천 사람들은 이곳을 무덤자리로 기억하고 있다. 선교사들이 들어온 뒤 근대도시로 탈바꿈한다. 순천에서 근대는 이렇게 시작했다. 일제가 식민지 조선에 이식한 근대가 아니다. 호남사림 진원지 순천은 근대를 받아들일 준비가 되어 있었다. 미국 남장로교 선교사들은 이와 같은 토양 위에서 순조롭게 선교사마을을 조성한다.

여순사건

근대로 가는 길은 힘겨웠다. 일제가 자주적 근대화를 좌절시키고 식민지 근대화를 강요했기 때문이다. 대한민국 정부수립으로 가는 길도 순탄하지 않았다. 자력으로 독립을 쟁취하지 못했기 때문이다.

건국동맹이 정부수립에 나선다. 해방과 함께 중도파 연합 조선건국준비위원회로 개편하고 전국 145개 지부에 치안대까지 둔다. 그러나 중도우파가 탈퇴하자 1945년 9월 6일 조선인민공화국을 선포한다. 사실상 박헌영이 주도하는 좌익정부로 변질된 것이다. 같은 날 하지 중장은 남한에 진주하여 미군정을 선포한다. 9월 16일 미군정은 주로 일본이나 미국에서 공부한 인사들을 중심으로 한국민주당을 만든다. 9월 24일 중도우파 안재홍은 국민당, 11월 12일 중도좌파 여운형은 조선인민당을 만든다. 국내 정부수립 운동이 정파별로 난립한다.

11월 23일과 12월 2일 김구 주석, 김규식 부주석, 이시영 국무위원, 신익희 내무부장, 장준하 수행원 등 대한민국 임시정부 인사들은 두 차례로 나눠서 개인자격으로 입국한다. 12월 28일 미국·소련·영국 등 3개국 외상들은 모스크바에서 삼상회의를 열고 신탁통치를 결의한다. 즉각적인 독립과 멀어진다. 김구 선생은 남북 통일정부 수립을 위해 신탁에 반대한다. 이승만은 남한 단독정부 수립을 위해 신탁에 반대한다. 공산당은 북한의 지령에 따라 신탁에 찬성한다. 좌우는 신탁통치를 둘러싸고 치열하게 대립한다.

1946년 7월 우익 김규식 계열과 좌익 여운형 계열이 각각 5명씩 동수로 좌우합작위원회를 결성한다. 1946년 12월 12일 미군정은 좌우합작위원회와 한민당을 주축으로 남조선과도입법의원을 구성한다. 여운형 계열은 좌우합작위원회를 탈퇴한다. 1947년 5월 17일 마침내 남조선과도정부를 세운다. 미소공동위원회가 결렬되면서 좌우합작위원회도 1947년 12월 해체된다.

1947년 11월 4일 국제연합은 남북총선거를 통한 한국통일안을 가결한다. 소련이 국제연합 한국통일안을 반대한다. 1948년 3월 국제연합 소총회는 남한만의 단독선거, 5.10 총선거를 결의한다. 김구 주석과 김규식 부주석 등 중도우파는 총선거에 불참한다. 1948년 2월 7일 박헌영이 이끄는 좌익 남로당(남조선노동당)은 5.10 총선거에 반대하면서 총파업을 주도한다. 4월 3일 제주도에서 4.3사건이 일어난다.

5월 10일 선거로 선출된 제헌국회 198명 의원 중에서 무소속 의원이 83명으로 가장 많은 수를 차지한다. 제헌국회는 이승만을 대통령, 이시영을 부통령, 신익희를 국회의장으로 각각 선출한다. 국민은 좌도 우도 아닌 중도파와 상해임시정부 요인을 원했다.[172] 유감스럽게도 이승만 대통령은 국민적 지지를 얻지 못한다. 국민으로부터 지지를 얻지 못할수록 점점 더 친일관료와 우익청년단체에 의존한다.

대한민국 국군을 다시 일으켜 세우는 과정에서 축적된 모순이 폭발한다. 그것이 바로 이승만 정권의 당면과제 4.3사건이다. 해방과 함께 일본군과 만주군 장교출신을 중심으로 조선임시군사위원회를 만들었다. 우파다. 일본군에 징병된 인력들은 조선국군준비대를 조직한다. 일본군 학병 출신은 조선학병동맹을 결성한다. 좌파다. 해방공간에 정파가 난립한 것처럼 창군과정에서 군사단체가 난립한다.

임시정부와 광복군은 정부 및 국군 자격으로 귀국하지 못한다. 미군정이 반대했기 때문이다. 임정요인은 두 차례에 나눠서, 광복군은 무장해제 당한 채 개인자격으로 입국한다. 오광선 장군을 중심으로 광복군 국내지대를 편성한다. 대한민국 임시정부 광복군은 난립한 군사단체 중 하나로 전락한다.

미군정은 1945년 11월 13일 군사단체 결성을 금지한다. 1946년 1월 21일에는 아예 모든 군사단체를 해산한다. 대신 8도에 각각 1개 연대씩 국방경비대를 창설한다. 이에 따라 좌익성향 조선국군준비대 요원들은 국방경비대 사병으로 입대한다. 여순사건을 일으킨 불씨 중 하나다. 국방경비대 장교를 충원하기 위해 1946년 3월 23일 200명을 군사영어학교에 입교시킨다. 4월 30일 110명이 장교로 임관한다. 일본군 출신이 87명으로 대부분을 차지한다. 일본군의 괴뢰군인 만주군 출신도 21명이나 임관했다. 광복군 출신은 단 2명. 여순사건에 또 다른 불씨다.

1946년 4월 1일 춘천에서 제8연대를 창설함으로써 국방경비대 설립이 완료된다. 8월 1일 제주도를 도로 승격하면서 11월 16일 제9연대를 추가 창설한다. 창설을 완료한 국방경비대는 혼란스런 해방정국의 축소판이었다. 김구파·이승만파·김일성파 등이 대두하고, 찬탁과 반탁으로 나뉘고, 남로당원들이 침투하여 병영 내에서 적기가를 부르기도 한다. 국방경비대 창설 목적은 평상시 경찰지원, 국가비상시 국토방위. 국방경비대는 경찰도 아니고 군대도 아닌 애매한 조직이 되고 만다. 이 때문에 국방경비대와 경찰 간에 충돌이 빈번하게 일어났다.[173]

특히 5월 4일 창설한 여수 제14연대의 경우 병사와 하사관 절반 이상이 남로당 전남도당 군침투공작으로 입대한다. 6월 15일 남조선 국방경비대를 조선경비대와 조선해안경비대로 고쳐 불렀다. 9월부터 11월까지 남로당이 추수투쟁을 전개한다. 경찰은 좌익인사 검거에 나선다. 좌익경력자들은 경찰의 검거를 피해 경비대에 입대한다.

1948년 3월 1일 하지 중장이 5.10 단독선거를 발표한다. 3.1절 기념행사를 마친 좌익 순천중학 민주청년동맹 학생들이 우익 민주학생연맹 학생들을 포위한다. 경찰이 발포한다. 남로당원 2명이 사망한다. 마침내 좌우익 폭력대결 양상을 보인다.

5월 4일 광주 제4연대 1개 대대 병력을 근간으로 여수 제14연대를 창설한다. 남로당 전남도당은 국방경비대 여수 제14연대 침투공작을 추진한다. 김지회·홍순석 중위와 지창수 상사

등 남로당 전남도당 당원들이 절반 이상 침투한다. 침투공작은 이원화되었다. 중앙당 군사부는 장교침투를 맡아서 진행한다. 지방당부는 사병침투를 맡는다. 그런 만큼 중앙당의 조직통제력은 약했다. 남로당 전남도당의 조직응집력과 통일성도 크게 떨어졌다. 1947년 남로당 당원 숫자를 5배로 증가시키는 운동을 벌여서 조직을 갑자기 키웠기 때문이다. 남로당 전남도당은 여수 제14연대에 다수 남로당원을 침투시키는 데 성공했다. 그러나 침투한 남로당원을 제대로 통제할 수 없었다.[174]

광복군 출신 오동기 소령이 여수 제14연대 연대장으로 부임한다. 오동기 연대장은 장교 부패 척결에 나선다. 혁명의용군 사건을 조작하여 오동기 연대장을 경질한다. 후임으로 일본 육사 출신 박승훈 중령을 연대장에 임명한다. 친일 연대장과 좌익 장교 및 하사관으로 지휘계통이 분열된다.

1948년 10월 15일 육군 총사령부는 여수 제14연대 박승훈 연대장에게 제주 4.3사건 진압부대 1개 대대 편성을 명령한다. 갑작스런 제주출동 명령과 함께 좌익계 병사들은 둘로 나뉜다. 한편에서는 항쟁 중인 제주도민에게 힘이 되기 위해 파병에 응해야 한다고 주장한다. 다른 한편에서는 동족상잔의 비극이 될 터이니 파병에 응해서는 안 된다고 주장한다. 남로당 전남도당에서는 상황을 파악해서 보고하라는 지시를 내린다. 여수 제14연대 인사계 지창수 상사는 전남도당의 지시를 무시하고 반란 계획을 실행한다(여순사건 당시 남로당 순천군당 농림위원장 심

명섭 씨 증언).[175]

　제주출동 한 시간 전 10월 19일 저녁 8시 비상나팔 소리가 울린다. 출동부대와 잔류부대 장병들이 연병장에 집결한다. 지창수 상사는 "동족상잔 제주출동을 반대한다. 남북통일을 염원한다."는 주장과 함께 "경찰이 쳐들어온다. 조선인민군이 남조선 해방을 위해 38선을 넘어 남진 중이다. 우리는 인민해방군으로 북상한다"는 등 거짓 선동을 한다. 반대하는 하사관 3명과 장교 20여 명을 현장에서 사살한다. 제주출동 부대가 아닌 나머지 2개 대대 병력도 반란에 합류한다.

　밤 11시 30분 여수읍내로 진격한다. 10월 20일 해가 뜨기 전 여수를 점령한다. 좌익 학생들과 유치장 수감자 등이 합류한다. 홍순석 중위는 반란군을 이끌고 통근열차를 타고 순천으로 들어간다. 오후 3시 순천을 점령한다. 순천을 경비하던 2개 중대 병력과 오전 10시에 도착한 광주 제4연대 1개 대대 지원 병력도 반란에 합류한다.

　10월 21일 오후 6시 진압군은 순천을 둘러싼다. 순천 탈환 전략적 요충지 학구에서 반란군과 진압군은 첫 전투를 한다. 반란군은 미국 군사고문단 스트위트 M. 그린바움 중위와 고든 모어 준위를 붙잡는다. 반란군 통역관 유창남 상사는 두 미군을 존 커티스 크레인 선교사 집으로 피신시킨다. 크레인 선교사는 집 앞에 성조기를 게양한다.[176] 반란군은 선교사마을을 공격하지 않았다. 여수 제14연대와 좌익 학생 그리고 여순 지역 시민

들을 주축으로 한 반란군은 이승만 정권과 경찰을 적대시했을 뿐 미국을 적대시하지 않았다.[177]

10월 20일과 22일 사흘 동안 광양·구례·곡성·보성·고흥 등지로 반란은 확산된다. 새재터널을 경비하던 여수 14연대 병력과 보성에 주둔하고 있던 광주 제4연대 1개 중대 병력도 반란에 합류한다.[178]

10월 23일 오전 9시 30분 부산 제5연대 1개 대대는 선상 박격포사격을 시작으로 여수 상륙을 시도한다. 반나절도 안 되어서 상륙을 중단하고 작전은 실패한다. 같은 날 오전 11시 미군 군사고문단이 재편한 광주 제4연대 1개 대대와 군산 제12연대 2개 대대는 순천시를 탈환한다. 24일 반군토벌사령관 송호성 준장이 직접 지휘하는 제3연대 1개 대대 병력으로 재차 여

순천시 외곽에 버려진 경찰 시신(왼쪽) / 순천읍내로 들어가는 진압군(오른쪽)(ⓒ 이경모)[179]

수탈환을 시도했으나 실패한다. 25일 아침 제12연대 2개 대대가 제3차 여수탈환작전을 전개하여 일시적으로 여수읍내로 진격한다. 날이 어두워지자 철수한다.

반란군 주력부대원들은 진압군을 따돌리고 섬진강을 건너 지리산에서 유격전을 전개한다. 26일 낮 12시 제12연대 2개 대대, 제4연대 일부, 제2연대·제3연대·제5연대 각각 1개 대대, 장갑차부대, 경찰지원부대 등이 여수반도를 포위한 가운데 제3차 여수탈환작전을 개시한다. 모든 화력을 다 쏟아부어서 여수 시내를 잿더미로 만든다. 27일 오후 6시 여수를 탈환한다.

여순사건에서 터져 나온 구호들을 살펴보면, '경찰 타도, 제주출동 반대, 남북통일, 양군철퇴' 등 이념이나 체제전복보다는 민족주의적 쟁점과 분단문제가 주를 이룬다. 여순사건을 겪으면서 남로당 전남도당과 주요 좌익 지하단체는 치명적인 타격을 입고 유격전에 돌입한다. 대중을 동원하려던 반란은 오히려 대중과 유리된다.

반란군은 친일협력자, 경찰과 우익인사, 청년단원 등을 처형했다. 진압군이 여수를 탈환했을 때, 여수에 반란병사는 고작 200명밖에 없었다. 무장한 시민과 동조세력은 1만 2,000명이나 됐다. 진압군은 좌파와 반란가담자를 처형했다. 제1 공화국에 도전한 좌익 봉기는 이승만 체제를 더욱 강화시켰다.[180] 따라서 여순사건을 반란군이 저지른 만행으로 간주할 수도 있다. 그러나 광범위한 시민참여가 있었다. 봉기군으로 성격을 규정할 수

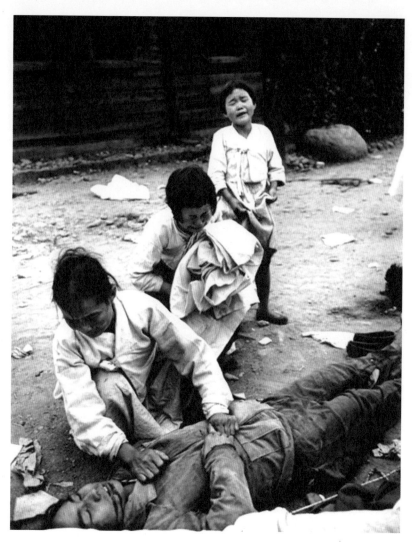

희생된 반란군과 오열하는 가족(© 칼 마이던스)

도 있다. 반란과 봉기의 경계를 넘나든 여러 날 동안 무수한 순천 사람들이 학살과 보복학살로 쓰러져갔다.

순천 사람들
경계에 선 사람들

산과 물이 기이하고 꽃이 고운 고을 순천에는 아름다운 사람들
이 많다. 매화 피는 고을이라 기이하고 곱다. 순천 사람들은 겨
울에 피는 매화가 기이하고 곱다는 것을 안다. 순천이 기이하고
고운 것은 붉은 매화가 아니라 순천 사람이다.

　우리 사회의 커다란 변화는 순천에서 시작한다. 항상 미래
를 향해 달려가는 개방적인 도시이기 때문이다. 영남사림 김굉
필 선생은 순천에서 사약을 받는다. 순천에서 호남사림이 뿌리
를 내린다. 일제강점기 미국 남장로교회 선교사들이 순천에 들
어온다. 순천 사람들은 열렬하게 환영한다. 식민지 근대화에 대
한 저항이다. 자주적 근대화에 대한 열망이다.

　경계에 선 도시 순천에서 외부인은 단순히 외부인이 아니
다. 순천 사람들은 외부인을 내부인으로 받아들인다. 반대로 순
천 사람들 역시 외부인이 되기도 한다. 경계에 선 도시이기 때

문이다. 순천에서는 순천 사람과 외부인 모두 기이하고 고운 일을 도모할 수 있다. 역으로 모두 남이 되어버릴 수도 있다. 경계에 선 사람들이 만든 경계에 선 도시 순천은 개방적이다. 그래서 순천에서는 모든 사람이 공존한다. 개방과 공존은 모두를 주인으로 만든다. 하지만 모두를 낯선 이방인으로 만들기도 한다.

동방5현 중 으뜸: 한훤당 김굉필

순천을 일컬어 삼산이수의 고장이라 한다. 삼산 세 봉우리 우뚝 솟았다. 동천과 옥천, 이수 순천을 감싸고 흐른다. 옥천 맑은 물 흐르는 곳 임청대臨淸臺에 서원이 있다. 옥천서원이다. 호남 최초 사액서원이다. 한훤당 김굉필寒暄堂 金宏弼, 1454~1504 선생을 배향하고 있다.

김굉필 선생은 1454년 서울 정동에서 태어나고 대구 달성 현풍에서 자랐다. 21세 되던 1474년 점필재 김종직佔畢齋 金宗直, 1431~1492을 찾아가 가르침을 청한다. 김종직은 김굉필에게 《小學(소학)》을 가르친다. 글을 업으로 삼았어도 깨우치지 못했다. 소학을 배우면서 지난날 옳지 않았던 바를 깨친다業文猶未識天機 小學書中悟昨非.[181] 사람들이 혹시 나랏일을 물으면 "소학을 읽는 동자가 어찌 알리오"라 답한다. 이에 사람들은 김굉필 선생을 일컬어 소학동자小學童子라 부른다. 27세 되던 1480년(성종 11년) 생원시에 합격한다. 1494년(성종 25년) 경상도관찰사이극균의 천거로 중앙 관직에 나아간다.

세조가 왕위를 찬탈한다. 성리학자들은 조카의 왕위를 찬탈한 행위를 묵과할 수 없었다. 세조의 권력욕과 성리학자의 윤리가 충돌한다. 사육신과 생육신 등 성리학자들이 희생된다. 여기서 끝이 아니다. 세조는 집현전도 철폐한다. 성리학자의 산실이었기 때문이다. 손자 성종이 왕위에 올랐을 때 보수 훈구 사장파는 이미 거대한 세력을 형성하고 있었다. 훈구파들이 왕위를 찬탈한 할아버지 세조를 등에 업고 전횡을 행사한 결과다. 훈구파를 견제할 세력이 필요했다. 길재의 제자인 김종직 문하 김굉필·정여창 등 영남사림이 중앙정계로 진출한다.[182] 그러나 1498년(연산 4년) 신진 사림 도학파는 훈구파에게 화를 입는다. 무오사화다. 김종직이 〈弔義帝文(조의제문)〉을 지어서 세조를 비판한 것이 화근이었다.

기원전 221년 천하통일 대업을 달성한 진나라 시황제秦始皇는 기원전 213년 《시경》《서경》《제자백가》를 모두 태워버리고焚書 유생 460명을 산 채로 파묻는다坑儒.[183] 천하통일과 동시에 무너지기 시작한다. 즉위 37년(기원전 210년) 동쪽으로 순시를 나간 시황제는 사구 평대에서 숨을 거둔다. 환관 조고는 유서를 조작해서 진시황의 작은 아들 호해를 이세황제에 앉힌다. 환관 조고는 자신이 세운 제2대 이세황제도 살해하고 진시황의 만아들 부소의 아들 자영을 황제에 앉힌다. 기원전 207년 자영은 환관 조고를 살해하고 삼족을 멸한다. 황호皇號를 폐하고 진왕秦王이 된다.

기원전 209년 진섭이 깃발을 높이 들자 곳곳에서 농민이 봉기한다. 진나라는 진섭의 봉기를 진압했지만 유방과 항우의 농민군은 어찌할 수 없었다. 옛 초나라 명장 향연의 아들 항량 장군은 초나라 왕손 손심을 찾아내서 회왕懷王을 삼는다. 조카 항우는 초나라 회왕을 의제義帝로 높인다. 기원전 205년 항우는 결국 의제를 살해하고 스스로 서초패왕西楚霸王이 된다.

기원전 206년 진나라 제3대 진왕 자영은 유방에게 투항한다. 이로써 첫 통일왕조 진나라는 멸망한다. 기원전 206년 유방은 한나라를 세운다. 기원전 202년 유방이 서초패왕 항우를 무찌른다.[184] 두 번째 천하통일 대업을 달성하고 한나라 고조에 등극한다.

김종직이 초나라 의제의 고사에 빗대서 왕위를 찬탈한 세조를 비판한 것이 바로 〈조의제문〉이다.[185] 김종직은 세조를 진나라 시황에 빗댄다. 진나라 시황이 유생을 땅에 파묻어 죽이니 결국 나라가 망한다. 세조가 사육신을 죽이니 결국 나라가 망할 징조다. 김종직은 단종을 초나라 의제에 빗댄다. 초나라 장수 항우가 초나라 임금 의제를 죽이고 서초패왕에 오른다. 신하가 황제를 죽이고 임금이 된 것이다. 결국 천벌을 받아 제 목숨을 잃는다. 수양대군이 단종을 죽이고 세조가 된다. 신하가 왕을 죽이고 임금이 된 것이니 결국 제 목숨을 잃을 징조다.

김종직의 제자 김일손이 1498년(연산 4년) 《成宗實錄(성종

실록)》을 편찬하면서 〈조의제문〉을 실록에 삽입했다. 이극돈이 유자광에게 고자질한다. 유자광은 세조의 총애를 받고 있던 노사신과 함께 연산에게 고한다. 연산이 발끈한다. 김종직이 세조를 헐뜯은 것은 대역무도大逆無道다. 그렇다. 세조가 그런 사람이었기에 그렇다고 한 것이다. 김종직의 제자가 후세에 알리기 위해 굳이 실록에 삽입했다. 무오사화戊午士禍다. 김종직이 사망한 뒤에 일어난 사건이다. 무덤을 파헤치고 관을 쪼갠다. 시신을 꺼내서 목을 자른다. 김굉필 선생도 무오사화를 비켜갈 수 없었다. 유배형을 받고 평안도 희천으로 간다. 유배지 희천에서 어천찰방 조원강의 아들 정암 조광조靜庵 趙光祖, 1482~1519를 가르친다. 1500년 순천으로 이배된다. 순천에서 신재 최산두와 유계린 등을 가르친다.

성종이 폐위한 연산의 생모 윤씨를 다시 궁으로 불러들이려 했다. 성종의 어머니 인수대비가 모략을 꾸며 폐비 윤씨를 사사한다. 이 사건을 빌미로 왕권 강화에 나선 연산은 또 다시 선비들에게 화를 입힌다. 1504년(연산 10년) 갑자사화甲子士禍다. 김굉필 선생은 순천 유배지에서 숨을 거둔다.

폭정에 반기를 든 신하들이 인품을 갖추지 못한 왕 연산을 몰아낸다. 정치를 돌이켜 바로 세운다. 1506년 중종반정이다. 정암 조광조와 신재 최산두 등 김굉필 선생의 제자 신진 사림파는 개혁을 서두른다. 반정공신 76인의 위훈 삭제 상소를 올린다. 반정공신들에 대한 과다한 논공행상을 바로잡기 위한 것

호남 최초로 사액 받은 옥천서원 임청대

이다. 훈구대신들은 주초위왕走肖爲王의 간계를 꾸며 조광조를 비롯한 신진 사림파를 조정에서 몰아낸다. 1519년(중종 14년) 기묘사화다. 정암 조광조는 유배지 화순 능주에서 사약을 받는다. 신재 최산두는 화순 동복으로 유배 간다. 학포 양팽손은 관작이 삭탈된 채 고향 화순으로 귀향한다.

신재 최산두는 유배지 동복에서 하서 김인후를 가르친다. 송강 정철은 하서 김인후에게 글을 배우고 문인이 된다. 순천 사람 유계린은 김굉필 선생에게 배운 것을 두 아들 성춘과 희춘에게 전한다. 이리하여 영남사림 김굉필은 유배지에서 호남사림 주류를 형성한다.[186] 한양유림과 호남사림이 기호성리학파를 형성한다. 순천에서 시작한 사승관계는 네 차례 사화를 이겨내고 결국 중앙정계를 주도한다. 영남사림 김굉필 선생이 유배지 순천에서 형성한 학맥은 기호학파를 형성한다. 기호학파는 당인으로 발전한다. 이들이 곧 서인西人이다.

김굉필 선생을 문묘에 배향해야 한다는 상소가 줄을 잇는다. 1568년 옥천서원을 사액한다. 호남 첫 사액서원이다. 1577년(선조 10년) 시호 문경文敬을 내린다. 1610년(광해 2년) 정여창·조광조·이언적·이황 등과 함께 김굉필 선생을 성균관 문묘에 배향한다. 동방5현東邦五賢이다. 후대에 김굉필을 일컬어서 동방5현 중 으뜸이라 한다.[187] 순천이 기이하고 고운 것은 으뜸 사람들 때문이다. 순천에서 인물 자랑 말라!

순천에 꽃 피운 근대교육: 존 커티스 크레인

우리 전통사회를 형성한 지방 중심도시 순천에 근대화 바람이 거세게 분다. 순천은 사대부의 나라 조선에 성리학 전통을 수립했던 도시다. 근대로 전환하는 데에도 적극적이었다. 순천에 근대를 심은 것은 기독교였다. 순천에 근대를 심은 사람은 미국 남장로교회 선교사였다.

1904년 오웬 선교사는 지원근 조사와 함께 고흥·보성·순천·여수·광양 등 전남 동부지방으로 내려간다. 1906년 오웬은 자신의 조사 지원근을 아예 보성으로 보낸다. 1906년 보성 선비 조상학이 회심한다. 조상학은 장천에 있는 조의환에게 복음을 전한다. 조씨 문중 전체가 개종하여 장천교회를 설립한다. 조의환은 한태원을 전도한다. 한태원은 신황리교회를 개척한다. 조상학은 보성 무만동에 살고 있는 옛 친구 김일현과 정태인에게 복음을 전한다. 두 사람은 1906년에 무만동교회를 개척한다. 이어서 조상학은 순천읍내에 살고 있는 최사집을 전도한다. 순천에도 복음이 들어가 1909년 순천읍교회를 개척한다. 조상학에게서 복음을 전해 듣고 교회를 개척한 이들은 모두 평양신학교를 졸업하고 목사가 된다.[188]

1913년 프레스톤과 코잇 선교사가 광주에서 순천으로 이사하면서 본격적으로 순천 선교에 나선다.[189] 미국 남장로교회 선교사들이 으레 그랬던 것처럼 순천에서도 교회·학교·병원을 차례로 건설하고자 한다. 다행히 순천에는 선교사가 들어오기 전부터 교회가 있었기 때문에 선교사들은 학교와 병원을 세우는 데 집중할 수 있었다. 1915년 존 커티스 크레인John Curtis Crane, 1888~1964 선교사는 1913년 정식으로 개교한 매산학교를, 로저스 선교사는 1917년 알렉산더병원을, 윌슨 선교사는 광주에서 옮겨온 애양원을 맡는다.

크레인 선교사는 1888년 2월 25일 미시시피 주 야주 시 Yazoo City 제일장로교회 장로의 큰아들로 태어난다. 미시시피대학교, 사우스웨스턴장로교대학교 등을 거쳐 1909년 콜로라도 대학교를 졸업한다. 1913년 버지니아 주 유니온신학교를 졸업한다. 같은 해 목사안수를 받는다. 이틀 뒤 5월 20일 플로렌스 Florence Hedleston Crane, 1888~1973와 결혼한다. 미시시피 주 옥스퍼드제일장로교회 목사이자 미시시피대학교 교수였던 헤들스톤 박사의 딸이다. 미시시피대학교 생물학과를 졸업한 동창생이다.

1913년 순천으로 들어와서 제일 먼저 조선어공부를 시작한다. 1915년부터 매산학교를 맡아서 교육선교를 시작한다. 이해 4월 일제는 사립학교규칙을 개정하고 종교교육을 금지했다. 크레인 선교사는 성경공부를 멈추지 않았다. 일제는 1916년 6월 사립학교규칙 위반으로 매산학교를 강제 폐교한다. 3.1운동 뒤 일제가 유화정책을 시행한다. 1921년 4월 매산학교가 다시 문을 열면서 크레인 선교사가 교장을 맡는다. 1923년 봄 반 학기 동안 평양신학교에서 강의하고 돌아온다. 두 번째 안식년을 맞은 1926년 유니온신학교에서 명예신학박사 학위를 받는다.

1937년 9월부터 1938년 6월까지 평양신학교 교수로서 조직신학을 가르친다. 바로 이어서 세 번째 안식년으로 프린스톤신학교에서 1년 동안 박사 후 과정post-doctorate을 이수하고 평양으로 돌아온다. 1940년 11월 16일 219명의 선교사들이 인천항에서 마리포사 호를 타고 미국으로 철수한다. 그중 50명이 남장로교 선교사들이었다. 크레인 선교사는 윌슨 의사 부부, 탈메이지 박사 부부, 메리 닷슨, 플로랜스 루트 등 최후의 7인과 함께 한국에 남는다. 1941년 일제 탄압으로 연금돼 있다가 극적으로 탈출한다. 중국을 거쳐 미시시피로 돌아간다. 1942년부터 미시시피 파스카굴라 제일장로교회 담임목사로 사역한다. 조선이 해방을 맞는다. 1946년 8월 15일 다시 순천으로 돌아온 크레인 선교사는 순천선교부 복구에 매진한다.[190] 제일 늦게 조선을 떠나고 제일 먼저 돌아온 것이다.

1949년 폐렴에 걸린 크레인 선교사는 미국으로 다시 돌아간다. 금방 돌아올 수 없었다. 1950년 3월 심장 발작이 일어났다. 6월 한국전쟁이 터졌다.《조직신학》을 집필한다. 한국어·중국어·일어로 각각 번역되어 신학교 교재로 사용한다. 서울 장신대학교 초청으로 1954년 9월부터 1956년 9월까지 조직신학을 가르친다. 1956년 10월 6일 안식년을 맞아 미국으로 귀국한다. 다시 한국으로 오지 못하고 1964년 7월 17일 심장마비로 사망한다.[191]

아내 플로렌스 크레인은 남편이 책임을 맡은 매산학교에

1930년경 크레인 선교사 집 앞에서 촬영한 기념사진(© 순천시청)
앞 줄 왼쪽에서 두 번째가 플로렌스 크레인, 여섯 번째가 존 커티스 크레인이
다.[192] 다른 선교사들과 달리 크레인 선교사는 한옥집에서 살았다. 현재 정확
한 위치는 모른다.

서 미술을 가르쳤다. 매산학교 산업부 공예실과 양잠실에서 단추·테이블보·손수건·명주짜기 등도 가르쳤다. 가난한 학생들이 공부를 계속할 수 있도록 도운 것이다. 미시시피대학교에서 생물학을 전공한 데다 그림 실력도 뛰어났다. 순천 들판에 피는 야생화를 세심하게 관찰해서 그렸다. 야생화에 얽힌 많은 이야기들도 기록했다. 1931년 일본에서 단행본으로 출판한다.

존 커티스 크레인 선교사의 누나 자넷 크레인Janet Crane은 전주 기전여학교에서 음악을 가르쳤다. 과외로 레슨비를 받지 않고 피아노를 가르쳤다. 공예부 학생들에게는 코바늘과 뜨개질을 가르쳤다. 후기에 순천으로 옮겨서 매산학교에서 1954년 6월까지 교육선교에 전념했다. 첫째 동생 폴 스카켓 크레인Paul Scakett Crane 목사는 1916년 목포에서 교육선교를 시작했다. 그러나 1919년 수원 병점에서 교통사고로 사망한다.

아들 폴 쉴즈 크레인Paul Shields Crane, 1919~2005은 존스홉킨즈대학 의대를 졸업하고 1947년 한국에 들어온다. 전주예수병원을 다시 열어 환자를 돌본다. 미국에서 40만 달러를 모금하여 전주예수병원을 현대화한다. 1961년, 1965년, 1966년 박정희 대통령과 케네디 대통령 그리고 박정희 대통령과 존슨 대통령의 한미정상회담을 네 차례나 통역한다. 무엇보다 큰 기여는 1956년부터 1958년까지 36개 병원에 인턴과 레지던트 교육프로그램을 도입한 것이다.

또한 기생충 박멸에도 결정적인 기여를 한다.[193] 전주예수병원 앞에 버려진 일곱 살 소녀를 전주예수병원에 입원시킨다. 장폐색증이었다. 수술 중 무려 1,063마리나 되는 회충이 소녀의 장을 꽉 막고 있는 것을 발견한다. 기생충 박멸 프로그램을 실행한다. 1956년 90퍼센트에 달했던 회충 감염률은 1988년 3퍼센트로 떨어진다.

소피 몽고메리 크레인Sophie Montgomery Crane은 남편 폴 쉴즈 크레인과 함께 1947년 우리나라에 들어온다. 1969년까지 22년 동안 전주예수병원에서 간호사로 봉사한다. 남북전쟁으로 분열되었던 미국 남장로교회와 북장로교회는 통합하여 1983년 미국 장로교회로 새롭게 출발한다. 1985년 소피 몽고메리 크레인은 미국 장로교회 국제선교부 해외 보건국장에 임명된 남편 폴 쉴즈 크레인과 함께 아시아 10개국과 아프리카 10개국을 순방한다. 미국 장로교회 의료선교회를 방문하기 위해서였다. 남장로교회 의료선교에 참여했던 75명 의료선교사를 직접 찾아가 인터뷰한다. 1881년 미국 남장로교회가 처음으로 의료선교사를 임명한 해부터 1983년 미국 장로교회로 통합할 때까지 100년 남짓 의료선교 역사를 기록한다. 1998년 한 권의 책으로 출판한다.[194]

2대에 걸친 크레인 가문 선교사들은 전통사회 순천에 근대사회를 열기 위해 최선을 다했다. 순천에 서양식 학교를 설립했다. 교육선교사로 근대식 교육을 펼쳤다. 순천에서 우리 야생화를 처음으로 알렸다. 야생화에 얽힌 전설을 채록했다. 의료선교사로 서양의술을 전했다.

　순천에는 인재가 많다. 호남사림의 성리학과 서양 선교사들의 근대식 교육이 조화를 이룬 결과다. 2016년 순천만정원을 국가정원으로 지정했다. 대한민국 제1호 국가정원이다. 크레인 선교사 가문에게 빚진 바 크다.

순천 산책
기이하고 고운 꽃길

제일 먼저 꽃 피는 마을: 탐매마을

순천역에서 55번 마을버스를 타고 삼풍그린파크 1차 아파트 정류장에서 내렸다. 정류장에서 오던 방향으로 되돌아가면 삼풍그린파크 2차 아파트를 지나 삼산중학교. 삼산중학교 오른쪽 담장 끝 삼거리에서 오른쪽 골목길로 들어갔더니 매화梅畵 가득한 탐매마을 벽화골목이 나온다. 호남사람 발상지 순천을 무엇으로 비길까! 역시 선비 꽃 매화다.

1년 24기氣와 72후候를 일컬어서 기후氣候라 한다. 1년 열두 달을 각각 반으로 나눈 것이 24절기다. 각 절기를 세 개로 잘게 쪼갠 것을 72절후라 한다. 24절기 중 소한·대한·입춘·우수·경칩·춘분·청명·곡우 등 8절기는 15일마다 한 번씩 120일 동안 차례로 온다. 8절기를 각각 3등분하면 5일에 한 번씩 120일 동안 모두 24절후가 차례로 찾아온다. 매 5일 1후마

탐매마을 벽화골목

다 바람 불어서 차례로 꽃이 핀다. 봄바람 불 때마다 한 개씩 모두 스물네 가지 서로 다른 꽃이 핀다. 제일 먼저 피는 꽃이 매화 小寒 初候 梅花다.[195] 매화는 눈 속에서 꽃을 피워 은은한 향기 찬 바람에 실어 보낸다.[196] 퇴계 이황은 "매화에 물을 주라"는 말을 남기고 이 세상을 뜬다. 학문을 갈고 닦아 세상을 향기롭게 하는 선비에게 매화는 그렇게 소중하다.

매화梅畫 골목길을 빠져나와 오른쪽으로 돌아선다. 탐매마을 진경이 펼쳐진다. 온 동네 집과 꽃이 그야말로 그림이다. 이쯤 되면 이 동네는 야외미술관이다. 으뜸은 김준선 교수댁 앞마당 홍매라고 생각했다. 아니다. 모든 집과 꽃이 작품이다.

계속 걸어서 탐매마을 탐매문화센터 앞 삼거리에 이르면 공공미술작품 효자손이 반긴다. 효자손 대각선 방향으로 비각이 버려진 듯 서 있다. 화평부원군 김심의 20세손 김중석은 병들어 누워 계신 아버지를 살리기 위해 손가락을 깨문다. 그 아버지에 그 아들 김중석의 두 아들도 효성이 지극했다. 김중석과 두 아들을 일컬어서 일문삼효一門三孝, 한 집안에 세 효자라 했다. 김중석이 세상을 떠나고 40년 지난 1909년 호남사림이 조정에 건의해서 정려와 비각을 세운다. 사람들이 이곳을 지날 때마다 진짜 효자라 이구동성으로 말한다. 이름하여 진효자비각 眞孝子碑閣.[197]

2016 마을미술 프로젝트 예술정원 사업으로 효자정려 옆에 효자손을 설치했다. 순천 지역 정체성을 상징하는 '천사 가

탐매마을

효자정려(왼쪽) / 효자손(오른쪽)

방, 천사 자전거, 천사 희망을 담다, 효자마을 둠벙, 효자마을 효
자손, 효자마을 봄날은 온다' 등 모두 6개 공공미술 작품 중 하
나다.[198] 선교사가 들고 들어 온 가방에서 서양 근대 문물이 쏟
아진다. 선교사들이 타고 다닌 순천 최초의 자전거는 그 자체
로 근대를 상징한다. 순천 사람 김판룡 선수는 1936년 전조선
자전거대회 우승에 이어서 아이사선수권대회에서도 우승한다.
1913년 엄복동 선수가 전조선자전거경주대회에서 일본 선수
를 누르고 우승한 이래 자전거는 민족적 자긍심을 불러일으키

는 신문물이었다.[199]

선교사를 통해 근대를 열망한다. 남다른 효심에서 순천 사람을 재발견한다. 오늘 순천 사람들은 선교사와 효자에게서 순천 그 정체성을 찾는다. 선교사마을과 효자마을이 곧 순천이다.

여순사건현장 또는 선교사마을: 메모리얼 파크

효자손 삼거리를 지나 계속 직진하면 막다른 골목길 안쪽 팽나무 계단이 나온다. 오르막 계단길을 메모리얼 파크로 꾸몄다. 선교사마을 매산학교로 올라가는 계단이다. 여순사건 현장이다. 여순사건 발발 사흘째 되던 날 반란군이 할퀴고 지나간 순천에 들어온 진압군은 무고한 양민들을 이곳에서 학살한다. 보이얼 선교사는 시신을 수습하고 탐매마을 고등성경학교 뒷산 선교부 토담 안쪽 공터에 매장한다. 2008년 여순사건 진상을 조사하는 과정에서 매장지를 발굴한다. 어찌된 영문인지 아무 것도 없었다.

학살현장에서 살아남은 사람이 있다. 전북 순창 복흥중앙교회 황종권 목사와 두 조카다. 열두 살 어린 나이에 겪은 사건이지만 또렷하게 기억하고 있다. 밥 먹다가 끌려 나가서 아무 이유 없이 총살당했다. 황종권 목사는 진압군이 아니라 반란군의 만행이라고 주장한다. 진압군과 동일한 군복을 입고 있었다. 하지만 완장을 차고 있었고 철모에 흰 띠를 두르지 않았기 때

메모리얼 파크 랜드로바

휴 린튼은 이 랜드로바를 타고 200여 교회를 개척하고 광양만을 매립했다.

문에 반란군이 틀림없다는 주장이다.[200]

역사산책자는 진압군이 저지른 만행일 것으로 추정한다. 당시 상당수 진압군이 반란군에 합류했다. 순천에 주둔하고 있던 여수 제14연대 2개 중대가 반란군에 제일 먼저 합류했다. 진압하러 온 광주 제4연대 기동대도 진지를 구축하던 중 내부반란을 일으켜서 반란군에 합류했다. 오전에 진압군이었다가 오후에는 반란군이 되는 상황이 빈발했다. 이런 상황에서 열두 살 어린아이가 학살현장에서 진압군과 반란군을 정확히 구분하기는 힘들었을 것이다. 반란군 또는 진압군이 '김일성이 좋냐 이승만이 좋냐'라고 물었을 때 제대로 답하지 못하는 사례가 많았다. 진압군과 반란군을 제대로 구분하지 못한 경우가 왕왕 있었다는 뜻이다. 또한 진압군은 주로 순천대학 근처 또는 북부시장에서 보복학살을 자행했다.[201] 양민학살 현장은 순천대학 뒷산과 가까운 곳이다.

여순사건을 공산주의와 민주주의의 대결로 볼 수 있을까? 좌익과 우익의 대결이고, 민족주의와 친일의 대결로 보아야 하지 않을까! 그렇지 않으면 순천과 여수에서 시민들이 자발적으로 반란군을 도운 것을 설명하기 힘들다. 공산당이라는 색안경으로 보면 모든 것이 금기가 되어버린다. 이제는 말해야 할 때가 되었다. 더 이상 유야무야 덮어서 될 일이 아니다. 이곳을 선교역사 현장으로 보존해야 할지 아니면 여순사건 현장으로 보존해야 할지에 대해서도 다시 고민해야겠다.

기독교인 34.4%: 순천시기독교역사박물관과 순천기독진료소

메모리얼 파크 계단을 올라가면 매산중학교 담장을 마주한다. 여기서 왼쪽으로 내려가면 기독진료소, 오른쪽으로 올라가면 공마당사거리. 사거리에서 계속 직진해서 골목길로 들어서면 애양원 재활병원 및 직업보도소와 순천시기독교역사박물관이 연이어서 나온다. 매산학교를 말할 때 크레인가를 떠올리듯이 순천시기독교역사박물관과 기독진료소는 린톤가를 빼놓고 말

린톤家 4대(소장: 유진벨재단)

순천기독진료소

할 수 없다.

린톤가 4대에 걸친 한국선교는 1912년 윌리엄 린톤(한국
명 인돈)이 조선에 들어오면서 본격적으로 시작한다. 대전 한남
대학교를 설립한 윌리엄 린톤은 광주선교부를 개척한 유진 벨
선교사의 딸 샬렛 벨(한국명 인사례)과 결혼한다. 윌리엄 린톤의
넷째 아들 드와이트 린톤(한국명 인도아)은 호남신학대학교 학
장을 역임한다. 윌리엄 린톤의 선교사업을 이어받은 것은 휴 린
톤Hugh Linton, 1926-1984(한국명 인휴). 1926년 선교지 군산에서
낳은 셋째 아들이다. 1940년 아버지 윌리엄 린톤과 함께 추방
당한 휴 린톤은 1945년 미 해군 장교로 입대하여 일제에 맞서
싸운다. 1950년 한국전쟁이 발발하자 재입대하여 인천상륙작
전에 참가한다. 휴전과 함께 전역한 휴 린톤은 1954년 순천에
서 선교사역을 시작한다. 전남과 경남 남해안 지역 그리고 호남
내륙에 200여 교회를 개척한다.

순천기독진료소 2층 한국기독교선교역사박물관에는 휴 린
톤이 직접 만든 책상과 선교사들이 사용하던 의자·타자기·식
탁·냉장고·침대 등 생활용품을 쓰던 그대로 전시하고 있다. 휴
린톤이 직접 만들어서 사용하던 책상 뒤쪽 벽. 지도가 한 가득
이다. 휴 린톤은 모두 1,000개 교회를 개척하겠다는 목표를 세
우고 전라남도와 경상남도를 누볐다. 지도 위에 빨간 핀과 파란
핀을 1,000개 넘게 꽂았었다. 교회개척 후보지다.

마치 한국 사람처럼 가부장적이었던 휴 린톤은 순천의 검

휴 린톤 선교사가 직접 만든 책상과 교회개척지도
교회개척 후보지에 핀을 꽂았다.

정고무신이라는 별명을 얻는다. 항상 검정고무신을 신었다. 여섯 자녀들에게도 신겼다. 낡아서 너덜너덜 구멍이 뚫리면 타이어 수리하는 곳으로 가지고 가서 땜질해서 신었다. 검정고무신을 신고 1970년대 10년 동안 20만 평을 매립한다. 자립의지를 가진 가난한 사람들에게 무상으로 분배한다. 현재 광양제철소 자리가 바로 이 간척지다.

휴 린톤은 개척교회에 쓸 건축자재를 싣고 가다가 교통사고를 당한다. 관광버스 운전사가 술을 마시고 운전하다가 사고를 냈다. 치료를 받기 위해서는 광주로 가야 한다. 앰블런스가 없다. 택시를 타고 광주기독병원으로 가던 중 사망한다. 1984

년에 일어난 사건이다.

1992년 휴 린톤의 미국 친구들이 조의금 4만 달러를 한국에 있는 아내 로이스 린톤에게 보낸다. 연세대학교 세브란스병원 외국인진료센터장인 막내 아들 존 린톤John Linton(한국명 인요한)은 앰뷸런스 제작에 돌입한다. 미국·영국·프랑스·일본 등지를 두루 다녀서 앰뷸런스에 관한 정보를 수집한다. 1995년 제1호 한국형 앰뷸런스를 만든다. 봉고를 개조해서 만들었다. 아버지 조의금으로 만들어진 앰뷸런스다. 몇 차례 개조를 한다. 전국 소방서와 병원에 3000대 넘게 보급한다. 매년 100만 건 이상 출동하고 있다.[202]

휴 린톤의 아내 로이스 린톤은 순천기독결핵재활원(현 순선기독진료소)을 설립한다. 세 아들이 결핵에 걸려서 생사를 넘나드는 와중에도 결핵퇴치사업을 계속한다.[203] 지금도 이 사

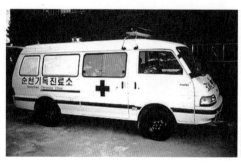 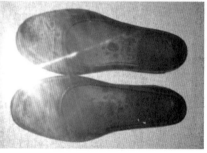

제1호 한국형 앰뷸런스(왼쪽) /휴 린톤의 검정고무신(오른쪽)(소장: 존 린톤)
왼쪽 사진은 존 린톤이 만든 한국 제1호 앰뷸런스이고, 아버지 휴 린톤은 오른쪽 사진 속의 검정고무신을 신고 다니며 200개가 넘는 교회를 개척하였다.

순천시기독교역사박물관

업은 진행형이다. 그 현장이 바로 순천기독진료소다. 결핵퇴치 사업을 물려받은 둘째 아들 스테판 린톤Stephen Linton은 1995년 유진벨재단을 설립하고 북한 결핵퇴치 활동을 전개하고 있다. 1979년 이래 북한을 80여회 방문하고 김일성과 두 차례 만났다. 북한 내 12개 종합병원을 지원하고 있다. 미국 남장로교회 한국선교 이야기와 린톤가 4대에 걸친 한국선교 이야기는 순천 시기독교역사박물관에 오롯이 남았다.

들꽃과 전설: 공마당길

플로렌스Florence Hedlestone Crane, 1888~1973는 미시시피대학교 동창생 존 커티스 크레인 선교사와 1912년 결혼하고 남편과 함께 1913년 조선으로 들어온다. 생물학 전공이지만 대학교 재학 중 월드페어 미술부 최우수상을 수상할 정도로 그림 실력이 뛰어났다 한다. 조선으로 들어올 때 조선에는 야생화가 없다는 이야기를 듣고 실망한다. 막상 조선에 들어왔을 때 3,000종에 이르는 고유 식물이 있다는 것을 발견한다.

　순천 들판에 핀 148종 야생화와 화목·과일·채소 등을 관찰하고 그린다. 우리말을 잘 했던 남편 크레인 선교사의 도움으로 야생화에 조선 이름과 한자를 찾아 붙인다. 야생화에 얽힌 전설을 채록한다. 동경제국대학 식물학과 다케노신 나카이 박사와 게이조대학 츠토무이 시도야 박사에게 자문을 받는다. 순

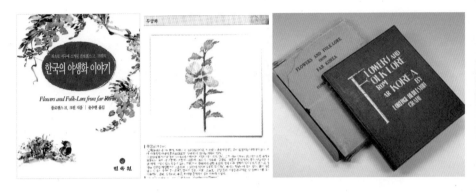

《한국의 야생화 이야기》 한국어판 표지(왼쪽) / 본문 일부(중앙) /
영어판 *Flowers and Folk-lore from Far Korea* 표지(오른쪽)

천 선교에 많은 재정적 지원을 한 조지 와츠 미망인에게 출판 지
원을 받는다. 1931년 일본 산세이도 출판사에서 영문판으로 출
판하고 미국 맥밀란 출판사에서 전 세계에 배포한다. 1933년 10
월 콜롬비아대학교 조선도서관후원회 주관으로 플로렌스가 그
린 야생화를 서울 동아일보 사옥에서 전시한다. 동아일보는 10
월 17일부터 21일까지 연일 대서특필한다.

1969년 한국가든클럽에서 이를 다시 출판한다.[204] 꽃을 좋
아했던 육영수 여사가 한정판으로 출판해서 주로 외교관 부인
들에게 선물한 책이다. 2003년에 진주삼현여고 윤수현 양이 번
역·출판하고 다시 세상에 알린다.

"젊었을 때는 파란 치마를 입고 어른이 되어서는 빨간 치
마를 입는 것은 뭘까요?" 처녀는 빨간 치마를 좋아한다. 그러나

골목길 역사산책_개항도시편

공마당길 야생화 벽화거리

아줌마가 되면 짙은 녹색 치마를 입는다. 그래서 정답은 고추다. 고추에 얽힌 우리 풍속을 수수께끼로 풀어낸 것이다.[205]

하얀 연꽃에 얽힌 전설로 〈심청전〉을 들려준다.[206] 문득 의문이 든다. 플로렌스 크레인이 본 우리나라 꽃 무궁화는 어떤 꽃이었을까?

"삼천리 방방곡곡 없는 데 없이 피어나는 무궁화는 꺾
꽂이만 해도 금방 자란다. 무궁화는 아무리 꺾어도 다시
자란다. 그래서 조선을 상징하는 국화다. 세 강대국 틈

바구니에 낀 작은 반도국가 조선은 꺾일 수밖에 없는 운
명을 타고났기 때문이다. 그래서 온 국민이 무궁화를 사
랑한다."[207]

플로렌스 크레인이 존 커티스 크레인 선교사와 함께 살던
매산등 공마당길 옹벽을 야생화 그림으로 가득 채웠다. 플로렌
스가 사랑했던 한국 야생화다.

호남사림 자존심: 옥천서원과 순천향교

공마당길 야생화거리를 지나면 난봉산 아래 오른쪽 언덕 위에
박난봉 장군묘가 나온다. 계속 걸어서 옥천까지 내려가면 옥천
서원에 이른다. 조선 중기 이후로 향교가 제 역할을 못하자 서
원이 향교를 대신한다. 호남 최초로 설립한 서원이 옥천서원이
다. 호남 최초로 사액 받은 서원도 옥천서원이다. 순천부사 이
정이 명종 19년(1564년)에 김굉필 선생을 추모하면서 창건했다.
창건 당시는 경현당景賢堂이라 불렀다. 1568년 사액을 받으면서
액호 옥천玉川을 하사받았다.

한 해 먼저 순천으로 이배 온 매계 조위가 임청대臨淸臺라
이름 짓고 김굉필 선생과 교유했다. 이를 기려 임청대 자리에 옥
천서원을 짓고, 퇴계 이황 선생의 친필을 받아 게액揭額하고, 우
암 송시열 선생을 원장으로 초빙하기도 했다. 고종 5년(1868년)

김굉필을 배향하고 있는 옥천서원 제향공간 옥천사(위) /
순천향교 제향공간 대성전과 내삼문(아래)

대원군이 서원철폐령을 내리자 훼철되었다가 1928년 복설했다. 역사적 중요성을 고려하면 너무나 초라하다.

옥천서원에서 다시 월드제화 앞 사거리로 나와서 오른쪽 옥천길로 70미터 들어가서 왼쪽 금옥길 골목으로 접어들자마자 다시 왼쪽 좁은 골목길로 걸어가면 순천향교 후문이다.

고려 광종 때(985년) 과거제도를 처음 실시한다. 이때 지방에도 공립학교(관학)를 처음 설치하는데 이것이 바로 향교다. 처음에는 제향공간과 강학공간이 한 건물에 있었다. 즉, 한 건물에서 성현에게 제사를 지내기도 하고 경전을 가르치기도 했다. 대성전 및 동서무로 구성된 제향공간과 명륜당 및 동서재로 이루어진 강학공간으로 나뉜 묘학체제廟學體制를 갖춘 것은 조선시대다.

순천향교는 1407년 순천부 동쪽에 처음 만들었다. 현재 위치로 옮긴 것은 순조 1년(1801년)이다. 숙종 44년(1718년) 순천부사 황익재가 주선해서 세운 양사재도 그때 순천향교에 다시 지었다. 새로 풍화루를 세워서 유림들이 모이는 장소로 삼았다. 정유재란을 거치면서 조정에서 교수와 훈도를 파견하는 제도가 없어졌다. 지방교육 중심 역할도 서원으로 옮겨간다.

목욕탕 뒤안길: 행동골목길

순천향교 정문 외삼문과 홍살문을 지나면 호남길이다. 호남길

길보다 목욕탕이 더 유명한 행동골목길

왼쪽으로 걸어가면 순천읍성 서문터 사거리다. 사거리 오른쪽
문화의 거리로 들어서서 도로 건너 왼쪽 좁은 골목길로 들어간
다. 금곡길에서 행금길로 이어지는 행동골목길이다. 1949년 8월
15일 동제를 실시하면서 행동과 금곡동을 합쳐서 행금동이 되
었다. 행동골목길은 서문성곽 골목(금곡길 30-42)과 행금목욕탕
뒤안길(행금길 18-24)까지 180미터밖에 되지 않는 짧고 좁은 골
목길이다. 행동골목길은 길보다 목욕탕이 더 유명하다. 마땅한
건물이 없던 시절 굴뚝 높은 목욕탕은 좋은 이정표 구실을 했을
것이다. 행동목욕탕집 김○△ 씨가 남겨놓은 구술자료는 이 골

목길을 찾는 이에게 다시는 반복하지 말아야 할 역사를 전한다. 순천이 겪었던 아픈 근대사다.[208]

김○△ 씨는 행동목욕탕집 딸이다. 서울에서 태어났지만 변호사였던 삼촌이 순천에서 개업하면서 순천으로 이사를 왔다. 이때부터 아버지는 행동에 있는 목욕탕을 경영했다. 해방 2년 전 결혼해서 남편을 따라 만주 봉천으로 갔다. 남편은 대만계 일본인 '하세'가 경영하는 일본기계제작소에서 일했다. 김○△ 씨도 일본기계제작소 경리 일을 봤다. 남편 소개로 순천 사람 정기주 씨도 같이 일했다. 정기주 씨는 독립운동을 하다가 청진형무소에서 막 풀려난 사람이다. 남편과 어렸을 때부터 친구였던 정기주 씨는 언제나 의로운 사람이었다.

해방되던 날 김○△ 씨 가족은 조선 사람 20명과 함께 봉천역을 출발했다. 여드레 만에 순천으로 돌아왔다. 남편과 정기주 씨는 민청(좌익) 활동을 했다. 김○△ 씨는 성악가 오경심 씨 등과 함께 여성동우회 활동을 했다. 여순사건 당시 여성동우회는 여수 제14연대 병사 급식대 활동을 했다. 사흘 뒤 중도우파였던 시동생은 집 앞에서 진압군에게 총살당했다. 정기주 씨는 순천경찰서에서 고문에 시달리다가 사망했다. 임신 중이었던 김○△ 씨는 군사재판에서 5년 형을 선고 받고 목포형무소에 수감되었다. 전주형무소로 이감되어서 오경심 씨와 정기주 씨 동생 정기태 씨를 만났다. 다시 안동형무소로 이감됐다. 김○△ 씨는 1951년 수감자 선교를 하던 목사님 도움으로 석방됐다.

고향 순천으로 돌아와보니 행동목욕탕을 경영하시던 아버지는 이미 돌아가시고 안 계셨다. 남편은 빨치산으로 산에 들어갔다가 자수해서 1950년 출감했다. 먼저 저세상으로 갔다.

호남 최초 선정비: 팔마비

행동골목길을 한 바퀴 돌아 나오면 다시 문화의 거리다. 문화의 거리 왼쪽으로 걸어가면 큰 길 중앙사거리에 닿는다. 중앙사거리에서 오른쪽을 보면 비각이 하나 있다. 팔마비 비각이다.

《高麗史(고려사)》에는 팔마비 유래를 다음과 같이 전한다.[209] 승평부사(순천부사) 최석崔碩이 임기를 채우고 비서랑으로 서울에 들어가게 되었다. 순천 사람들은 늘 하던 대로 말 여덟 필을 주었다. 이사 갈 때 짐을 실어가라는 뜻이다. 요즘으로 치자면 벤츠 여덟 대를 준 격이다. 물론 빈 말을 줄 수는 없었을 것이다. 가득 채워서 준다. 처음에는 이삿짐 싣는 말이었다. 그런데 제 짐은 말할 것도 없거니와 제 짐 싣고 간 말도 되돌려 주지 않는다. 하는 수 없이 으레 말 여덟 필도 같이 주는 것으로 여겼다.

그런데 최석 부사는 남달랐다. 좋은 말 여덟 필을 고르라는 데도 "짐 싣고 서울까지 가면 그만이지 무슨 좋은 말이 필요한가?"라면서 웃는다. 게다가 개경 집으로 돌아간 최석 부사는 여덟 필 말을 돌려보낸다. 순천 사람들이 받지 않는다. 받았다가

팔마비

무슨 경을 치려고! 더 놀라운 일이 벌어진다. 새끼 말 한 마리를 또 내려보낸다. 순천부사로 재직할 때 최석 부사가 소유한 말이 낳은 새끼다. 최석 부사가 순천 사람들에게 말한다. "내가 탐욕스러운 사람인 줄 알고 겉으로만 사양하는 것이지?" 돌려보낸 말을 받지 않으니 재직 중 부사가 소유한 말이 낳은 새끼까지 돌려보내서 받으라고 강권한 것이다. 그 뒤로 말을 주는 폐단이 없어졌다. 순천 사람들은 최석 부사의 덕을 칭송한다. 팔마비를 세운다. 가난한 농민 뜯어 먹지 말라는 뜻이다.

호남에 세운 첫 송덕비頌德碑다. 후임 순천부사들에게는 눈엣가시. 땅에 파묻고 다시 세우기를 반복한다. 현재 있는 팔마비는 이수광이 순천부사로 있을 때 세운 것이다. 1617년에 있었던 일이다. 2017년은 이수광이 팔마비를 다시 세운 지 400년 되는 해. 순천시의회 임정기 의장은 팔마비를 일컬어 조선시대 적폐청산을 상징하는 역사적 의미가 있다고 말한다.[210] 문재인 정부 출범과 함께 대한민국 적폐청산이 한창이다. 이번 기회에 순천 적폐청산도 힘써주기를 바란다.

원도심을 지키는 든든한 돈대: 창작아트센터

팔마비 앞에서 오른쪽 골목길로 들어가 직진해서 순광교회를 지나면 다시 순천향교 앞 호남길에 이른다. 호남길 왼쪽으로 걸어서 도로를 가로질러 왼쪽 좁은 뒷골목으로 들어간다. 좁고 긴

골목길 벽에 사진을 전시하고 있다.

끝까지 걸어 들어가 왼쪽 건물로 들어가면 창작아트센터
다. 지난 2003년 주민자치센터를 만들고 도시재생사업을 처음
시작했다. 원도심과 신도심이 상생발전할 수 있는 도시재생사
업 순천부읍성 상징화사업을 하면서 만든 센터다.

수원 화성 공심돈 형태로 지은 건물이다. 화성에는 많은 방
어시설들이 있다. 적의 동태를 감시하는 장대將臺와 적대敵臺,
쇠뇌를 쏘기도 하고 깃발로 명령을 전달하기도 하는 노대弩臺,
주변을 조망하기 가장 좋은 요충지이면서 지세가 높은 곳에 각
루角樓, 성곽 안에서 포를 쏘아 적을 공격하는 포루砲樓, 방어하
기 취약한 성곽에 툭 튀어나오게 만들어 여러 각도에서 적을
공격하여 방어력을 향상시킨 치성雉城과 치성 위에 있는 우리
병사들이 안전하게 몸을 숨길 수 있도록 만든 포루鋪樓, 주변을
감시하고 좋은 곳에 세워서 봉화를 올리는 봉돈烽墩과 대포와
같은 공격용 무기를 설치하여 감시와 공격을 동시에 하는 망루
공심돈空心墩. 이 중에서 오로지 화성에만 있는 방어시설 두 가
지가 바로 적대와 공심돈이다.[211]

속이 빈 돈대 공심돈은 3층으로 만들었고 맨 위에 병사들
을 위해 별도로 집을 지었다. 중국 순천부 계주順天府 薊州에 있
는 계평돈薊平墩을 본떠서 만든 것이다.[212] 한 명이 겨우 지나갈
수 있는 좁은 계단으로 각 층을 오가도록 했다. 만에 하나 많은
숫자의 적이 침입해 들어오더라도 공심돈 안 계단에서는 항상

창작아트센터

일대일로 전투를 하게 한 것이다.

창작아트센터 멋진 건물에 정신을 팔았다. 바로 옆 순천시 도시재생지원센터 야외 조형물에 눈길을 뺏겼다. 뭔가 더 있어야 할 것 같은데 없다. 아쉽다.

찹_쌀-떡~ : 화월당

창작아트센터를 나와서 오른쪽으로 곧장 걸어가면 도로 건너편에 중앙시장이다. 중앙시장 입구 왼편 도로가에 화월당이 있다. 볼카스테라와 찹쌀떡 두 가지만 만든다. 예약하지 않으면 추가로 만든 빵만 살 수 있다. 오후 4시경이면 화월당은 썰렁하다. 빵은 다 팔렸다. 주인은 주문한 고객이 빵을 찾아가기만 기다린다.

화월당은 일제강점기인 1920년 일본인 고바야시가 처음 문을 열었다. 1928년부터 점원으로 일하던 조천석 씨는 해방과 함께 화월당을 인수한다. 열다섯 나이로 취직하던 해인 1928년을 화월당 창립년도로 정정한다. 하지만 가게는 1920년 처음 문을 열었던 그 자리에 그대로 있다. 프랜차이즈 빵집이 하나둘 생기면서 폐업 직전까지 가기도 했지만 지금은 순천의 명물이 됐다.

맛집으로 소문난 비결은 2000년을 전후한 시기부터 사람들이 다시 옛맛을 찾으면서란다. 골목상권까지 치고 들어온 대

화월당 찹쌀떡과 볼카스테라

기업 때문에 위기를 맞았다. 손님들 입맛이 한 번 더 변해서 원
점으로 돌아온다. 따라서 비결은 옛날 그 맛! 요즘 빵과 달리 달
지 않다. 그냥 술술 넘어간다. 미국이나 유럽 선진국에서 대기
업이 빵 만들고 커피 장사 한다는 이야기를 들어본 적이 없다.
우리나라 재벌기업은 온갖 걸 다 한다. 동네 골목길은 그대로
됐으면 좋겠다.

순천 꽃길 산책로

순천역에서 55번 마을버스를 타고 삼풍그린파크 1차 아파트 정류장에서 내린다. 마을버스는 30분 간격으로 운행한다. 조금 걷겠다면 52번 버스를 타고 웃장 정류장에 내려서 삼풍그린파크 1차 아파트 버스정류장으로 걸어간다.

버스정류장에서 왼쪽으로 도로를 따라 걸어가면 삼풍그린파크 2차 아파트를 지나 삼산중학교 앞으로 이어진다. 삼산중학교 오른쪽 담장 끝 삼거리에서 오른쪽 골목길로 들어간다. 매화벽화 가득한 탐매마을 벽화골목이다. 골목길 끝에서 시정홍보게시판을 끼고 오른쪽으로 꺾어서 매곡길을 걷는다. 5분도 채 되지 않아 골목길 사거리. 오른쪽 언덕 위 김관수 교수댁 홍매가 보이고 왼쪽 아래에는 '탐매희망센터'가 자리하고 있다. 바로 앞 삼거리 왼쪽 모퉁이에 멋진 작품 〈효자손〉이 보이고 대각선 방향에는 '관산김중석지려 비각'이다. 꽃 피는 동네에는 효심도 가득하다.

효자손 삼거리를 지나 계속 직진하면 막다른 골목길이다. 오른쪽으로 눈을 돌리면 왼쪽 편에 계단이 보인다. 계단 중간에 '메모리얼 파크'가 아담하게 자리 잡고 있다. 세브란스병원 외국인치료센터 인요한 소장

아버지 인휴 선교사가 타고 다니던 지프차를 전시하고 있는 계단 맨 위 길에 올라서면 맞은편 담장 안이 매산중학교 매곡관. 이 길에서 잠시 아래로 내려갔다가 다시 올라오자. 아래로 내려가면 순천병원 맞은편에 기독진료소가 있다. 진료소 2층과 3층에서는 선교사들이 생활하던 생활공간을 그대로 볼 수 있도록 전시관(한국기독교선교역사박물관)으로 꾸며서 보존하고 있다. 다시 오던 길을 되돌아서 매산길을 따라 오른쪽 위로 올라가면 매산여고. 매산등 선교사마을이다. 매산여고가 한 모퉁이를 차지하고 있는 매산길 사거리에서 직진하면 '순천시기독교역사박물관'이다. 박물관을 나와서 매산길 사거리에서 오른쪽으로 걸어간다. 벽에 꽃그림이 가득한 '공마당길'이다. 존 크레인 선교사 부인 플로렌스 여사가 1920년대에 그린 우리 들꽃이다.

공마당길을 5분가량 걸으면 오른쪽 언덕 위에 순천 박씨의 시조 박영규 장군의 후손 박난봉 장군 묘가 있다. 뒷산은 장군의 이름대로 난봉산이라 부른다. 다시 공마당길을 걸어서 끄트머리 사거리 월드제화를 끼고 직진하면 옥천이다. 순천에는 하천이 두 개 흐른다. 동천과 옥천. 그래서 삼산이수의 고장이라 부른다. 옥천 오른쪽 옥천서원이다. 무오사화로 순천에 유배와서 생을 마감한 한훤당 김굉필을 배향하고 있다. 다시 월드제화 앞 네거리에서 오른쪽 옥천길로 70미터 들어가서 왼쪽 금옥길 골목길로 접어들자마자 다시 왼쪽 좁은 골목길로 걸어가면 '순천향교' 후문이다. 순천향교 후문으로 들어가서 정문으로 나와 홍살문을 지나면 호남길. 호남길 왼쪽으로 걸어가면 순천읍성 서문터 사거리다. 사거리 오른쪽 문화의 거리에서 도로를 건너 좁은 골목길로 들어간다. 금곡길에서 행금길로 이어지는 '행동골목길'이다. 행동골목길 기억의 집 미술관에 들렀다가 한 바퀴 돌아 나오면 다시 '문화의 거리'다. 문화의 거리 왼쪽으로 걸어가면 큰 길 중앙사거리다. 중앙사거리에서 오른쪽을 보면 비각이 서 있다. '팔마비 비각'이다. 팔마비 앞에서 오른쪽 골목길로 들어가서 순광교회를 지나 계속 직진하면 다시 순천향교 앞 호남길에 이른다. 호남길에서 왼쪽으로 걸어서 도로를 건너 왼쪽 좁은 뒷골목으로 들어간다. 뒷골목 벽에 사진을 전시하고 있다. 뒷골목 끝 막다른 길에서 왼쪽 건물로 들어가면 '창작아트센터'다. 도시재생사업의 일환으로 조성한 것이다. 창작아트센터에서 들어간 반대편으로 나가면 옥천길이다. 옥천길 오른쪽으로 걸어가면 순천읍성 남문터 사거리가 나온다. 여기에서 도로를 건너면 중앙시장. 시장 왼쪽 도로가에 볼카스테라와 찹쌀떡으로 유명한 '화월당'.

화월당에서 도로를 건너서 남문교를 지나면 중앙시장 버스정류장이다.

52번 버스를 타고 순천역으로 다시 돌아간다.

📍

탐매마을 ▶ 김준선 교수댁 ▶탐매희망센터 ▶ 효자손 ▶ 메모리얼 파크 ▶ 기독진료소 ▶ 순천시기독교역사박물관 ▶ 옥천서원 ▶ 순천향교 ▶ 순천읍성 서문터사거리 ▶ 행동골목길 ▶ 팔마비비각 ▶ 창작아트센터 ▶ 화월당

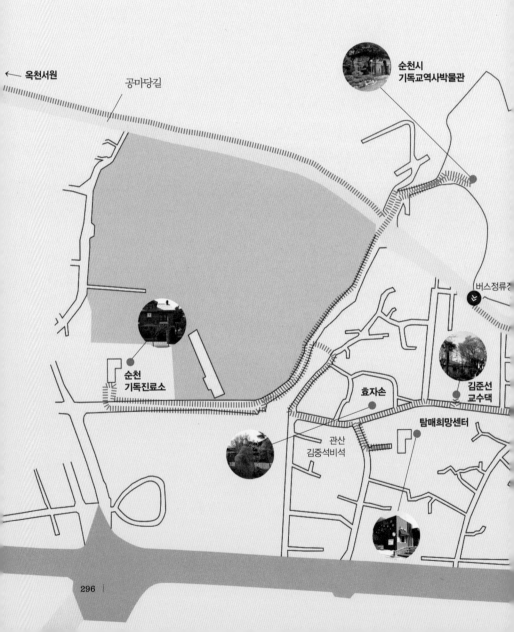

← **옥천서원**

공마당길

순천시
기독교역사박물관

버스정류장

순천
기독진료소

효자손

김준선
교수댁

탐매희망센터

관산
김중석비석

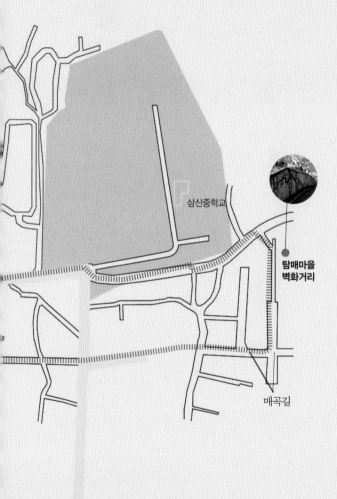

삼산중학교

탐매마을
벽화거리

매곡길

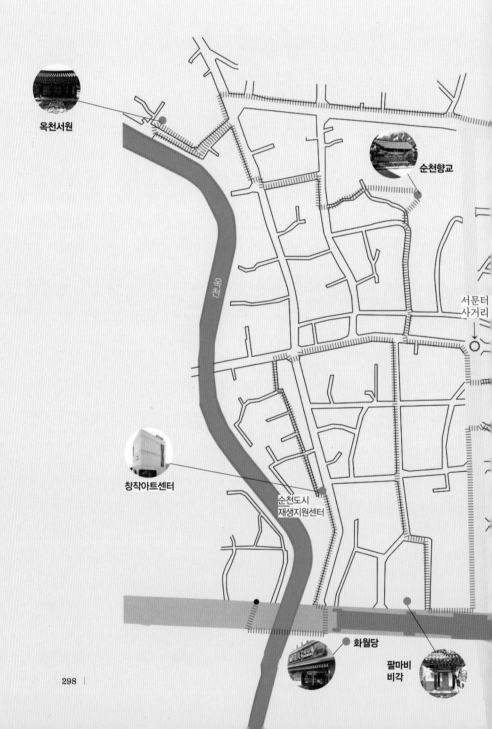

옥천서원

순천향교

옥천

서문터
사거리

창작아트센터

순천도시
재생지원센터

화월당

팔마비
비각

행동골목길

5 목포 개항장 생명길 산책

목포정명여자고등학교 / 코롬방제과 / 유달산 노적봉 / 공생원 / 조선내화 / 다순구미 / 성옥문화재단 / 이훈동가정원 / 목포근대역사관 / 목포진역사공원

우리에게 일제강점기는 뭐라 말할 수 없는 복잡다단한 감정을 일으킨다. 올림픽에서 금메달을 따고도 고개를 푹 숙인 채 슬픔에 잠긴 청년 손기정, 나라를 위하여 헌신하고자 하는 군인 본분에 충실하여 손가락을 잘라 결연한 독립 의지를 보였던 안중근 의사, 문화로 나라를 지키기 위해 전 재산을 팔아 우리 문화재를 사들이고 애지중지 닦고 또 닦는 간송 전형필, 일왕에게 나라를 팔고 받은 은사금으로 서촌에 아방궁을 짓고 호방하게 앉아 있는 매국노 윤덕영······.

식민지 조선 사람으로 태어난 것이 한스럽다. 그렇지만 조국의 독립을 위해 두 주먹을 불끈 쥔다. 우리 문화재가 너무나 아름답다. 조선 사람에 대한 분노가 치밀기도 한다. 이처럼 일제강점기를 견디어낸 우리 조상들은 우리가 누구인지에 대해서 많은 것을 말해준다.

그렇다면 일제강점기 평범한 우리 조상들의 삶을 대한다면 우리는 어떨까? 우국지사처럼 고민하면서 오늘을 싸워 내일을 도모하는 삶이었을까? 아니면 하루하루 고달픈 수탈의 일상이었을까? 일제강점기 평범한 우리 조상들의 삶을 통해서 나를 본다. 근대로 가는 생명도시가 될 것인지 아니면 식민으로 가는 수탈도시가 될 것인지 그 기로에 선 목포로 간다. 한과 흥이 교차하는 개항장 목포 골목길을 걷는다.

목포 개항장
자주적 개항장

1897년 10월 1일 고종은 목포를 개항한다. 156호 600여 명밖에 되지 않는 작은 마을 바다와 갯벌 위에 자주적 개항장 목포가 탄생한다. 그러나 1905년 을사늑약과 함께 외교권을 박탈당하면서 자주적 근대화 노력은 물거품이 된다.

일제는 1913년 부제府制를 실시하면서 12개 지역을 부로 선정한다. 개성·전주·진주 등 전통적인 조선 도시는 대부분 부에서 제외시켰다. 전통적인 조선 도시 중에서 부에 포함된 것은 서울·평양·대구 등 세 곳뿐이었다. 또한 이 세 도시만 내륙에 위치하고 있었고 나머지 도시는 모두 해안에 위치하고 있다. 부제는 식민지 조선의 수탈 창구를 지정한 것에 불과하다.

일제는 목포를 부로 선정했다. 156가구 600명밖에 살지 않는 도시가 세상에 있을까? 여하튼 목포부는 빠른 속도로 주변 인구를 빨아들인다. 1915년 목포 인구 12,782명 중에서 일

고하도에서 바라 본 목포개항장과 목포대교

본인은 5,360명으로 전체 인구 중 41.93퍼센트를 차지했다. 부산·군산에 이어서 일본인 비율이 세 번째로 높았다. 해방 직전인 1944년에는 다섯 배가 넘는 69,269명으로 늘어나면서 일본인 비율도 11.14퍼센트로 줄었다. 일본인 숫자는 줄곧 늘었지만 조선인이 급속하게 늘어나면서 일본인 비율이 줄어든 것이다. 1930년 목포부 주민 중에서 직업이 있는 사람은 40.95퍼센트, 이 중에서 제일 많은 38.01퍼센트가 상업에 종사했다.[213] 조선내화를 제외하면 목포에는 이렇다 할 산업시설이 없었다. 자주적 개항장 목포가 식민지 수탈도시 목포로 변모했다.

그런데 가장 먼저 목포에 주목한 것은 미국 남장로교회 선교사들이었다. 1894년 4월 18일 목포에 도착한 선교사 레이놀즈와 드루는 다순구미 선창가 노방전도 중 한양에서 언더우드 목사의 설교를 듣고 신앙생활을 시작했다는 사람을 만난다. 고종 황제가 목포를 곧 개항할 것이라는 정보를 입수한 선교사 레이놀즈와 유진 벨은 1896년 2월 목포를 다시 찾는다. 목포 선교의 거점이 될 양동 언덕배기 땅을 매입한다. 훗날 조선인 거주지가 되는 북촌이다.

개항은 자꾸만 연기된다. 1897년 5월 선교지를 나주로 바꾼다. 그러나 나주 유생들이 거세게 반대한다. 나주에서 실패를 겪은 선교사 유진 벨은 다시 목포로 눈을 돌린다. 1898년 목포에 들어온 유진 벨은 양동교회를, 함께 들어온 의료선교사 오웬은 프렌치병원을, 1899년 목포로 들어온 교육선교사 스트래퍼는 정명여학교와 영흥학교를 개교함으로써 목포선교부를 완성한다.[214] 한과 흥이 교차하는 개항장 도시 목포 골목길을 걷는다.

목포 개항장 사람들
깊고 큰 사람

사랑 깊은 일본인: 와카마쓰 도사부로

와카마쓰 도사부로若松兎三郎, 1869~1953는 1902년 7월부터 1907년 4월까지 목포 일본영사관(현 목포근대역사관 본관)에서 영사로 근무한다. 와카마쓰는 "내가 너희를 사랑한 것같이 너희도 서로 사랑하라"(요 13:34)는 말씀에 감동을 받아 평생 간직했다. 나를 위해서가 아니라 타인을 위해서 고난을 짊어짐으로써 의미 있는 삶을 살기로 다짐한다.[215] 순결하고 바르게 산 고마운 일본인 와카마쓰의 흔적을 볼 수 있는 곳은 목포를 에워싸고 있는 섬 고하도이다.

노적봉에서 반대쪽 유달로를 따라 내려가는 길을 걸어가면 삼거리가 나온다. 여기에서 계속 직진하면 유달로69번길 오른쪽에 둘로 나뉜 오르막길 대반동길로 들어선다. 한적한 골목길을 따라 걷다 보면 5분도 채 되지 않아 골목길 언덕 맨 위 구

1934년 출간한《신부산대관(新釜山大觀)》에 실려 있는
역대 부산부윤釜山府尹과 부산부청

부산부윤은 요즘 부산시장에 해당한다. 왼쪽 맨 아래가 1910년 10월부터
1919년 5월까지 초대 부산부윤을 지낸 와카마쓰 도사부로다.[216]

멍가게 부광상회에 닿는다. 부광상회 앞에서부터 전망이 확 터지면서 목포 앞바다에 길게 누운 고하도가 한눈에 들어온다.

목포를 포근하게 감싸고 있는 고하도에는 조선시대부터 오늘까지의 목포를 상징적으로 보여주는 유적이 있다. 먼저 충무공 이순신 장군 유적이다. 경종 임금 때 세운 이충무공유허비李忠武公遺墟碑다. 명량에서 대승을 거둔 이순신 장군은 1597년 10월 29일부터 1598년 2월 17일까지 108일 동안 이곳 고하도에 삼도수군통제영을 설치했다. 해로통행첩을 발행하여 군량미를 비축하고 전선을 만들면서 다음 해전을 준비했다. 일제강점기에는 뽑혀서 나뒹굴었다.

비석이 하나 더 있는데, 이 비석에는 '朝鮮陸地綿發祥之地(조선육지면발상지)'라고 적혀 있다. 1904년 당시 목포주재 일본영사 와카마쓰 도사부로若松兎三郎, 1869~1953가 고하도에 미국종 육지면을 시험재배해서 성공한 것을 기념하는 비석이다. 일본에서도 시험재배를 했으나 많은 비가 내려서 제대로 수확하지 못했는데, 고하도에서 시험재배에 성공을 거둔 것이다. 문익점이 들여온 재래종보다 수확량이 두 배가량 많았다고 하니 농가소득에 적잖이 기여했을 것이다. 〈목화 아가씨〉라는 대중가요는 바로 이 고하도에서 목화 따는 아가씨를 노래한 곡이다. 고하도 목화재배 30주년을 기념하면서 1936년에 세운 비석이다. 광복 이후 뽑혀서 밭두렁에서 나뒹굴었다. 지난 2008년 제자리에 다시 세웠고, 2013년에는 기념으로 목화밭을 조성했다.

고하도 충무공 비각(왼쪽) / 충무공이 축성한 흔적(오른쪽)

마지막으로 고하도에는 신요격납호가 곳곳에 남아 있다. 일본 군국주의자들이 함상전투기 제로센零戰을 미군 군함에 대한 자살폭격기로 사용했는데, 제로센이 모자라게 되자 대체용 자살병기를 만들었다. 바로 그게 인간어뢰 가이텐回天과 자살특공정 신요震洋다. 일본 군국주의자들은 모두 6,200척의 신요를 만들어서 한국, 대만, 일본 등지에 배치했다. 우리나라에는 고하도 외에도 제주도 여러 곳에 신요기지를 만들었다. 길이 5.1미터, 폭 1.7미터, 높이 0.8미터의 선체 앞쪽에 250킬로그램의 폭약을 장착하고 돌진하도록 만든 배가 신요정이다. 상륙지점 가까이에 다가온 적함을 공격하기 위한 것으로 해안가 동굴에 숨겨놓았다가 적함이 가까이 오면 튀어나가서 적함을 들이박

조선육지면발상지 비석(위 왼쪽) / 와카마쓰 도사부로 목포주재 일본영사(위 오른쪽)
고하도 용머리(아래 왼쪽) / 일본 자살특공대 신요격납호震洋格納壕(아래 오른쪽)

고 자폭하는 자살공격정이다.

이처럼 고하도는 목포 역사를 고스란히 간직하고 있다. 왜
군이 얼씬도 못하게 했던 충무공의 얼이 서려 있는 곳이다. 다
른 한편으로 씻을 수 없는 일제강점기 민족의 상처가 깊이 패
여 있는 곳도 고하도이다. 마냥 미운 사람이면 관계를 끊고 애
써 잊으면 그나마 위로가 되지만, 고마운 일본인에 대한 기억도
품고 있어서 심경이 복잡해진다.

와카마쓰 도사부로는 목포 사람들에게 또 한 가지 고마운
선물을 준다. 천일염이다. 와카마쓰는 천일염 제조법을 보급하
여 전통 자염을 대체한다. 30퍼센트 적은 비용으로 더 많은 양
의 소금을 생산한다. 가격경쟁력을 회복하면서 중국산 천일염
을 대체한다. 우리 어민의 삶을 풍요롭게 한다.

와카마쓰 도사부로는 1927년 고향 교토로 돌아간다. 교토
에서도 조선 그리스도인 편에 서기를 주저하지 않았다. 1923년
교토에 살고 있던 조선인 가정주부 최점숙과 김수련 성도가 집
에서 예배를 드린다. 교토교회京都教會를 시작한 것이다. 1925
년 교토대학 의학부 연구생 최명학이 예배를 인도하면서 교토
교회를 정식으로 창립한다. 고베중앙신학교神戶中央神學校를 졸
업한 최경학 목사가 1930년 초대 담임목사로 취임하면서 제직
회를 조직한다. 교토 조선인의 구심점이 되겠다고 다짐하면서
교토중앙교회로 새롭게 출발한다. 1935년 드디어 번듯한 조선
인 교회당 교토교회를 완공한다.

교토교회 전영복 담임목사 취임예배(1948년 10월 14일)(ⓒ 京都教會)
이 교토교회는 1935년에 완공되었다.

그러나 일본 경찰은 교토교회당을 폐쇄하고 조선인 신자들을 특별 감시한다. 일본 경찰은 일본에 있는 조선교회를 일본 땅 한복판에 있는 또 하나의 민족세력으로 간주한다. 일본 수도는 도쿄지만 일본의 전통과 역사를 보전하고 있는 곳은 교토다. 그런 교토에 조선인교회가 존재한다는 사실 자체를 일본 경찰은 자존심 상하는 일로 여겼다.

물론 진짜 이유는 따로 있다. 최경학 목사와 박상동 성도는 1919년 3월 8일 대구 서문시장 3.8독립만세운동에 참가한다. 112명이나 되는 조선인들이 목숨을 잃고 87명이나 부상을 당한 만세운동이다. 최경학 목사는 주동자로 옥에 갇힌다. 박상동 성도는 6년이나 옥고를 치른다. 일본 경찰이 자존심 상한다면서 교토교회당을 봉쇄한 너무나 명백한 이유다.

도시사대학同志社大學 교무부장 겸 상무 와카마쓰는 교토 지사와 경찰서장을 설득한다. 교토경찰서 특고과 이이다飯田 경부는 "이 문제로 너무 두드러진 활동을 보이면 사찰 당국의 주목을 받게 되고 선생님 신상에도 좋지 않다"고 경고한다. 와카마쓰는 아랑곳하지 않고 집요하게 설득한다. 5년 뒤 와카마쓰 도사부로의 노력은 결실을 맺는다.[217] 1940년 4월 14일 교토교회 입당예배를 드린다. 10월 20일 드디어 봉헌한다.

넓고 큰 정치인: 후광 김대중

김대중 대통령은 1924년 1월 6일 남도 신안군 하의도 후광리에서 아버지 김운식과 어머니 장수금 사이에 장남으로 태어난다. 장남이었지만 서자였기에 아버지에게는 차남이다. 후광리後廣里는 글자 그대로 하의도 뒤편 넓은 땅을 일컫는 간척지다. 바다였으나 메워서 땅이 된 곳, 넓은 간척지 후광은 대통령의 고향이면서 아호다. 바다에서 땅으로 변했던 고향 마을처럼 대통령은 끊임없이 변했고, 넓은 고향 마을처럼 대통령은 넓었다.

김대중이 서당에서 한학을 배우던 중 하의도에 4년제 보통학교가 생기자 2학년으로 편입한다. 아들을 공부시키려고 그랬을까 아니면 더 넓은 세상으로 가고자 했던 아들의 소망 때문이었을까? 1936년 어머니는 후광을 데리고 목포로 나간다. 목포에서 어머니는 후광을 6년제 목포제일보통학교 4학년에 편입시키고, 영신여관을 운영한다. 보통학교를 졸업한 후광은 목포공립상업학교를 수석으로 입학한다. 1943년 목포공립상업학교를 졸업한 김대중은 해운회사에 취업한다. 6.25전쟁이 한창이던 1951년 김대중은 해운회사를 창업한다. 전쟁으로 육로가 막히면서 사업은 날로 번창했다.

정치에 입문한 것은 1954년 제3대 민의원 선거다. 목포에서 무소속으로 입후보했지만 낙선한다. 1958년 인제에서 다시 국회의원 선거에 나섰지만 자유당 후보가 후보등록을 방해하는 바람에 선거도 치르지 못했다. 김대중은 자유당 당선자를 고소하여 재판에서 승소한다. 1959년 보궐선거에 다시 나섰으나 낙선한다. 내각책임제를 골자로 한 헌법개정안이 국회를 통과하면서 새 헌법에 따라 1960년 제5대 민의원 선거와 제1대 참의원 선거를 치른다. 또 다시 출마하지만 또 다시 낙선한다. 1954년 처음 정치에 입문하여 네 번의 선거를 치르는 동안 김대중은 아내와 딸 그리고 여동생을 떠나보낸다.

처음 당선된 것은 정치에 입문한 지 8년차에 접어든 1961년이다. 인제 민의원 당선자가 3.15부정선거에 연루되어 의원 자격을 박탈당하면서 다시 치른 1961년 인제군 보궐선거에서 마침내 당선된다. 그러나 기쁨도 잠시. 박정희 장군의 군사쿠데

김대중 대통령 초상화(© 김대중도서관)

타로 물거품이 된다. 1964년 제6대 국회의원 선거에 목포에서 민주당 후보로 출마하여 당선된다. 두 번째 당선되었을 때에야 비로소 국회에 들어간다.

정치인으로서 전환점을 맞은 것은 1967년 제7대 국회의원 선거다. 목포에서 출마한 공화당 후보는 육군 소장 출신으로 체신부장관을 지낸 김병삼이다. 박정희 대통령은 목포에 내려와 이훈동 가옥에 머물면서 김병삼 후보 지원 연설을 하고, 아예 목포에서 국무회의를 개최하고, 개발공약을 내놓는다. 그때나 지금이나 현직 대통령의 선거개입은 선거법 위반이다.

김대중과 김병삼의 대결이라기보다는 사실상 김대중과 박정희가 맞붙은 선거였다. 늦은 밤 유달국민학교에서 개표를 시작했다. 1만 5,000명의 목포 시민들은 개표부정을 막기 위해서 유달국민학교를 에워싼다. 그날 밤 빗속에서 진행된 개표는 세 차례 정전사태와 목포 시민들의 함성이 교차하면서 김대중 29,379표, 김병삼 22,738표로 마감한다.[218] 목포 사람들은 이 선거를 '목포의 전쟁'이라 부른다.

김대중과 박정희가 실제로 맞붙은 선거는 1971년 4월 27일 제7대 대통령선거다. 1969년 박정희 대통령은 집권연장을 위해 대통령직을 세 번 연임할 수 있도록 개헌을 단행한다. 3선 개헌이다. 공화당 대통령 후보 박정희는 조용한 선거, 차분한 선거를 강조하며 사랑방 좌담회를 통해 유권자를 일대일로 접촉하면서 표를 다진다. 국가정책보다는 마을문고 만들기 운동,

아시아 최초의 대통령 도서관 김대중도서관(ⓒ 안은정)

장학회 설치 운동, 문패 달기 운동 등 지역현안과 일상생활개선을 주로 거론한다. 신민당 대통령 후보 김대중은 대중경제론을 주장하면서 부유세 신설, 향토예비군 폐지, 남북교류, 4대국 안전보장론 등 정책선거에 나선다. 조직력과 자금의 열세를 만회하기 위해 바람몰이 선거로 기선을 제압한다.[219] 이번에는 박정희 634만 2,828표, 김대중 539만 5,900표로 마감한다.

대통령 선거를 치르고 한 달도 안 된 5월 25일 국회의원 선거를 치른다. 선거 하루 전날 목포에는 아침부터 비가 내렸다. 서울에서 마지막 지원유세를 위해 신안·목포 지역유세를 마치고 목포에서 서울로 가는 비행기를 타려고 했는데 결항되어서 광주 비행장으로 향했다. 광주 비행장으로 가는 국도에서 트럭이 돌진해왔다. 두 명이 그 자리에서 숨지고 세 명이 크게

다친다. 트럭 소유주는 공화당 비례대표 8번을 부여받은 변호사였다.

1971년 10월 15일 박정희 대통령은 위수령을 발동하고, 이어서 12월 6일 비상사태를 선포한 데 이어서, 국회를 해산하고 비상계엄령을 선포한다. 대통령을 통일주체국민회의에서 간접선거로 선출하고, 국회의원 3분의 1을 대통령이 추천토록 한다. 6년 임기에 연임 제한도 철폐함으로써 사실상 종신 집권할 수 있도록 한 것이다.

일본에 있던 김대중은 망명을 선택한다. 1973년 8월 8일 무더웠던 여름날 도쿄에서 김대중은 납치를 당한다. 1998년 미국 정부가 공개한 비밀문서에 따르면, 박정희 대통령이 명시적 또는 묵시적으로 승인했을 가능성이 큰 중앙정보부의 소행이다. 중앙정보부장 이후락이 지휘하고 총 46명을 9개조로 나누어 치밀하게 계획한 공작이다. 엿새째 된 8월 13일 집 근처 주유소에 김대중을 풀어놓고 달아난다. 군부 독재정권은 김대중의 집을 세상에서 가장 안전한 집으로 만들고, 김대중이라는 이름 대신 새 이름을 준다. 집 주위에 경찰 초소 일곱 군데를 설치하고, 평소에는 200~300명, 비상시에는 3,000명이 에워싼다. 가택연금이다. 이때부터 김대중이라는 이름을 쓰지 못하도록 보도통제를 한다. 이때부터 언론은 김대중을 '형집행 정지 정치인'이라 부른다.

1975년 긴급조치 9호를 선포한 박정희 대통령은 자신의

김대중 노벨평화상 기념관 내부

신임과 연계하여 유신헌법에 대한 찬반투표를 실시한다. 73.1 퍼센트의 지지를 획득한 박정희 대통령은 긴급조치로 구속된 재야인사와 학생들을 석방하고 김대중의 가택연금을 해제한다.

1976년 3월 1일 김대중과 문익환 목사는 명동성당에서 신·구교 합동 기도회를 마치고 민주구국선언을 발표한다. 김대중은 5년형을 선고받고 구속된다. 1979년 부산에서 시위가 일어난다. 10월 17일에는 시민들이 학생시위대에 대거 합세한다. 박정희 대통령은 10월 18일 비상계엄령을 선포하고 공수부대를 투입한다. 마산과 창원에서는 노동자와 학생이 거리로 쏟아져 나온다. 박정희 대통령은 마산과 창원에 위수령을 선포한다. 부마항쟁이다. 10월 26일 박정희 대통령은 정보부장 김재규가 쏜 총에 맞아 유명을 달리한다.

서울에 봄이 찾아왔다. 그러나 김대중은 오히려 위기라고 생각했다. 민주주의는 쿠데타나 암살로 되는 것이 아니라 국민의 힘으로 이루어져야 하는 것이기 때문이다.[220] 1980년 5월 17일 전두환 장군을 중심으로 한 군부가 또 다시 쿠데타를 일으킨다. 계엄령을 전국으로 확대하고 김대중 내란 음모 사건을 조작한다. 가혹한 고문을 이기지 못하고 자살을 기도한 아들 김홍일은 파킨슨 병에 걸린다. 9월 13일 계엄보통군법회의 재판관 문응식은 김대중에게 '내란 음모, 내란 선동, 계엄법 위반, 국가보안법 위반, 반공법 위반, 외국환관리법 위반' 등을 적용하여 사형을 선고한다.

미국 국무장관 에드먼드 머스키Edmund Sixtus Muskies는 우려 성명을 발표한다. 오스트리아에서는 옥중에서 죽음을 기다리는 김대중에게 '브루노 크라이스키 인권상'을 수여한다. 일본 정부는 차관 제공을 보류한다. 교황 요한 바오로 2세는 교황청 대사를 청와대로 보내 사형집행 보류를 세 차례나 요청한다.

책을 읽기 시작했다. 이희호 여사는 600여 권에 달하는 책을 차입했다. 훗날 김대중은 "감옥이야말로 나의 대학이었다"고 술회한다. 김대중이 읽은 책은 《옥중서신》을 통해 국민들에게 알려졌다. 젊은이들 사이에 '김대중 따라 책읽기'가 유행처럼 번졌고, 글을 모르는 한 할머니는 《옥중서신》을 읽기 위해 한글을 깨친다.[221]

1982년 12월 23일 밤 김대중은 이희호 여사 그리고 홍업,

홍걸 두 아들과 함께 극비리에 김포공항에서 미국행 비행기에 오른다. 또 다시 망명이다. 김대중이 미국으로 망명했을 때 미국에 망명했던 필리핀 야당 지도자 베니그노 아키노Benigno Aquino가 귀국길에 마닐라공항에서 암살된다. 그럼에도 불구하고 국회의원 선거를 4일 앞둔 1985년 2월 8일 김대중은 귀국을 강행한다. 김대중은 또 다시 가택연금된다. 선거에서 야당은 압승을 거둔다.

1987년 1월 14일 박종철 씨가 치안본부 남영동 대공분실에서 조한경, 강진규 등 다섯 명의 경관에게 물고문과 전기고문을 당하던 중 사망한다. 5월 18일 광주항쟁 추모미사에서 김수환 추기경께서 광주에서 살인을 자행한 사람들에게 죄책고백과 속죄를 촉구한다. 미사가 끝난 후 김승훈 신부께서는 박종철 고문치사 사건의 진상이 조작되었다는 성명서를 발표한다. 6월 9일 이한열 씨는 경찰이 쏜 최루탄에 맞아 사망한다.

6월 10일 잠실실내체육관에서 민정당은 노태우 대표를 대통령 후보로 선출한다. 덕수궁 옆 성공회 서울대성당에서는 호헌철폐 범국민대회를 열고 옥외방송을 통해 민정당 대통령 후보 지명을 무효라고 선언한다. 6.10항쟁이다. 오후 6시가 되자 차량이 일제히 경적을 울렸다. 사무직 종사자들이 거리로 쏟아져 나왔다. 언론은 이들을 '넥타이 부대'라고 불렀다.

6월 29일 노태우 민정당 대표는 결국 국민 앞에 무릎을 꿇고 대통령 직선, 국민기본권 신장, 시국사범 석방, 언론자유 창달, 지방자치제 실시 등 8개항을 제시한다. 12월 16일로 다가온 대통령 선거를 앞두고 김영삼과 후보 단일화를 시도한다. 실패한다. 11월 12일 김대중은 평민당 대통령 후보가 된다. 1노(노태우) 3김(김대중, 김영삼, 김종필)의 각축전이 벌어진다. 노태우 36.6퍼센트, 김영삼 28.0퍼센트, 김대중 27.0퍼센트, 김종필 8.1퍼센트. 김대중은 3등이었다. 열광하는 지지자보다 관망하는 사람들이 더 많다는 것을 몰랐다.

1990년 1월 22일 노태우 대통령은 김영삼, 김종필 두 야당 총재를 양 옆에 세우고 3당 합당을 선언한다. 제14대 대통령 선거를 일주일 앞둔 1992년 12월 11일 초원복집에 모인 법무부 장관 김기춘을 비롯한 기관장들이 지역감정을 조장하여 김영삼 후보를 당선시키자고 모의한다. 초원복집 사건은 언론에 대대적으로 보도된다. 김대중은 합당을 거부한 노무현, 김정길, 김광일, 이기택 등과 함께 통합한다. 12월 18일 드디어 개표. 김영삼 42.0퍼센트, 김대중 33.8퍼센트, 정주영 16.0퍼센트, 박찬종 6.0퍼센트. 김대중은 정계은퇴를 선언하고 김영삼 정부가 출범하기 직전 1993년 1월 26일 영국 케임브리지대학으로 떠난다.

은퇴를 선언한 지 2년 7개월이 지난 1995년 7월 18일 김대중은 정계복귀를 천명한다. 9월 5일 새정치국민회의를 창당하고 총재가 된다. 자민련 김종필 총재와 연합한다. 신한국당 이회창 총재는 민주당 조순과 합당하고 한나라당을 창당한다. 김영삼 대통령은 김대중 정치비자금 수사를 대선 이후로 유보하

김대중 도서관에 있는 노벨평화상 상장 원본

최고의 권위를 가진 상이라는 점은 말할 것도 없거니와 선정 이유를 수채화로
밝히는 것으로도 유명하다. 상장의 수채화는 햇볕정책을 형상화하고 있다.

도록 지시하고, 이회창 총재가 요청한 이인제 탈당 저지 요구를
거부한 채, 대선 후보와의 회동에서 제일 먼저 김대중 후보를
만난다. 선거 중립을 지킨다.[222] 대통령 후보 경선에서 패배한
이인제는 신한국당을 탈당하고 국민신당을 창당한다. 합종연횡
을 거듭한 끝에 제15대 대통령 선거는 한나라당 이회창, 새정
치국민회의 김대중, 국민신당 이인제 등 3자 대결로 치른다.

　1997년 12월 18일 오후 6시 투표를 끝내고 개표를 시작
한다. 김대중 1,032만 6,275표, 이회창 993만 5,718표, 이인제
492만 5,591표. 전라도 조그만 섬에서 서자로 태어나 고등학교

밖에 졸업하지 못한 70대 야당후보가 대통령이 되었다. 1998년 2월 25일 오전 9시 공무원 출근시간에 맞춰 청와대로 출근하여 총리와 감사원장에 대한 임명동의안을 재가한 후 오전 10시 제15대 대통령에 취임한다.

2000년 10월 13일 스웨덴에서 기쁜 소식이 날아든다. 김대중 대통령 노벨평화상 수상. 2000년은 노벨평화상을 제정한 지 100년 되는 해였기에 어느 해보다 경합이 치열했다. 35개 단체와 115명의 후보 중에는 빌 클린턴 대통령도 후보였다. 노벨평화상 후보 선정에는 자격시비가 많이 일었으나 김대중 대통령에 대해서는 단 한 건의 반대 의견도 없었다. 12월 10일 온통 노란 꽃으로 장식한 오슬로 시청 노벨평화상 시상식장은 금방이라도 북한에 햇볕을 비출 것만 같다. 노벨평화상 수상을 기념하는 마지막 행사로 열린 그날 밤 축하음악회에서 성악가 조수미 씨는 〈그리운 금강산〉을 부른다. 김대중 대통령은 한없이 울었다.[223]

2009년 8월 18일 대통령은 우리 곁을 떠났다. 떠나기 바로 전 대통령은 평생토록 민주화운동을 함께 했던 동지들에게 민주당 분열을 경계하고 민주정신 수호를 당부한다. 대통령은 민주화와 IMF 경제위기를 극복한 공이 있다. 반면에, 경제위기 상황에서 조성된 대기업 재구조화와 기업지배구조 개혁의 호기를 놓친 과도 있다.[224] 그러나 김대중은 온 겨레의 자랑스러운 대통령이다.

목포 개항장 산책
생명길

서울에서 출발하여 불과 두 시간 30분 만에 목포역에 도착했다.
목포역을 빠져나와 정명 건널목을 지나 계속 직진하면 목원동
행복복지센터 네거리다. 오른쪽 골목으로 접어들어서 300미터
가량 들어가면 목포정명여자고등학교다.

무덤자리를 생명자리로: 정명여학교 100주년 기념관

고종 황제가 칙령을 내려 목포를 개항하기 7개월 전인 1897년
3월 변창연邊昌淵은 만복동(현재 양동) 언덕에 자리를 잡고 전도
를 시작한다. 이렇게 탄생한 양동교회는 금세 50명으로 불어났
다. 새문안교회를 개척하고 연세대학교를 설립한 언더우드 선
교사에게 한국어를 가르쳤던 변창연은 유진 벨Eugene Bell의 조
사로 선교를 도왔다. 1897년 11월 유진 벨과 의료선교사 오웬C·

G. Owen이 목포로 간다. 아홉 칸 한옥예배당을 짓는다. 1900년 2월 교육선교사 스트래퍼F. E. Straeffer도 합류한다. 벨은 양동교회를 이어갔다. 오웬은 프렌치병원을 열고 진료를 시작했다. 스트래퍼는 길거리에 있는 아이들을 데려다 집에서 가르쳤다. 영흥학교와 정명여학교는 이렇게 시작했다.

양동은 유달산 북쪽 기슭 목포 원도심이다. 북촌이라 불렀다. 반대편 남촌은 개항장이다. 신작로, 영사관, 동양척식주식회사, 조선내화 등이 밀집한 일본인 거주지역이다. 서울 북촌에 한인이 살고 남촌에 일인이 살았던 것처럼 목포 유달산 기슭 북촌에 한인이 살고 개항장 남촌에 일인이 살았다. 행정명 역시 북촌은 동洞이라 하고 남촌은 마찌町라 했다.

洞은 원래 무덤자리였다. 일인들에게 떠밀려 갈 곳이 없었던 목포사람들이 터 잡은 곳이다. 1897년 11월 27일 유진 벨 선교사는 변창연이 먼저 자리를 잡은 목포로 내려왔다.[225] 목포 선교부는 바로 이 洞에 자리를 잡는다. 양동 오른쪽에 정명여학교와 영흥학교, 양동 언덕 선교사 사택 양관, 서쪽 호남동 언덕에 프렌치병원과 고등성경학교가 있다. 무덤자리가 생명자리로 다시 태어난다.

1897년 12월 초가집 부지를 매입한 유진 벨은 1898년 3월에 예배실을 만든다. 양동교회가 바로 여기에서 시작한다. 1903년 양동교회 예배당을 18칸으로 늘린다. 그래도 몰려드는 교인들을 감당할 수 없게 되자 1910년 유달산 돌로 예배당을 다시

정명여학교 100주년 기념관

짓는다. 동쪽과 서쪽에 각각 한 개씩 문을 내고 남쪽 출입문은 두 개를 낸다. 정동제일교회와 비슷한 모양새다. 남녀 출입문을 달리한 것이다. 유진 벨이 초가집을 구입해서 예배실을 꾸밀 때부터 이런 모양새였다. 예배실 한쪽은 길가에 접하고 다른 한쪽은 마당과 이어졌는데, 길가 쪽이나 마당 쪽 모두 문을 두 개 씩 냈다. 남녀를 구분해서 자유롭게 출입할 수 있도록 한 것이다. 요즘은 남녀가 한 문으로 출입하는 것이 별달리 문제될 것이 없지만 당시로서는 상당한 배려다. 여자들이 불편할 수 있으니 말이다. 또한 예배실에서 복음에 관한 이야기를 들은 사람은 누구나 자유롭게 구경할 수 있도록 했다. 매월 15일에는 아예 완전히 개방했다. 예배실을 사랑방으로 꾸민 셈이다.[226] 1910년 다시 지은 양동교회 남자출입문 아치 위에는 '大韓隆熙4年(대한융희4년)'이라 새기고, 여자출입문에는 '주강생일천구백십년'이라 새겼다.

1919년 4월 8일 조용했던 목포 거리가 만세 소리로 가득 찬다. 양동교회 교인과 정명여학교 학생들 그리고 영흥학교 학생들이 주축을 이룬 4.8독립만세운동이다. 교회 지하실과 학교 기숙사에서 태극기를 그렸다. 정명여학교 학생들은 학교 구내 선교사 사택에서 독립선언서를 준비했다. 1983년 보수공사를 하던 중 천장에서 깡통을 발견한다. 열어보니 〈독립가〉, 〈3.1독립선언문〉, 〈2.8독립선언문〉, 〈조선독립 광주신문〉, 격문 〈警告我二千萬同胞(경고아이천만동포)〉 등 다섯 종류 독립선언 관

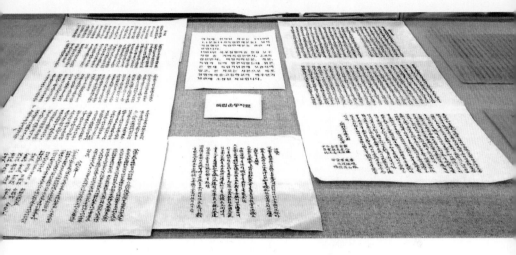

정명여학교 100주년 기념관에서 전시하고 있는 독립운동자료

련 문서[227]가 들어 있다. 1990년 정명여학교에서는 선교사 사택을 100주년 기념관으로 가꿔서 독립운동자료를 전시하고 있다. 목포만세운동 때 양동교회 교인과 정명여학교 그리고 영흥학교 학생들이 불렀던 독립가다.

터졌구나 터졌구나 조선독립성
십 년을 참고 참아 이제 터졌네
삼천리 금수강산 이천만 민족
살았구나 살았구나 이 한소리에
만세 만세 독립 만만세

만세 만세 조선 만만세

피도 조선 뼈도 조선 이 피 이 뼈는

살아 조선 죽어 조선 조선 것이라

한 사람이 불러도 조선 노래

한 곳에서 나와도 조선 노래

만세 만세 독립 만만세

만세 만세 조선 만만세

4.8만세운동을 주도한 이경필 목사와 곽우영 장로를 비롯한 성도들이 옥고를 치렀다. 서상봉 성도는 일본도에 찔려 이듬해 5월 결국 운명한다. 부인과 며느리 그리고 아들까지 구속 또는 수배 상태에서 사망한 것이다. 목포 시민들은 사회장을 치러 하늘나라로 떠나보낸다.

더욱 악랄해진 일제에 맞섰던 양동교회 박연세朴淵世 담임 목사는 불경죄와 보안법위반 혐의로 구속된다. 만세운동을 주도한 그는 신사참배도 거부한다. 해방을 1년 남짓 남겨둔 1944년 2월 15일에 일제는 박연세 목사를 구속시킨 독방 마루 아래로 물을 흘려보낸다. 얼려 죽인 것이다. 영흥학교 출신으로 박연세 목사에게 신앙지도를 받았던 서남동徐南同 전도사는 박연세 목사 시신을 수습하고 형무소 공동묘지에 가매장한다.[228] 서남동은 훗날 연세대학교 신학과 교수가 된다. 민중신학을 부르짖으면서 군부독재정권에 맞선다.

정명여학교 100주년 기념관 전시실

    2012년 8월 13일 국가보훈처에서는 67주년 광복절을 맞
아 애국지사 198명을 포상했다. 이 가운데 여성은 김나열·
곽희주·김옥실·박복술·박음전·이남순·주유금 모두 일곱 명
으로 정명여학교 학생이다. 모두 목포 4.8독립만세운동 주동
자이다. 1921년 11월 14일 오포 소리를 신호로 또 다시 거리
에 나섰다. 워싱턴국제회의에 조선독립 문제를 의제로 상정
하기 위한 것이다. 곽희주·박복술은 징역 10개월, 김나열·김
옥실·박음전·이남순·주유금은 징역 8개월. 당사자들이 유공자
신청을 한 것이 아니다. 일곱 명 애국지사는 "조선 사람이면 마
땅히 해야 할 일"을 한 것뿐인데 무슨 애국지사냐며 애국지사

신청을 한사코 말렸다. 국가보훈처가 일곱 명을 발굴했을 때는 이미 돌아가신 다음이었다.[229]

님 그려 우는 마음: 유달산

정명여학교 정문으로 나와서 다시 목원동행복복지센터 사거리로 나간다. 사거리 왼쪽 9시 방향 영산로 59번길 300미터 지점 사거리에서 왼쪽으로 눈을 돌리면 오른쪽 도로변에 코롬방제과가 있다. 군산 이성당, 순천 화월당과 함께 호남 3대 빵집으로 이름난 곳이다. 서울 나폴레옹제과와 대전 성심당을 합쳐서 전국 5대 빵집이라 부르기도 한다. 각각 대표상품이 있다. 이성당은 야채빵, 화월당은 볼카스테라, 코롬방제과는 크림치즈바게트이다. 코롬방제과를 나와서 왼쪽으로 들어왔던 사거리로 다시 나가서 계속 직진하면 금세 유달산 노적봉과 마주한다.

임진왜란 당시 명량해전에서 대승을 거둔 충무공 이순신 장군은 유달산 맞은편 고하도에 통제영을 설치하고 108일 동안 머물면서 마지막 해전을 준비한다. 왜군들은 고하도 주변에 밀정을 보내서 고하도 통제영을 염탐하곤 했다.

그러던 어느 날 고하도 앞바다에서 우리 수군과 왜 수군이 서로 대치했다. 명량해전을 치른 지 얼마 되지 않은 터라 조선과 왜 두 수군 모두 군량미가 얼마 남지 않았다. 이순신 장군이 지시했다. "유달산에 노적을 쌓고 영산강 상류에 횟가루를 풀어

유달산 노적봉

라!" 유달산 한 봉우리 중에서 곡식 낟가리 모양과 닮은 봉우리를 낟가리로 쌓아올린 것처럼 위장하고, 영산강에 횟가루를 풀어 목포 앞바다에 흘러가도록 했다. 목포 앞바다에서 대치하고 있던 왜 수군들은 유달산 위에 높이 솟은 군량미 더미를 보고 놀라고, 초저녁 무렵 목포 앞바다를 물들인 쌀뜨물을 보고 기겁한다. 왜군은 전의를 상실하고 허겁지겁 도망치고, 이순신 장군은 싸우지도 않고 왜군을 물리친다. 이때부터 노적봉露積峯이라 부르기 시작한다. 영락없이 낟가리를 쌓아올린 모양이다.

노적봉에서 반대쪽 유달로를 따라 내려가는 길을 걸어가면 삼거리가 나온다. 여기에서 계속 직진하면 유달로69번길 오른쪽에 둘로 나뉜 오르막길 대반동길로 들어선다. 한적한 골목길을 따라 걷다 보면 5분도 채 되지 않아 골목길 언덕 맨 위 구멍가게 부광상회에 닿는다. 부광상회 앞에서부터 전망이 확 터지면서 목포 앞바다에 길게 누운 고하도가 한눈에 들어온다.

김치와 우메보시: 공생원

대반동 부광상회 아래로 골목길을 계속 걸어가면 신안비치호텔이 눈앞에 보이는 해안도로 해양대학로에 나선다. 여기에서 오른쪽으로 눈을 돌리면 도로 가에 공생원이 있다.

1928년 어느 날 19세 소년 윤치호1909~?는 다리 밑에서 추위에 떨고 있는 일곱 명의 고아를 발견한다. 아이들과 함께 생활하면서 공생원을 시작한다. 윤치호는 1909년 함평 상옥리 옥동부락 가난한 소작농 집안에서 태어났다. 1924년 미국 남장로교회 선교사 줄리아 마틴을 만나면서 기독교인이 된다. 1933년 피어선신학교를 졸업한다.

윤치호는 거지대장이라는 별명을 얻는다. 이웃 주민들의 시선이 곱지 않았다. 고아가 아니라 거지가 모여 사는 것으로 생각한 것이다. 주민들이 항의하면 떠났다. 이사에 이사를 거듭하다가 지금 공생원 자리에 정착한 것은 지난 1937년 4월이다.[230]

고아들이 기하급수적으로 늘어나면서 정명여학교 음악교사 다우치 치즈꼬田內千鶴子도 손을 보탠다. 다우치 치즈꼬는 1912년 일본 고치高知에서 태어났다. 목포시청에서 근무하고 있는 아버지 다우치 도쿠치田內德治를 따라 1918년 우리나라로 들어온다. 야마테소학교(현 유달초등학교)를 졸업하고 목포공립고등여학교에 진학한 치즈꼬는 1929년 졸업한다. 치즈꼬는 영어교사 다카오 마쓰다로高尾益太郞의 영향을 많이 받는다. 영국 에딘버러대학교에서 공부하고 일본으로 돌아와 목사 안수를 받은 분이다. 일제가 저지른 만행을 부끄럽게 생각한 다카오 마쓰다로 목사는 조선에 들어와 교육자로 헌신한다.

다카오 마쓰다로 선생은 제자 다우치 치즈꼬를 미션스쿨 정명여학교에 소개한다. 치즈꼬는 정명여학교 음악교사로 일한다. 다카오 선생은 윤치호 전도사가 꾸려가고 있던 공생원도 소개한다. 윤치호는 다우치 치즈꼬에게 청혼한다. 1938년 윤치호 전도사와 결혼한 다우치 치즈꼬는 윤학자라는 새로운 이름을 얻는다.[231]

목포 양동교회 전도사로서 공생원을 꾸려가던 윤치호에게 일제가 신사참배를 강요하면서 시련이 닥친다. 연행과 구금을 반복하면서도 신사참배에 응하지 않았다. 해방을 맞은 지 얼마 되지 않아 한국전쟁이 일어난다. 목포에 들어온 인민군은 아내가 일본인인 데다가 이승만 정권 하에서 구장區長을 했다는 이유로 인민재판을 열었다. 이웃들이 적극적으로 변론해주었기에 별달리 화를 당하지 않았다. 그러나 공생원을 인민군 사무실로 내주고 동네 인민위원장을 맡아야만 했다. 인민군이 후퇴하고 국군이 들어왔다. 인민군을 도운 죄로 구속된다. 이번에도 이웃들이 적극적으로 구명운동을 펼쳐서 석방될 수 있었다.

1951년 1월 21일 석방되자마자 전남도청을 방문하러 광주에 간다. 아이들을 먹일 식량이 없었다. 광주중앙교회에서 수요예배를 드리고 늘 가던 한양여관에 투숙한다. 한밤에 청년 세 사람이 윤치호를 데려갔다. 한양여관 주인의 증언이다. 이후로 윤치호를 본 사람은 없다. 그러나 윤학자는 계속 남아서 모두 3,000명에 달하는 고아를 길러낸다.

한국 정부는 1963년 문화훈장으로 그간의 노고를 위로한다. 1968년 10월 31일 윤학자는 "우메보시가 먹고 싶다"는 말을 남기고 운명한다. 11월 2일 공생원 원생들이 〈봉선화〉를 합

윤치호 전도사와 다우치 치즈꼬의 동상(왼쪽) / 윤치호와 다우치 치즈꼬의 사진(오른쪽)(ⓒ 공생원)

창하는 가운데 영구차는 공생원을 떠나 목포역으로 향했다. 목
포 시민 3만 명이 목포역 광장을 가득 메웠다. 목포 최초의 시
민장이다. "윤 여사가 남긴 사랑은 목포 시민은 물론 우리 민족
의 가슴 속에 잊혀 지지 않고 영원히 남아 있을 것입니다. 유달
산 산록에는 윤 여사의 따스한 손길이 지금도 그대로 남아 있
습니다. 18만 목포 시민들은 당신이 남긴 유업을 훌륭하게 지
킬 각오가 되어 있습니다. 여기 감사의 마음을 목포 시민장으로
하여 마음으로부터 명복을 빕니다." 강수성 목포시장의 고별사
와 함께 목포 시민들은 윤학자를 하늘나라로 떠나보낸다. 1969
년 일본 국왕도 보관장勳5等 寶冠章으로 공적을 기린다.[232] 1995

년 한·일 양국은 공생원 이야기를 담은 영화 〈사랑의 묵시록〉을 공동으로 제작한다.

윤치호의 맏아들 윤기는 일본 교토·오사카·고베·사카이 등지에 '고향의 집'을 지었다. 우리 교포 노인들이 우리 음식을 먹고 우리 문화를 즐기면서 여생을 보내는 곳이다. 윤치호의 맏딸 윤청미가 낳은 맏딸 정애라가 공생원을 꾸려가고 있다.

목포를 지킨 산업유산: 조선내화

공생원을 나와 다시 해양대학로에서 신인비치호텔을 지나 15분 정도 걸으면 도로 왼쪽에 맛집 '선경준치전문점'이 나온다. 이 식당을 끼고 좁은 골목길 해안로57길을 따라 걸어 들어간다. 골목길 오른쪽은 담장이 높다. 조선내화 공장 터다.

일제는 전쟁을 수행하기 위한 경제수탈의 일환으로 조선내화를 설립한다. 1938년 7월 20일 일제 군수자본 40만 엔을 들여 목포 다순구미에 짓는다. 해남 성산광산에서 원료 납석을 들여오고 생산한 완제품 내화벽돌을 실어 나르기 쉽도록 유달산 남쪽 기슭 선창가에 지었다. 1947년 5월 15일 당시 목포재벌 손용기가 적산으로 불하받아 조선내화를 재창립한다. 1953년 7월 27일 한국전쟁으로 파괴된 조선내화를 성옥 이훈동 회장이 인수한다. 1964년 시멘트산업이 급성장하기 시작하고 1973년에는 포항제철을 준공하면서 내화물 수요는 폭발적으

조선내화

로 증가한다. 대한민국 산업화의 역사는 조선내화의 급성장으로 이어졌다. 1986년 9월 5일 조선내화 광양공장을 준공하면서 조선내화 목포공장은 광양으로 이전한다. 1987년 광양제철 준공에 앞서 조선내화 공장을 먼저 지은 것이다. 포항제철을 준공하고도 내화물 공급에 차질을 빚으면서 제대로 가동하지 못했던 과오를 반복하지 않기 위해서다.[233]

광양제철이 들어선 자리는 미국 남장로교 선교사 휴 린톤 Hugh Linton이 간척한 부지다. 1926년 군산에서 태어난 휴 린톤은 목포에 복음자리를 펼쳤던 유진 벨 선교사의 손자다. 미국 해군장교로 참전하여 일제와 맞서 싸우고, 한국전쟁이 발발하자 재입대하여 인천상륙작전에 참전한다. 전쟁이 끝나자마자 선교사 휴 린튼은 한국으로 다시 들어온다. 1960년부터 1970년까지 10년에 걸쳐 대대적인 간척사업을 한다. 20만 평에 달하는 새로운 땅을 만들어서 집 없는 사람 땅 없는 사람에게 무상으로 분배한다. 바로 그 자리에 광양제철소가 들어섰다. 검정 고무신 신고 남도를 휘저으면서 600여 교회를 개척한 선교사 휴 린튼은 육신의 양식도 등한히 하지 않았다.[234] 가난한 사람들에게 나누어준 20만 평 간척지 위에 한국 산업 세계화 역사를 다시 쓰고 있다.

조선내화 목포공장은 멈췄지만 공장이 힘차게 돌아가던 그때 그 모습을 고스란히 간직하고 있다. 공장 터는 그대로 보존했다. 정겨운 산업유산industrial heritage이다. 조선내화 옆에 주물공장 건물이 있다. 내화 벽돌을 찍어내는 주물 틀을 만들던 공장이다. 굴뚝이 인상적이다.

따뜻한 산동네: 다순구미

해안로57번길 골목길을 계속 걸어서 들어가면 조선내화 공장이 끝나는 위치에 온금경로당 옆 음수대가 나온다. 이곳에서 다시 산동네로 오른다. 부산 감천문화마을이나 영주동 산동네를 연

다순구미 골목길 선거벽보

상시키는 풍광 멋진 마을 다순구미다.

　햇살 가득한 유달산 기슭 마을인 데다가 고하도가 차가운
서북풍을 막아줘서 겨울을 나기에 좋았기 때문에 붙여진 마을
이름이 다순구미다. '다순'이라는 말은 '따뜻하다'는 뜻을 지닌
우리말이고, '구미'는 '물가水邊'라는 뜻을 지닌 여진족 말 '쿠에
이마이'에서 온 외래어다. 구미는 원래 '바다로 길게 뻗은 두 곳

사이에 형성된 포구浦口처럼 후미지게 생긴 땅'을 이르는 말이 었는데, 차츰 '내륙 평야에 길게 뻗어 나온 두 산등성이 사이에 있는 후미진 땅'까지 일컫는 말로 뜻이 커졌다.[235]

목포 앞바다에서 내륙으로 들어가는 초입 유달산 아래 움푹 들이간 후미진 곳에 있는 다순구미 골목길 곳곳을 기웃거렸다. 인구가 갑자기 불어나다 보니 목포에는 물이 귀했다. 그런데 이 작은 마을에는 우물이 두 개나 있다. 우물을 파준 사람이 얼마나 고마웠으면 비석을 두 개나 세웠다.

다순구미에서는 유난히 생일이나 제삿날이 같은 사람이 많다. 개항장을 조성하면서 매립을 했기 때문에 지금은 목포에 있는 여느 마을과 다를 바 없다. 매립 전에는 목포 앞바다에서 고기잡이를 하고, 다순구미로 돌아왔다. 조금에는 물이 빠져서 바다로 나갈 수 없으니 동네 아저씨들이 모두 집에 있었고 물 때가 맞으면 모두 바다로 나갔다. 물이 들고 나가는 때에 맞춰서 살다 보니 마을사람들 생일과 제삿날이 같을 수밖에 없다. 그래서 '조금새끼'라는 말이 생긴다. 생일이 같은 것은 배 들어온 조금 때에 아이를 가졌기 때문이다. 안타깝게도 바다로 나간 배가 조난을 당하면 모두 같은 날 제사를 지냈다.

다순구미 골목길을 기웃거리다 낡은 선거벽보를 발견한다. 김대중 후보와 김병삼 후보의 선거벽보다. 1967년 제7대 국회의원 선거다. 김대중은 가두유세에서 다음과 같이 호소한다. "내가 만약 부정선거와 싸우다가 쓰러지면 내 시체 위에 꽃을 던지기에 앞서 부정선거를 획책한 원흉들을 때려 부순 뒤 내 시체에 꽃다발을 놓아 달라!" 늦은 밤 유달국민학교에서 개표가 시작됐다. 목포시민들은 개표부정을 막기 위해서 유달국민학교를 에워쌌다. '목포의 전쟁'이라 불린 이 선거에서 승리한 사람은 김대중도 아니고 김병삼도 아니다. 목포 시민이 승리한다.[236]

남종화의 보물창고: 성옥기념관

다순구미에서 다시 유달로로 나와서 유달산 방향으로 걸어 올라가면 유달산으로 이어지는 삼거리가 나온다. 여기에서 오른쪽으로 조금 내려가면 성옥기념관이다. 성옥기념관 전시실에는 아주 귀한 글과 그림 그리고 도자기가 가득하다. 깜짝 놀랐다. 어떻게 이런 작품들이 여기에……! 이렇게 엄청난 작품을 소장하고도 세상에 알려지지 않았다니!

그 중에서도 성옥기념관 제2전시실은 단연 돋보인다. 들어서자마자 보는 이의 눈길을 사로잡는 강한 글씨가 있다. 추사 김정희秋史 金正喜, 1786~1856의 글씨다. "生涯一片靑山 淸名在窮(생애일편청산 청명재궁)".

추사는 맑고 깨끗하게 살았다고 회고하면서 그 연유를 궁窮함에서 찾고 있다. 푸를 청靑을 크게 쓰고 뫼 산山을 길게 썼다. 푸르고 고고하게 산 자신의 인생을 형상화한 것이다. 맹자가 송구천宋句踐에게 "남들이 나를 알아주든 알아주지 않든 덕

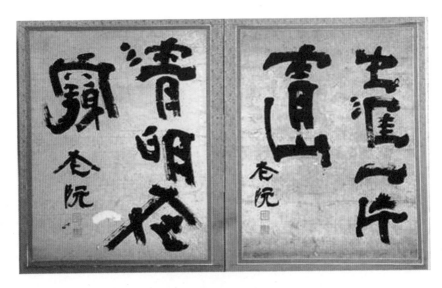

추사 〈이곡병〉(© 성옥기념관)

과 의를 쌓아서 당당하게 살아야 한다"고 일렀다. 덕과 의를 쌓는 방법은 궁窮한지 아니면 달達한지에 따라서 달라진다. 궁하면 자신을 착하게 하고, 달하면 백성까지 착한 데로 돌아오게 함으로써 덕과 의를 쌓을 수 있다.[237] 맹자는 선비士를 일컬어서 궁이라 했고, 대부大夫를 일컬어서 달이라 했다. 추사는 관직에 나아가지 아니한 선비로, 즉 궁하게 살면서 이름을 깨끗하게 했다. 궁窮의 뜻 몸 신身을 소리 활 궁弓 뒤로 숨겨서 썼다. 그러나 추사도 마냥 맑게만 살기가 쉽지 않았던 모양이다. 있을 재在를 금방이라도 넘어질 듯 기울여서 썼다.

추사가 제주도에 위리안치되었던 시절 그야말로 일엽편주

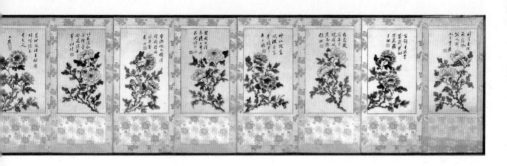

소치 〈목단 8곡병〉(© 성옥기념관)

를 타고 세 번이나 찾아와서 추사의 수발을 들었던 제자가 있다. 소치 허련小癡 許鍊, 1809~1892이다. 그래서일까? 소치가 그린 모란을 추사가 쓴 예서 2곡병 〈생애일편청산 청명재궁〉 바로 옆에 전시했다. 산수·난초·매화 등을 두루 그렸으나, 특히 부귀 영화를 상징하는 모란을 잘 그렸기에 '허모란'이라 불리기도 했다.

추사에게 그림을 배운 다른 한 분이 흥선대원군 석파 이하 응石坡 李昰應, 1820~1898이다. 안동 김씨 세도와 왕손에 대한 견 제를 피해 술과 여색을 일삼으며 떠돌던 시절 석파는 난초를 그리면서 세월을 보낸다. 석파란은 연약하게 바람에 날린다. 흙에 뿌리를 내리지 못한 듯 모퉁이에 위태롭게 붙어 있다. 그러나 몽글몽글 뭉쳐 있다. 서구열강과 청 그리고 일본이 호시탐탐 노리고 있는 위태로운 현실을 백성과 함께 헤쳐나가고자 하는 의지를 본다. 백성이 뭉치기만 한다면 타락한 안동 김씨 세도든

〈석파란〉(© 성옥기념관)

간악한 일제든 석파는 두렵지 않다.

　추사가 친 난초 그리고 추사의 제자 석파가 친 난초 등과 함께 조선 3대 난朝鮮3大蘭으로 불리던 추사의 또 다른 제자가 있다. 운미 민영익芸楣 閔泳翊, 1860-1914이다. 1876년 17세에 문과급제하고 1878년 이조참의에 올랐다. 1882년 임오군란으로 석파가 복권되자 운미는 청나라를 다녀왔다. 1883년에는 조선 보빙사 전권대사로 미국을 방문한다. 미국 대통령의 배려로 미국 군함을 타고 유럽 여러 나라를 순방한다. 1884년 4월 귀국하자마자 이조참의로 승진한다. 금위대장, 신군좌군영관, 기기국총관 등을 겸직한다. 운미 민명익은 개화를 추진한다.

　그러나 김옥균의 갑신정변은 민영익의 발목을 잡는다. 청

　　　　　　　　　　　　　　　골목길 역사산책_개항도시편

〈운미란〉(© 성옥기념관)

나라로 망명한다. 1909년 안중근 의사가 이등박문을 처단한다. 홍삼 무역으로 모은 정치자금 4만원으로 프랑스와 러시아 변호사를 동원하여 구명운동을 벌인다. 이마저도 실패한다. 1914년 55세로 한 많은 삶을 마감한다.[238]

　운미란은 끝이 뭉툭하다. 그나마 대부분 화폭 밖으로 나갔다. 운미란을 보면 운미의 삶을 그대로 보는 것 같다. 스스로 세상을 버리고 떠난 것이 아니라 외세에 강제로 쫓겨났다. 죽을 수는 있어도 꺾일 수 없는 우리 선비, 그 원숙미를 보는 듯하다.

조선 후기 한양에 오원 장승업이 있었다면, 남도에는 소치 허련이 있었다. 오늘날 서울에 간송미술관이 있다면, 남도에는 성옥기념관이 있다.

백제 별서정원: 이훈동 가옥 정원

성옥 이훈동 회장이 유달동 사저를 헐고 신축하려 할 때 어머니께서 한사코 말렸다. 대통령이 두 번씩이나 머물고 간 집을 허물 수 없다는 말이다. 성옥은 어머니의 뜻을 받들어 지붕만 수리하는 대신에 정원을 孝동산으로 가꾸었다. 이 정원이 바로 남도문화재로 지정된 '이훈동 가옥 정원'이다. 성옥기념관 바로 뒤편에 있다.

이훈동 가옥 정원은 1930년대에 일본인 곡물상 우찌다니 만뻬이內谷萬平가 지관을 통해 영산강 유역 별장 터를 찾다가 발견한 곳이다. 오래 살기를 바라는 마음으로 거북 龜자 형태로 집을 짓고 상록수로 정원을 가꾼다. 이 집과 정원의 새로운 주인 성옥 이훈동 회장은 정원을 효동산으로 가꾸면서 직접 일본으로 건너간다. 정원을 다시 가꾸기 위해 준비하는 과정에서 일본문화와 마찬가지로 일본정원도 백제와 신라 연못 및 정원에서 기원했다는 것을 알게 된다.

이훈동 가옥 정원

이훈동가 정원 석조물(왼쪽) /
경주 안압지 석조물(오른쪽 위) / 일본 나라현 아스카연못 석조물(오른쪽 아래)
정원조영법을 전한 백제 장인 노자공으로부터 일본 정원이 시작된다.

한중일 3국에서 가장 오래된 정원서庭園書인 일본의《作庭
記(작정기)》에는 정원을 구성하는 가장 중요한 세 가지 요소로
산·물·돌 등을 꼽는다. 산이 왕을 뜻한다면, 물은 신하, 돌은 신
하 중에서도 왕을 보좌하는 신하를 뜻한다. 왕과 신하가 조화를
잘 이루면 좋은 나라가 되는 것처럼 산과 바위 그리고 물이 조
화를 잘 이루면 아름다운 정원이 된다.[239] 이와 같은 정원철학
은 백제의 별서정원과 신라의 연못에서 비롯되어 일본 정원으
로 발전한다.

멋진 집과 아름다운 정원 때문인지 영화와 드라마를 많이 찍었다고 한다. 금방이라도 하야시가 걸어 나올 것만 같고(《장군의 아들》), 이정재 옆에서 고현정이 그네를 타고 있는 듯하다(《모래시계》). 성옥은 자신의 안목을 알아주는 것으로 여기고 영화나 드라마 촬영을 기쁘게 생각했다고 한다.

이훈동가 정원에서 다시 도로가로 나와서 도로를 따라 걷다가 마트 앞에서 오른쪽으로 도로를 건너 골목길로 들어선다. 꺾어서 들어가면 왼쪽에 적산가옥이 눈에 들어온다. 지금은 마트에서 창고로 쓰고 있는 이 건물은 원래 교회였다. 木浦 日本 基督敎會(목포 일본기독교회)라고 적은 흔적이 있다. 일본이라는 글자는 보이지도 않는다. 와카마쓰 도사부로가 육지면 재배에 성공하면서 세운 기념 비석을 땅에 파묻었다. 목포 일본기독교회 현판에서 일본이라는 글자를 지워버렸다. 일제 강점에 대한 민족의 울분을 읽는다.

1912년 8월 일본 기독교 전도국에서 다케우치竹內虎也 목사를 목포에 파송하자 남촌 항정港町에 살던 일본 기독교인들이 세운 교회다. 1914년에는 예배당이 좁아서 더 넓은 곳으로 옮길 정도로 교인들이 많았다. 장년 신자가 40명이었다고 하니 전체 교인은 130명 정도였을 것으로 짐작한다. 1915년 목포 인구가 1만 2,782명이었는데 그중 일본인은 5,360명이었다. 일본 기독교인이 전체 인구에서 차지하는 비율이 1퍼센트 미만인 것에 비춰보면 일제강점기 목포에 사는 일본인 중 기독교인은 상

1922년 목포일본기독교회 예배당(왼쪽)[240] **/ 현재 목포일본기독교회 예배당(오른쪽)**

대적으로 많은 편이었다. 1922년 9월에 현재 창고로 쓰고 있는 이 건물을 지었다. 원래 2층 석조 건물이었다.[241] 목포 개항장에 있는 다른 건물과 마찬가지로 일본인교회 건물도 유산으로 보존했으면 좋겠다. 도시재생사업으로 공적자금을 투입하는 것보다는 목포기독교인들이 나섰으면 좋겠다.

　일본인교회에서 계속 내려가면 길 오른쪽에 정원이 멋진 일본식 2층 목조가옥이 나온다. 지금은 커피숍으로 사용하고 있다. 커피숍 '행복이 가득한 집'에서 왼쪽으로 눈을 돌리면 웅장한 대리석 건물을 볼 수 있다. '동양척식주식회사 목포지점'

건물이다. 지금은 목포근대역사관 별관으로 쓰고 있다.

폐진과 개항: 목포진과 영신여관

목포근대역사관 별관 앞으로 꺾어 계속 걸어가면 목포진으로 올라가는 언덕길로 이어진다. 오늘날 우리가 알고 있는 목포는 일제강점기에 일본인이 해안을 매립하여 한 차례 확장하고, 광복 후 신도시를 개발하면서 한 차례 더 확장한 도시다. 조선시대 목포에는 해안경계부대 목포진과 조그만 나루터 마을 다순구미가 있었다. 그러니 별도의 행정구역을 둘 필요가 없었고, 따라서 무안에 편입되어 있었다.

조선시대 해안경계부대를 일컬어 진鎭 또는 보堡라고 했다. 해안경계부대의 규모에 따라 첨사·만호·별장 등의 지휘관을 보냈다. 큰 부대는 종3품 첨사僉使를, 중간규모 부대는 종4품 만호萬戶를, 작은 부대는 종9품 별장別將을 보내서 진과 보의 병사를 통솔하여 해안경계를 든든히 했다. 따라서 목포 만호진이란 종4품 만호를 지휘관으로 하는 목포 해안경계부대라는 뜻이다. 목포 만호진에는 중선 여섯 척과 별선 두 척, 군사 490명, 초공梢工 네 명이 각각 배치되어 있었다. 병력 구성을 보면 목포진 지휘관 만호에게 두 가지 임무를 부여했다는 것을 짐작할 수 있다. 군사 490명을 둔 것은 해안경계를 서라는 것이다. 세곡선 선장 초공을 네 명 둔 것은 세곡을 안전하게 한양으로 보내라는

영신여관 터(왼쪽) / 목포진 역사공원(오른쪽)

것이다.

1895년 7월 15일 군사제도를 근대식으로 개편한 을미개혁의 일환으로 목포 만호진을 폐진한다. 그로부터 2년 뒤인 건양建陽 2년 7월 4일 고종 황제 지령 제45호를 내려서 목포를 자주적으로 개항한다. 개항과 때를 같이 하여 대한제국 국민의 생명과 재산을 보호하고 외교와 통상 사무를 관장하는 무안감리서務安監理署를 설치한다. 아울러 목포진에 있는 관아 건물에 해관海關을 설치하여 수출입신고와 관세 등의 사무를 보게 한다. 개항장에서 거둬들인 관세는 대한제국 국세의 약 20퍼센트를 차지했다. 목포·부산·원산·인천·경흥 등 개항장이 얼마나 중요했을지 짐작이 간다.

목포진으로 올라가는 계단 오른쪽에 영신여관 터가 있다. 2006년 가을까지도 여관이 있었다고 하는데 지금은 터만 남아 있다. 김대중 대통령이 학창시절을 보낸 집이다. 김대중 대통령의 어머니는 당신 아들을 공부시키기 위해서 하의도 후광리에 있는 모든 것을 처분하고 목포로 나왔으나 구할 수 있는 것은 여기 이렇게 조그마한 영신여관밖에 없었다.[242]

전쟁과 수탈: 목포근대역사관 본관

목포진을 내려와서 다시 도로를 따라 유달산 방향으로 가면 유달산 언덕에 옛 일본영사관 건물이 아담하게 자리 잡고 있다. 지

목포근대역사관 본관

현재 목포근대역사관 본관으로 사용되고 있는 이 건물은 예전에 일본 영사
관이었다.

금은 목포근대역사관 본관으로 사용하고 있다. 목포에 세워진 최초의 서양건물이다.

일본은 목포 개항과 함께 목포진 안에 있는 목포청을 임대해서 쓴다. 조선 조정은 1895년 목포 만호진을 폐진했기 때문에 일본에 임대를 허락했다. 그러던 중 목포사람들이 '러시아산'이라고 부르는 언덕 위에 영사관을 지으려고 하다가 포기하고 이곳 목포근대역사관 본관 자리에 일본영사관을 짓는다. 그때가 1900년이다.

흰 벽돌과 빨간 벽돌을 서로 교차하면서 멋지게 장식한 아치형 창문, 일본 국화 문양으로 멋을 낸 외벽, 집 한 채 값을 들여서 만든 벽난로, 이탈리아 대리석으로 장식한 실내 등 당시로서는 엄청난 건물이었다. 그러나 건물 외벽에 그대로 남아 있는 6.25의 상흔과 건물 뒤편 방공호는 을씨년스럽다. 방공호를 빠져나와 목포근대역사관 후문에서 유달산 노적봉을 넘어 다시 목포역에 이른다. 바람 앞에 촛불 대한제국의 몸부림, 남장로교 선교사의 목포 사랑, 목포 사람의 한과 흥을 걸었다.

목포 개항장 생명길 산책로

목포역 앞 건널목을 건너 약 300미터가량 곧바로 걸어가면 목원동행정
복지센터 앞 네거리다. 여기에서 오른쪽 삼일로로 접어들어 400미터를
직진하면 왼쪽에 목포정명여자고등학교 정문이 나온다. 목포선교부를
개설한 미국 남장로교회 선교사 사택이었던 '정명여학교 100주년 기
념관'을 둘러본다. 정명여학교에서 목원동행정복지센터 사거리로 다시
나간다. 사거리 왼쪽 9시 방향 영산로59번길 300미터 지점 사거리에서
왼쪽으로 눈을 돌리면 오른쪽 도로변에 '코롬방제과'가 있다. 코롬방
제과를 나와서 왼쪽으로 들어왔던 사거리로 다시 나가서 계속 직진하
면 금세 유달산 노적봉과 마주한다.

노적봉을 지나면 길은 둘로 나뉜다. 왼쪽은 목포근대역사관 본관, 구 일
본영사관으로 가는 길이다. 오른쪽 내리막을 따라 내려가서 삼거리를
직진한다. 유달로69번길이다. 여기서 오른쪽 둘로 나뉜 언덕 골목길(대
반동길)로 올라간다. 언덕 맨 위 구멍가게 부광상회 앞에서 앞을 보면 목
포 앞바다와 고하도가 펼쳐진다. 대반동 부광상회 아래로 끝까지 내려
가면 해안도로(해양대학로)로 이어진다. 신안비치호텔 앞이다.

여기서 오른쪽으로 고개를 돌리면 '공생원'이다. 공생원 앞 해안도로에

서 왼쪽으로 15분가량 바다 갓길을 걸으면 도로변 왼쪽에 '선경준치횟집'이 나온다. 목포 개항장에서 세 손가락 안에 드는 맛집이다. 선경준치횟집 안쪽 좁은 골목길(해안로57길)로 들어선다. 조선내화 담장을 따라 걸으면 조선내화가 끝나는 지점에 온금경로당 옆 음수대. 여기서부터 산동네 '다순구미'가 시작된다.

다순구미 골목길을 빠져나와 도로에 올라서서 왼쪽 언덕을 넘어가면 오른쪽에 유달초등학교가 나오고 바로 이어서 대반동 산동네로 갈 때 지나친 삼거리가 나온다. 삼거리에서 직진하면 유달산. 오른쪽으로 꺾으면 왼편에 '성옥문화재단'이 나온다. 성옥문화재단 전시관 성옥기념관을 관람하고 나와서 뒤편 이훈동가 정원도 둘러본다.

이훈동가 정원에서 다시 도로로 나와서 마트 오른쪽 도로로 꺾어 들어가면 왼쪽에 낡은 일본인교회, 아래 오른쪽에 커피숍 '행복이 가득한 집', 커피숍 앞 사거리 대각선 방향에 목포근대역사관 별관 구 동양척식주식회사 목포지점. 마치 일본 어느 마을에 있는 듯 한 착각이 든다.

동양척식주식회사 목포지점 앞길로 들어서서 언덕 위로 올라가면 '목포진'이다. 목포진에서 내려와 유달산 방향으로 도로를 따라가면 유달산 아랫자락 언덕에 목포근대역사관 본관 구 일본영사관이 나온다. 역사관 뒤편 방공호를 둘러보고 왼쪽 후문으로 나가서 오른쪽으로 올라가면 유달산 노적봉이다. 노적봉을 넘어 언덕을 내려가면 5분 만에 목포역에 닿는다.

◉

목포정명여자고등학교 ▶ 코롬방제과 ▶ 유달산 노적봉 ▶ 공생원 ▶ 조선내화 ▶ 다순구미 ▶ 성옥문화재단 ▶ 이훈동가 정원 ▶ 목포근대역사관 ▶ 목포진역사공원

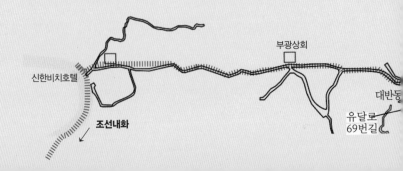

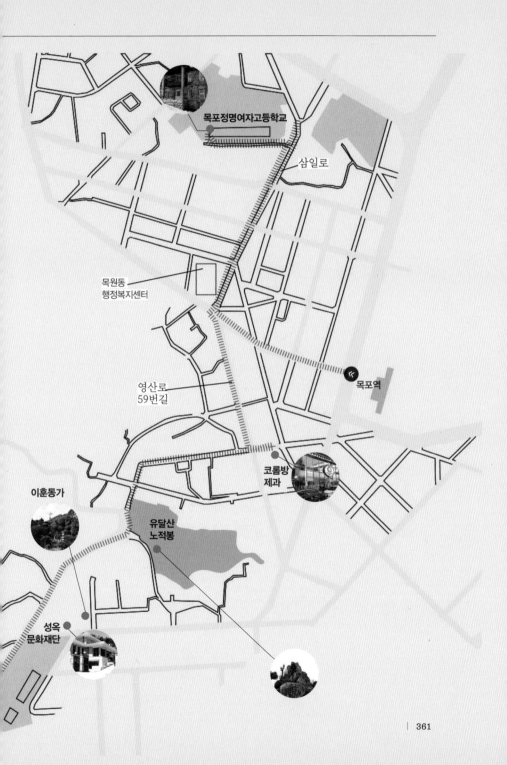

목포정명여자고등학교

삼일로

목원동
행정복지센터

영산로
59번길

목포역

코롬방
제과

이훈동가

유달산
노적봉

성옥
문화재단

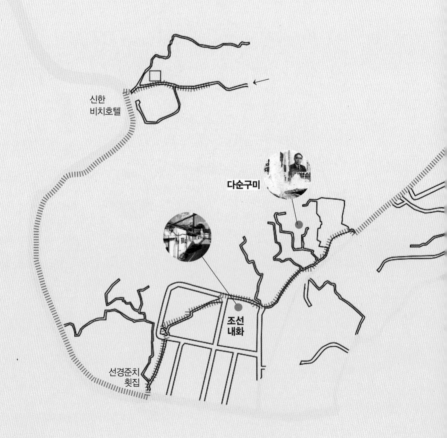

신한
비치호텔

다순구미

조선
내화

선경준치
횟집

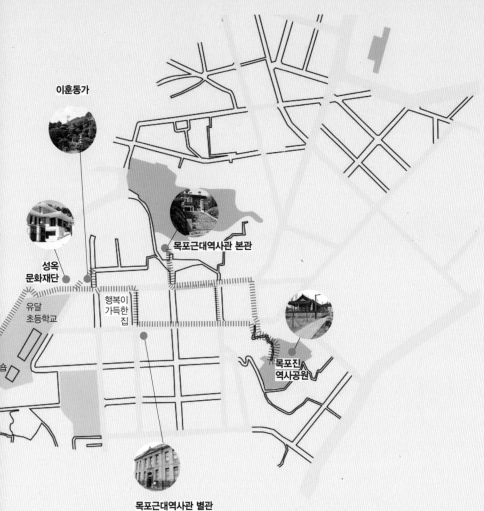

이훈동가

성옥
문화재단

목포근대역사관 본관

유달
초등학교

행복이
가득한
집

목포진
역사공원

목포근대역사관 별관

역 사 를
걷 다

신자유주의 시대에 꼭 필요한 지혜를 간직하고 있는 부산 개항장 소통길을 걸었다. 왜인들에게 왜관을 지어준다. 피난민에게 산동네를 내준다. 이주노동자에게 일할 수 있는 자리를 마련한다. 앞집이 뒷집 햇볕을 가리지 않는다. 아랫동네와 윗동네가 널리 소통한다. 더불어 사는 지혜가 넘친다.

포성은 멎었으나 전쟁은 끝나지 않은 인천 개항장 평화길을 걸었다. 인천 개항장 제물포를 막아 우리 산하를 지키고자 하였으나 전쟁으로 빼앗겼다. 일본 사람, 중국 사람, 서양 사람이 살 곳을 내주고 그곳에서 근대를 일궜다. 그마저도 일본 제국주의자들에게 빼앗긴다. 광복의 기쁨은 금세 전쟁의 폐허로 변한다. 전쟁이 끝나지 않은 인천 개항장에 비둘기 날아오르는 꿈을 꾼다.

죽음을 넘어 근대로 가는 길을 개척한 광주읍성 밖 무덤자리 양림동 근대길을 걸었다. 미국 사람들이 가르쳐준 근대를 고맙게 걸었다. 일제에 맞서 목숨 바쳐 싸웠지만 대가를 바라지 않았다. 근대로 가는 길 위에 선 양림동 사람들은 당당한 대한민국과 떳떳한 대한국인을 요청한다.

찬바람 이겨내고 제일 먼저 꽃을 피우는 도시 순천 꽃길을 걸었다. 겨울을 견뎌내고 봄을 알린다. 전통을 뿌리치고 나아가 근대를 연다. 반란을 이겨내고 봉기한다. 겨울과 봄, 전통과 근대, 반란과 봉기의 경계에 선 도시 순천에서 다시 경계에 선다. 우리가 서 있는 오늘과 나아가야 할 내일, 그 경계에서 대한민국 미래를 생각한다.

뒤늦게나마 자주적으로 개항하고 부국강병하고자 했던 목포 개항장 생명길을 걸었다. 근대로 가는 생명도시로 거듭날 수 있었으나 결국 식민으로 가는 수탈도시로 전락한다. 식민의 한을 흥으로 이겨낸 예향 목포 개항장 사람들이 흥얼거리는 노랫소리가 귓전을 맴돈다. 역사산책자는 오늘도 걷는다.

걷기여행

1989년 길 위에서 자유를 외친 발트3국 국민들이 1991년 독립을 되찾았다. 1998년 그 길은 발트의 길이라 명명되어 세계기록유산으로 남았다. 지난 겨울 우리는 촛불을 들고 광화문 세종대

로 위에 섰다. 청와대를 향해 걸었다. 국정농단의 어둠을 촛불로
밝혔다. 이제는 광화문 촛불길을 유네스코 세계기록유산에 등
재할 차례다. 그렇다. 길 위에 서면 새로운 역사가 시작된다.

2007년 제주 올레길을 처음 열었을 때 한 해 동안 3,000명
의 걷기여행객이 올레길을 걸었다. 4년 뒤 2011년 올레길을 걸
은 여행객은 100만 명을 넘었다. 삼성경제연구소는 매년 10대
히트상품을 선정하고 있다. 2009년에는 도보체험관광을 10대
히트상품으로 선정했다. 2007년 산림청에서 국가숲길을 조성
하기 시작한 이래로 2009년 문화부 이야기가 있는 문화생태탐
방로, 2010년 국토부 누리길, 2011년 안행부 누리마을 녹색길
등 걷기여행길 조성사업이 줄을 이었다.

지방자치단체도 팔을 걷어붙이고 나섰다. 서울시 종로구
골목길, 순천 꽃길, 안동 유교문화길, 목포 생명길, 강화 나들
길……. 걷기여행길이 우후죽순처럼 늘어나자 2013년에는 걷
기여행길 종합안내포털(koreatrails.or.kr)을 개설해서 전국 480
개 길에 대한 정보를 제공하기 시작했다. 2017년 현재 517개로
늘어났다. 내년부터는 걷기여행길과 자전거여행길을 두루누비
(durunubi.kr)로 통합해서 운영할 계획이다.

2017년 5월 문화부는 처음으로 걷기여행에 관한 설문조사
를 했다. 4,000명 응답자들 중에서 놀이공원으로 놀러가는 것에
관심을 보인 사람은 8.4퍼센트밖에 되지 않았다. 가장 작은 수
치다. 그러나 걷기여행에 관심을 가진 사람은 66.0퍼센트로 가

장 많았다. 걷기여행에 나선 사람들은 하루 평균 81,711원을 쓴다고 응답했다. 우리나라 국민 1회 평균 여행지출액 60,731원보다 훨씬 많은 돈을 쓰고 있다. 향후 걷기여행 의향을 묻는 질문에 87.1퍼센트가 다시 걷겠다고 응답했다. 주변 사람들에게 걷기여행을 추천하겠다고 응답한 사람은 이보다 많은 88.7퍼센트에 달했다. 바야흐로 걷기여행이 한국관광의 새 역사를 쓰고 있다.

보존운동과 마치아루키

대부분의 미국인들이 자동차로 여행을 하던 지난 1980년 8월 로스앤젤레스에서 열린 걷기여행 이벤트get-to-know-your-neighborhood-event가 의외의 성공을 거둔다. 로스앤젤레스 시내를 걸으면서 건물에 얽힌 이야기를 들려주는 걷기여행은 새로운 트렌드로 발전한다. 낡은 건물을 허물고 미래의 번영을 향해 새롭게 시작하고자 했던 시기에 벌어진 사건이다. 걷기여행과 건물보존운동을 결합한 비영리민간기구 '로스앤젤레스 유산보존 걷기여행협회LA Conservancy Walking Tours'가 벌인 시민운동 때문에 로스앤젤레스는 재개발을 포기하고 근대건축유산 보존으로 선회한다. 올해로 35주년을 맞은 로스앤젤레스 유산보존 걷기여행 프로그램은 최우수 도시관광 프로그램으로 선정된다.

요즘 일본인들은 "마치아루키街步き 또는 町步き" 여행에 푹 빠져 있다. '골목길걷기' 또는 '동네걷기'라고 번역할 수 있다. 우

리나라에서 인기를 끌고 있는 걷기여행과 비슷하다. 일본어에서 '마치'는 두 가지로 쓰고 있다. 거리나 골목길을 뜻하는 街도 마치고, 행정구역으로서 동네 또는 마을을 뜻하는 町도 마치라고 읽는다.

원래 마치아루키 여행은 많지 않았고, 그나마 패키지여행에 포함되어 있었다. 최근 들어 교통편이나 숙박지를 인터넷으로 예약하는 개별관광객이 증가하면서 마치아루키 여행도 별도로 예약하고 있다. 게다가 스마트폰이 대중화되면서 스마트폰에서 마치아루키 여행정보를 손쉽게 얻는다. 요컨대, 마치아루키는 개별관광객이 오로지 자신을 위한 최적의 여행을 직접 설계하면서 인터넷이나 스마트폰을 통해서 여행정보를 검색하고 예약해서 여행을 하는 것이다.

일례로, 효고兵庫현 다카라즈카宝塚시에 있는 다카라즈카시 국제관광협회는 "가극도시 가이드 투어"를 체험관광상품으로 출시해서 호평을 받고 있다. 다카라즈카시는 다카라즈카 가극단으로 일본 전역에서 유명세를 떨치고 있는 도시인데 한때 가극단 소속 배우였던 사람이 직접 관광가이드를 하는 관광상품을 출시한 것이다.

오사카大阪부 오사카시에 있는 나니와 커뮤니티 트리즘 컨소시엄은 '돔보리 리버크루즈'를 운항하고 있다. 오사카는 만담 본거지다. 바로 여기에 착안해서 만든 관광상품이다. 해설사가 만담 형식의 구수한 사투리를 구사하면서 들려주는 안내를 따

Angelino Heights Walking Tour

Art Deco Walking Tour

Broadway Historic Theatre and Commercial
District Walking Tour

로스앤젤레스 걷기여행 프로그램과 걷기여행에 나선 시민들
로스앤젤레스 시민사회단체가 일회성 행사로 기획한 걷기여행 프로그램이
큰 성공을 거두면서 도심재개발을 포기하고 보존으로 돌아섰다.

다카라즈카 가극도시 마치아루키 여행(ⓒ 大谷新太郎)
전직 다카라즈카가극단 단원이 직접 안내하는 다카라즈카 '가극도시 가이드
투어'. 요즘 일본에서는 이와 같은 골목길 걷기여행이 큰 인기를 끌고 있다.

라 오사카 중심지 물길여행을 한다.[243]

역사산책

2018년 4월 27일 문재인 대통령과 김정은 국무위원장이 판문
점 평화의 집에서 정상회담을 가졌다. 5월 9일 미 국무부 폼페
이오 장관이 북한을 방문해서 김정은 국무위원장과 회담을 했
다. 폼페이오는 따뜻한 만남이었다고 했다. 미국 트럼프 대통령

돔보리 리버크루즈 마치아루키 여행(© 大谷新太郎)

오사카시에서는 만담형식을 빌린 리버크루즈로 마치아루키 여행을 할 수 있게 함으로써 관광객을 끌고 있다.

과 김정은 국무위원장은 6월 12일 정상회담을 했다.

벌써부터 금강산관광에 관심이 쏠리고 있다. 1998년 정주영 회장 소떼방북과 함께 시작한 금강산관광이 올해로 20년째를 맞았다. 현대그룹 현정은 회장은 최근 금강산관광을 비롯한 남북경협사업 태스크포스팀을 가동시켰다. 현대아산 지분 67.6퍼센트를 갖고 있는 현대엘리베이터 주가는 지난 두 달 사이에 두 배로 뛰었다. 5월 11일 속초항 국제크루즈터미널에 이탈리아 코스타 크루즈의 코스타 세레나 호가 도착했다. 11만 4,000

톤급으로 최대 3,700명이 승선할 수 있는 대형 크루즈선이다. 최문순 강원도지사는 환영사를 통해 평화크루즈 구상을 밝혔다. 속초항과 북한 원산항을 연결하여 금강산관광을 재개하겠다는 구상이다.

우리 민족은 언제부터 금강산에 관심을 갖기 시작했을까? 고성군과 금강군에서 돌화살촉·반달칼 등 유물을 출토하고 고인돌을 10여 기 확인했다. 선사시대부터 사람이 살았다는 뜻이다. 외금강 온정리에 옛 성터와 내금강 망군대 가는 길에 망군성 등 고구려 산성도 있다. 하지만 주목할 만한 역사적인 명소는 아니다.

조선시대에 접어들면서 결정적인 변화가 일어난다. 북방 오랑캐 청이 침입하고 남방 오랑캐 왜가 쳐들어와서 나라가 쑥대밭이 된다. 백성들은 끌려가고 선비들은 모두 등을 돌렸다. 삼연 김창흡이 조선중화를 부르짖으며 우리나라 조선을 걷기 시작한다. 진경시대를 개척하는 발걸음이다. 두 제자 겸재 정선과 사천 이병연이 조선 산하를 그리고 조선 풍속을 읊는다. 진경산수화와 진경시다.

겸재가 처음으로 금강산을 그려 화첩을 만든 것은 36세 되던 1711년. 겸재의 그림과 삼연과 사천의 시를 《해악전신첩》으로 묶는다. 59세에 그린 〈금강전도〉는 음과 양의 조화를 더 극명하게 보여준다. 그림 맨 아래쪽 뻥 뚫린 장안사 비홍교에서 맨 위쪽 우뚝 선 비로봉으로 이어지는 산봉우리들을 선으로 이으면 태극선이다. 선묘와 묵법, 넘쳐나는 계곡물과 솟구치는 봉우리, 흙산과 돌산을 대비시키면서 금강산은 명산으로 다시 태어난다. 72세 된 1747년에 금강산을 여행하고 다시 〈금강내산〉을 그린다. 겸재가 마지막으로 금강산을 그린 것은 75세 된 1750년. 〈금강내산전도〉다. 노베르트 베버Norbert Weber, 1870~1956 신부가 1925년 금강산을 둘러보고 구입하여 독일 상트 오틸리엔Sankt Otillien 수도원에서 소장하고 있던 것을 영구대여 방식으로 2005년 환수한 그림이다. 〈금강내산전도〉는 돌산을 더 입체적으로 그려서 도드라지게 했다. 전체적인 사형寫形은 흙산이 오히려 돌산을 더 깊이 감아 안고 있다. 그러나 이미 장마에 쓸려가고 없는 데다 투시법에 맞지도 않는 비홍교를 굳이 그려서 오점을 남긴다.

겸재가 그린 금강산을 보면서 조선 선비들은 누워서 금강산을 유람한다. 겸재의 그림과 함께 금강산의 명성은 동아시아 전체에 두루 퍼진다. 어찌 금강산만 걸을 것인가?! 우리 조상들이 그랬던 것처럼 백두산도 걷고 개성도 걸어야겠다. 모두 다른 모습으로 걷지만 오늘 우리에게 걷기는 역사산책이다. 내가 걸으면 나를 되찾는다. 남북이 서로 나눠 걸으면 우리나라를 온전하게 되찾는다. 그래서 오늘도 역사산책에 나선다.

미주

1) 서양 전설 혹은 신화에 나오는 인간 모습을 한 괴물.

2) 서진석. 2007.《발트3국: 잊혀졌던 유럽의 관문》살림. 62쪽에서 79쪽; 오태진. 2014. "뉴라시아 길 위에서". 조선일보 8월 30일자.

3) 吉野誠. 2005(2004).《동아시아 속의 한일 2천년사》(東アシ"ア史のなかの日本と朝鮮). 한철호 역. 책과 함께. 173쪽에서 174쪽.

4) 金宗瑞·鄭麟趾. 2001(1451).《高麗史 第10冊》신서원. 369쪽.

5) 서동인. 2016.《조선의 거짓말: 대마도, 그 진실은 무엇인가》주류성. 122쪽에서 132쪽.

6) 서동인. 2016.《조선의 거짓말: 대마도, 그 진실은 무엇인가》주류성. 145쪽에서 149쪽.

7) 吉野誠. 2005(2004).《동아시아 속의 한일 2천년사》(東アシ"ア史のなかの日本と朝鮮). 한철호 역. 책과 함께. 174쪽에서 178쪽.

8) 최차호. 2014.《초량왜관, 세계도시 부산은 초량왜관에서 탄생했다》어드북스. 18쪽에서 31쪽.

9) 川島喜彙. 2010(1934).《新編釜山大觀》선인. 39쪽.

10) 최차호. 2014.《초량왜관, 세계도시 부산은 초량왜관에서 탄생했다》어드북스. 8쪽.

11) 川島喜彙. 2010(1934).《新編釜山大觀》선인. 48쪽에서 53쪽.

12) 유승훈. 2013.《부산은 넓다: 항구의 심장박동 소리와 산동네의 궁핍함을 끌어안은 도시》글항아리. 21쪽에서 26쪽.

13) 한국민족문화연구소 편. 2016.《부산의 장소를 걷다》소명출판. 93쪽에서 99쪽.

14) 이기환 편저. 2002.《성산 장기려》한걸음. 77쪽에서 128쪽.

15) 이기환 편저. 2002.《성산 장기려》한걸음. 155쪽.

16) 이기환 편저. 2002.《성산 장기려》한걸음. 180쪽에서 190쪽.

17) 장기려. 1990. "6.25 40년 오늘도 당신 꿈". 동아일보 6월 23일자.

18) 김원이·이왕동. 2013.《초량교회 120년 약사: 1892-2012》초량교회 120년사 편찬위원회. 72쪽에서 73쪽.

19) 이기환 편저. 2002.《성산 장기려》한걸음. 202쪽.

20) 이기환 편저. 2002.《성산 장기려》한걸음. 214쪽에서 226쪽.

21) 이기환 편저. 2002.《성산 장기려》한걸음. 287쪽에서 299쪽.

22) 채규철. 2002. "장기려는 성인인가 바보인가". 이기환 편저.《성산 장기려》 한걸음. 11쪽.

23) 손홍규. 2008.《청년의사 장기려》다산책방. 407쪽.

24) 김병문. 2012.《그들이 한국의 대통령이다》북코리아. 325쪽에서 329쪽.

25) 이동형. 2011.《영원한 라이벌 김대중 VS 김영삼》왕의서재. 25쪽에서 28 쪽.

26) 김병문. 2012.《그들이 한국의 대통령이다》북코리아. 331쪽에서 337쪽.

27) 중앙선거관리위원회. 2009.《대한민국선거사 제4집》576쪽.

28) 9,977,332표를 득표하여 42.0%를 차지하고 당선.

29) 33.8%를 차지한 8,041,284표로 2위.

30) 3,880,067표를 득표하여 16.3% 차지.

31) 중앙선거관리위원회. 2009.《대한민국선거사 제5집》427쪽에서 527쪽.

32) 김영삼. 2001. "김영삼 대통령 고려대 강의". 함성득 편.《김영삼 정부의 성 공과 실패》나남. 31쪽에서 59쪽.

33) 이동형. 2011.《영원한 라이벌 김대중 VS 김영삼》왕의서재. 484쪽에서 498쪽.

34) 최학림. 2009. "밀면의 비결, 특수한 육수에 있다". 부산일보 6월 19일자.

35) 박정배. 2013.《음식강산 2: 국수는 행복의 음식이다》한길사. 294쪽에서 306쪽.

36) 박정배. 2013.《음식강산 2: 국수는 행복의 음식이다》한길사. 202쪽에서 203쪽.

37) 유승훈. 2013.《부산은 넓다: 항구의 심장박동 소리와 산동네의 궁핍함을 끌어안은 도시》글항아리. 65쪽에서 94쪽.

38) 김원이·이왕동. 2013.《초량교회 120년 약사: 1892-2012》초량교회 120 년사 편찬위원회 17쪽.

39) 김원이·이왕동. 2013.《초량교회 120년 약사: 1892-2012》초량교회 120 년사 편찬위원회. 32쪽에서 33쪽.

40) 金守珍. 1998.《京都教會의 歷史》在日本大韓基督教京都教會. 52쪽에서 102쪽.

41) 1964년 10월 17일 동구 초량동 산복도로 개통. 1969년 12월 1일 초량-수정동간 산복도로 개통.

42) 유승훈. 2013.《부산은 넓다: 항구의 심장박동 소리와 산동네의 궁핍함을 끌어안은 도시》글항아리. 272쪽.

43) 주경업. 2013.《찾아가는 근대 부산 이야기 마당》부산광역시. 83쪽에서 90쪽.

44) 최정윤·강영조·강동진. 2005. "부산시 중구 40계단 문화의 거리 조성계획".《한국조경학회지》33(1): 83.

45) 박화진. 2003.《부산의 역사와 문화》경성대학교 출판부. 246쪽에서 248쪽.

46) 주경업. 2013.《찾아가는 근대 부산 이야기 마당》부산광역시. 64쪽에서 67쪽.

47) 이효인. 2003.《영화로 읽는 한국 사회문화사》개마고원. 82쪽에서 83쪽.

48) 안경하. 2013. "백산 고택의 숨은 이야기". 백산안희제선생순국70주년추모위원회 편.《백산 안희제의 생애와 민족운동》선인. 351쪽에서 356쪽.

49) 이동언. 2010.《독립운동 자금의 젖줄 안희제》독립기념관. 49쪽에서 72쪽.

50) 권대웅. 2013. "백산무역주식회사의 설립과 경영". 백산안희제선생순국70주년추모위원회 편.《백산 안희제의 생애와 민족운동》선인. 161쪽에서 193쪽.

51) 안경하. 2013. "백산 고택의 숨은 이야기". 백산안희제선생순국70주년추모위원회 편.《백산 안희제의 생애와 민족운동》선인. 359쪽에서 360쪽.

52) 이동언. 2010.《독립운동 자금의 젖줄 안희제》독립기념관. 169쪽에서 173쪽.

53) 박화진. 2003.《부산의 역사와 문화》경성대학교 출판부297쪽에서 298쪽.

54) 부산근대역사관. 2004.《부산근대역사관 이야기》44쪽에서 49쪽.

55) 영어로는 "Initial Financial and Property Settlement between the Government of the United States of America and the Government of the Republic of Korea"라 하고, 우리말로는 "재산에 관한 최초협정"이라 한다. 1945년 12월 16일 개최된 모스크바 3상회의를 바탕으로 1945년 12월 28일 대한민국을 독립국가로 재건하는 내용의 모스크바 3상회의 의정서가 발표되고, 1948년 8월 15일 대한민국 정부가 수립됨에 따라 1948년 9월 11일 미군정의 재산과 부채를 한국정부에 이양하고, 한국정부가 미군정청 및 과도정부가 제정 시행한 모든 법률과 규칙

을 승계하는 것을 주요 내용으로 하고 있다. (http://ko.wikipedia.org)

56) 주경업. 2013.《찾아가는 근대 부산 이야기 마당》부산광역시. 41쪽에서 43
쪽.

57) 문부식. 2002.《잃어버린 기억을 찾아서: 광기의 시대를 생각함》삼인출판
사.

58) 부산근대역사관. 2004.《부산근대역사관 이야기》62쪽에서 65쪽.

59) 보수동 책방골목 서점 안내도 중앙 빨간 점으로 표시되어 있는 네거리

60) http://www.bosubook.com

61) 표용수. 2010.《부산 역사의 현장을 찾아서》선인. 195쪽에서 198쪽.

62) 박상현. 2011. "부산의 노포".《부산일보》3월 10일자.

63) 최원준. 2014. "부산사람 정, 제대로 느끼는 명물시장".《부산이야기》5월호
9쪽.

64) 표용수. 2010.《부산 역사의 현장을 찾아서》선인. 189쪽.

65) 최원준. 2014. "부산사람 정, 제대로 느끼는 명물시장".《부산이야기》5월호
6쪽

66) 표용수. 2010.《부산 역사의 현장을 찾아서》선인. 192쪽에서 195쪽.

67) 盧思愼·姜希孟·徐居正·成任·梁誠之·金宗直·李荇·洪彦弼. 1969(1530).
《新增東國輿地勝覽 2》민족문화추진회. 173쪽에서 185쪽.

68) 盧思愼·姜希孟·徐居正·成任·梁誠之·金宗直·李荇·洪彦弼. 1969(1530).
《新增東國輿地勝覽 2》민족문화추진회. 378쪽.

69) 이민웅. 2017. "18세기 강화도 수비체제의 강화".《한국사론》제34권. 9쪽.

70) 진단학회. 1961.《한국사 최근세편》을유문화사. 367쪽에서 401쪽.

71) 이영호. 2017.《개항도시 제물포》민속원. 25쪽에서 31쪽.

72) 이영호. 2017.《개항도시 제물포》민속원. 103쪽에서 117쪽.

73) 이이화. 2014.《전봉준 혁명의 기록: 동학농민전쟁 120년, 녹두꽃 피다》생
각정원. 100쪽에서 126쪽.

74) 이영호. 2017.《개항도시 제물포》민속원. 235쪽에서 243쪽.

75) Isabella Bird Bishop. 1994.《한국과 그 이웃 나라들》(Korea and Her
Neighbours). 이인화 역. 살림. 211쪽에서 287쪽.

76) 윤치호. 2014.《국역 윤치호 영문 일기 2》박정신·이민원 역. 국사편찬위원
회. 346쪽.

77) 신세라. 2013. "제물포해전과 바략 해제". V. I. Katayev. 《제물포해전과 바략》 글로벌콘텐츠 10쪽에서 12쪽.

78) V. I. Katayev. 2013(2008). 《제물포해전과 바략》 글로벌콘텐츠. 188쪽.

79) 경인일보 특별취재팀. 2012. 《세계사를 바꾼 인천의 전쟁》 다인아트. 281쪽에서 302쪽.

80) V. I. Katayev. 2013(2008). 《제물포해전과 바략》 글로벌콘텐츠. 175쪽에서 196쪽.

81) V. I. Katayev. 2013(2008). 《제물포해전과 바략》 글로벌콘텐츠. 197쪽에서 244쪽.

82) 경인일보 특별취재팀. 2012. 《세계사를 바꾼 인천의 전쟁》 다인아트. 328쪽에서 331쪽.

83) 박명림. 2002. 《한국 1950 전쟁과 평화》 나남. 426쪽.

84) 강변구. 2017. 《그 섬이 들려준 평화이야기: 작은 섬 월미도가 겪은 큰 전쟁들》 서해문집. 260쪽에서 289쪽.

85) 진실화해를 위한 과거사정리위원회. 2008. 〈월미도 미군폭격사건 진실규명결정서〉

86) 김구현. 2012. "월미도사건 특별법 제정 발의에 관한 의견". 국회의원 문병호·생생포럼. 〈월미도 사건 진상 규명 및 피해자 보상에 관한 특별법 제정을 위한 토론회〉

87) 조요한. 1999. 《한국미의 조명》 열화당. 56쪽에서 57쪽.

88) 이인범. 2006. "고유섭 해석의 제문제". 최원식. 《한국미학의 선구자 우현 고유섭: 아무도 가지 않은 길》 인천문화재단. 108쪽에서 117쪽.

89) 이점옥. 2006. "又玄略傳과 日記抄". 최원식. 《한국미학의 선구자 우현 고유섭: 아무도 가지 않은 길》 인천문화재단. 165쪽에서 170쪽.

90) 최원식. 2006. 《한국미학의 선구자 우현 고유섭: 아무도 가지 않은 길》 인천문화재단. 10쪽.

91) 이점옥. 2006. "又玄略傳과 日記抄". 최원식. 《한국미학의 선구자 우현 고유섭: 아무도 가지 않은 길》 인천문화재단. 186쪽에서 195쪽.

92) 김창수. 2006. "한국 미학의 선구자: 우현 고유섭의 생애와 연구자료전". 최원식. 《한국미학의 선구자 우현 고유섭: 아무도 가지 않은 길》 인천문화재단. 234쪽에서 239쪽.

93) 이인범. 2006. "내 선생이 관장으로 오셨거든: 황수영 전 동국대 총장의 회상". 최원식.《한국미학의 선구자 우현 고유섭: 아무도 가지 않은 길》인천문화재단. 152쪽에서 153쪽.

94) 배성수. 2012. "인천고적조사보고서". 이경성.《인천고적조사보고서 인천향토사의 시작》인천문화재단. 8쪽에서 13쪽.

95) 이경성. 2012.《인천고적조사보고서 인천향토사의 시작》인천문화재단, 184쪽.

96) 鄭麟趾. 1991(1451).《高麗史 第2冊》신서원. 330쪽. "毁民家五十餘區 作太平亭 命太子書額 旁植名花異果 奇麗珍玩之物 布列左右 亭南鑿池 作觀瀾亭 其北構養怡亭 蓋以青瓷"(민가 50여 채를 헐어 내고 태평정을 짓고 태자에게 명령하여 현판을 쓰게 하였다. 그 정자 주위에는 유명한 화초와 진기한 과수를 심었으며 이상스럽고 화려한 물품들을 좌우에 진열하고 정자 남쪽에 못을 파고 거기에 관란정을 세웠으며 그 북쪽에는 양이정(養怡亭)을 신축하여 청자기와(青瓷)를 이었다).

97) 고유섭. 2010.《우현 고유섭 전집 5: 高麗青瓷》열화당. 104쪽에서 106쪽.

98) 고유섭. 2007.《우현 고유섭 전집 2: 朝鮮美術史 下 各論篇》열화당. 412쪽에서 413쪽.

99) 이충렬. 2012.《혜곡 최순우 한국미의 순례자》김영사. 279쪽에서 295쪽.

100) 고유섭. 2013. "고유섭 연보".《우현 고유섭 전집 8: 美學과 美術評論》열화당. 333쪽에서 342쪽.

101) 신흥식. 1923.《教會歷史》. 내리교회 역사편찬위원회. 2015.《내리선교 130년 역사화보집》내리교회. 32쪽에서 재인용.

102) 내리교회 역사편찬위원회. 2015.《내리선교 130년 역사화보집》내리교회. 44쪽.

103) 내리교회 역사편찬위원회. 2015.《내리선교 130년 역사화보집》내리교회. 64쪽에서 73쪽.

104) 加瀨和三郎. 2004(1908).《譯註 仁川 開港 25年史》인천광역시 역사자료관 역사문화연구실. 60쪽에서 61쪽.

105) 이영호. 2017.《개항도시 제물포》민속원. 398쪽에서 400쪽.

106) Mark Napier Trollope. 1898. "Eli Barr Landis, M.D.". Appenzeller & Jones (eds.). The Korean Repository. The Trilingual Press. 183쪽.

107) 이영호. 2017.《개항도시 제물포》민속원. 411쪽에서 413쪽.

108) Williston Walker, Richard Norris, David Lotz & Robert Handy. 1993.《기독교회사》(A History of the Christian Church). 크리스챤 다이제스트. 505쪽에서 512쪽.

109) Mark Napier Trollope. 1898. "Eli Barr Landis, M.D.". Appenzeller & Jones (eds.). The Korean Repository. The Trilingual Press. 187쪽에서 188쪽.

110) Mark Napier Trollope. 1898. "Eli Barr Landis, M.D.". Appenzeller & Jones (eds.). The Korean Repository. The Trilingual Press. 185쪽에서 186쪽.

111) 이영호. 2017.《개항도시 제물포》민속원. 426쪽에서 429쪽.

112) 나채훈·박한섭. 2006.《인천 개항사》미래지식. 199쪽에서 200쪽.

113) 이옥련. 2008.《인천 화교 사회의 형성과 전개》인천문화재단. 39쪽에서 46쪽.

114) 동아시아건축역사연구실. 2007.《인천 선린동 공화춘: 기록화 조사 보고서》문화재청. 69쪽에서 87쪽.

115) 양세욱. 2009.《짜장면뎐: 시대를 풍미한 검은 중독의 문화사》프로네시스. 145쪽에서 149쪽.

116) 손장원. 2009. "인천의 근대건축의 특성과 흐름". 강덕우·강옥엽 기획.《건축으로 보는 도시 인천》인천광역시 역사자료관. 53쪽에서 73쪽.

117) 이영호. 2017.《개항도시 제물포》민속원. 146쪽에서 156쪽.

118) 정상천. 2013.《나폴레옹도 모르는 한·프랑스 이야기》국학자료원. 23쪽에서 27쪽.

119) 인천직할시사편찬위원회. 1983.《인천 개항 100년사》인천직할시. 1273쪽에서 1275쪽.

120) 고유섭. 2007.《우현 고유섭 전집 1: 朝鮮美術史 上 總論篇》열화당. 84쪽에서 94쪽.

121) 김윤식 외. 2007.《테마로 찾아보는 인천 개항장 역사기행》인천광역시 역사자료관 역사문화연구실. 95쪽.

122) 유동현. 2016.《시대의 길목 개항장: 제물포를 드나든 에피소드》글누림. 74쪽에서 97쪽.

123) 김학수. 2002.《스크린 밖의 한국 영화사 1》인물과사상사. 67쪽에서 68쪽.

124) 김종원·정중헌. 2001.《우리 영화 100년》현암사. 139쪽에서 140쪽.

125) 강준만·오두진. 2005.《고종 스타벅스에 가다》인물과사상사. 36쪽에서 40쪽.

126) 유동현. 2016.《시대의 길목 개항장: 제물포를 드나든 에피소드》글누림. 99쪽에서 100쪽.

127) 강옥엽·조우성·김윤식·강덕우. 2013.《선구지 인천의 근대풍경 1883-1945》인천광역시 시사편찬위원회. 242쪽.

128) 유동현. 2015.《동인천 잊다 있다》인천광역시. 229쪽에서 237쪽.

129) 一然. 2012.《원문과 함께 읽는 三國遺事》신태영 역. 한국인문고전연구소. 58쪽에서 59쪽.

130) 村山智順. 1992.《한국의 풍수》정현우 역. 명문당.

131) 이도흠. 2000.《신라인의 마음으로 삼국유사를 읽는다》푸른역사. 34쪽에서 47쪽.

132) 一然. 2012.《원문과 함께 읽는 三國遺事》신태영 역. 한국인문고전연구소. 68쪽에서 69쪽.

133) 양승이. 2010.《한국의 상례: 한국인의 생사관에 대한 인문학적 성찰》한길사. 145쪽에서 173쪽.

134) 이수봉. 2008.《장례문화의 이해》경인문화사. 83쪽에서 85쪽.

135) 김덕진 외. 2013.《광주읍성》심미안. 255쪽.

136) 양승이. 2010.《한국의 상례: 한국인의 생사관에 대한 인문학적 성찰》한길사. 97쪽에서 155쪽.

137) 공성술. 2012.《오방 최흥종》(사)오방기념사업회·광주YMCA.

138) 최흥종. 1960. "구라사업 50년사 개요".《호남일보》3월 17일자.

139) 양창삼. 2012.《조선을 섬긴 행복: 서서평의 사랑과 인생》서빙더피플.

140) 조현종·허달재. 2015.《전통회화 최후의 거장 의재 허백련》국립광주박물관. 22쪽에서 23쪽.

141) 김용옥. 2000.《노자와 21세기 上》통나무. 180쪽에서 208쪽.

142) 차종순. 2003.《양림교회 100년사 Ⅰ 1904-1953》양림교회 역사편찬위원회. 213쪽에서 228쪽.

143) 이덕주. 2008.《광주 선교와 남도영성 이야기》진흥. 129쪽에서 134쪽.

144) 이종한. 2006.《정율성 평전: 음악이 나의 무기다》지식산업사. 4쪽에서

16쪽.

145) 수피아100년사간행위원회. 2008. 《수피아백년사》 광주수피아여자중고등
학교. 960쪽.

146) 이종한. 2006. 《정율성 평전: 음악이 나의 무기다》 지식산업사. 73쪽에서
96쪽.

147) 이종한. 2006. 《정율성 평전: 음악이 나의 무기다》 지식산업사. 193쪽에
서 227쪽.

148) 이종한. 2006. 《정율성 평전: 음악이 나의 무기다》 지식산업사. 265쪽에서
285쪽.

149) 임혜선. 2016. "캔버스 위, 양림동의 정신을 그리는 남자 한희원 화가".
《도시문제》 51권 571호. 46쪽에서 47쪽.

150) 광주직할시사편찬위원회. 1993. 《광주시사 제2권》 광주직할시. 398쪽에
서 399쪽.

151) 광주직할시사편찬위원회. 1993. 《광주시사 제2권》 광주직할시. 197쪽에
서 198쪽.

152) 김정호. 2014. 《광주산책 上》 광주문화재단. 192쪽에서 197쪽.

153) 성현출. 2014. 《광주 남구 문화유적》 광주광역시 남구문화원. 36쪽.

154) 盧思愼·姜希孟·徐居正·成任·梁誠之·金宗直·李荇·洪彦弼. 1969(1530).
《新增東國輿地勝覽 5》 민족문화추진회. 550쪽에서 552쪽.

155) 鄭淳邦. 《草堂集》. 김덕진 외. 2013. 《광주읍성》 심미안. 132쪽에서 134쪽
재인용.

156) 허준·장민·이시영. 2009. "민가의 전통정원 재현 및 활용에 관한 연구: 광
주광역시 이장우 가옥을 대상으로". 《농업사연구》 8권 3호. 114쪽에서 125쪽.

157) 주찬범. 2011. 《정조의 수수께끼 만년제》 신성북스. 126쪽에서 165쪽.

158) 한영우. 2006. 《조선의 집 동궐에 들다: 창덕궁과 창경궁으로 떠나는 우
리 역사 기행》 효형출판. 212쪽에서 218쪽.

159) 박선홍. 2015. 《광주 1백년 Ⅲ: 개화기 이후 광주의 삶과 풍속》 푸른커뮤
니케이션. 56쪽에서 60쪽.

160) 성현출. 2014. 《광주 남구 마을(동)지》 광주광역시 남구문화원. 74쪽에서
78쪽.

161) 박종호 외. 2008. "광주 양림동 선교지역 근대건축의 특징에 관한 연구".

《공학기술논문지》186쪽에서 194쪽.

162) 천득염. 2009. "광주 양림동의 근대도시공간적 의미".《호남학연구》13쪽
에서 14쪽.

163) 수피아100년사간행위원회. 2008.《수피아백년사》광주수피아여자중고등
학교. 174쪽에서 177쪽.

164) Oliver R. Avison. 2010.《근대 한국 42년(상) (1893~1935)》(Memoires
of Life in Korea). 박형우 역. 청년의사. 141쪽에서 168쪽.

165) Allen Degray Clark. 1979.《에비슨 전기: 한국 근대 의학의 개척자》
(Avison of Korea: The Life of Oliver R. Avison, M.D.). 홍사석·이유복·최인준·
김일순·김길영·김병수·고윤웅 역. 연세대학교출판부. 309쪽에서 310쪽; 이영
식. 2015. "올리버 알 에비슨의 생애와 한국에서의 선교활동". 〈한국복음주의역
사학회 제32차 및 한국교회사학회 제125차 공동학술대회 논문집〉. 128쪽에서
129쪽.

166) 김종남. 1989. "광주YWCA 명예회장 조아라 장로".《월간예향》6월호. 72
쪽에서 78쪽.

167) 수피아100년사간행위원회. 2008.《수피아백년사》광주수피아여자중고등
학교. 354쪽에서 361쪽.

168) 송병수. 1997. "제4절 지명의 유래와 변천". 순천시사편찬위원회.《순천시
사: 정치사회편》순천시. 101쪽.

169) 盧思愼·姜希孟·徐居正·成任·梁誠之·金宗直·李荇·洪彦弼.
1969(1530).《新增東國輿地勝覽 5》민족문화추진회. 213쪽에서 214쪽.

170) Lillias H. Underwood. 2015(1918).《언더우드: 조선에 온 첫 번째 선교
사와 한국 개신교의 시작 이야기》(Underwood of Korea). 이만열 역. IVP. 121
쪽에서 130쪽.

171) 차종순·김동철·우승완. 2010.《매산등 이야기: 백 년 전 순천으로 마실가
기》순천시. 39쪽에서 43쪽.

172) 한영우. 2014.《다시 찾는 우리역사》경세원. 523쪽에서 529쪽.

173) 김홍 편저. 2001.《韓國의 軍制史》학연문화사. 219쪽에서 248쪽.

174) 황남준. 1987. "전남지방정치와 여순사건". 박현채 외.《해방전후사의 인
식 3》한길사. 412쪽에서 423쪽.

175) 이학영. 1997. "제3절 순천에서 겪은 여순사건". 순천시사편찬위원회 편

저.《순천시사: 정치, 사회편》순천시. 812쪽에서 839쪽.

176) 차종순·김동철·우승완. 2010.《매산등 이야기: 백 년 전 순천으로 마실가 기》순천시. 102쪽.

177) 안종철. 1997. "제2절 여순사건의 발발과 전개". 순천시사편찬위원회 편 저.《순천시사: 정치, 사회편》순천시. 765쪽.

178) 황남준. 1987. "전남지방정치와 여순사건". 박현채 외.《해방전후사의 인 식 3》한길사. 446쪽에서 449쪽.

179) 순천시사편찬위원회 편저.《순천시사: 정치, 사회편》순천시. 758쪽 및 767쪽.

180) 박명림. 1996.《한국전쟁의 발발과 기원 2》나남. 411쪽에서 415쪽.

181) 李肯翊. 1982.《燃藜室記述》민족문화추진회. 181쪽.

182) 정옥자. 2012.《지식기반 문화대국 조선: 조선사에서 법고창신의 길을 찾 다》돌베개. 37쪽.

183) 司馬遷. 2014.《史記 本紀 2》알마. 67쪽에서 75쪽.

184) 翦伯贊·吳榮曾·田余慶·汪錢·吳宗國·鄧廣銘·許大齡·邵循正·陳慶華. 1990(1979).《中國全史》(中國史綱要). 학민사. 109쪽에서 113쪽.

185)《燕山君日記》제30권. 연산 4년 7월 17일 신해 두 번째 기사.

186) 조원래. 1997. "김굉필의 교육활동과 서원사우". 순천시사편찬위원회 편 저.《순천시사: 문화, 예술편》순천시. 30쪽에서 35쪽.

187) 李肯翊. 1982.《燃藜室記述》민족문화추진회. 181쪽.

188) 김수진. 2004.《한국 초기 선교사들의 이야기》한국장로교출판사. 151쪽 에서 157쪽.

189) 차종순·김동철·우승완. 2010.《매산등 이야기: 백 년 전 순천으로 마실가 기》순천시. 122쪽에서 124쪽.

190) George Thompson Brown. 2010.《한국 선교 이야기: 미국 남장로교 한국 선교 역사 1892~1962》(Mission to Korea). 동연. 240쪽에서 244쪽.

191) 이재근. 2016. "남장로교 선교사 존 크레인의 유산: 전도자, 교육자, 신학 자". 한국기독교역사연구소.《한국기독교와 역사》제45호 126쪽에서 149쪽.

192) 순천시사편찬위원회 편저.《순천시사: 문화, 예술편》순천시. 554쪽에서 재인용.

193) Sophie Montgomery Crane. 2011(1998).《기억해야 할 유산: 한 세기의

의료선교》(A Legacy Remembered: A Century of Medical Missions). CTS 기독교TV. 146쪽에서 162쪽.

194) Sophie Montgomery Crane. 2011(1998).《기억해야 할 유산: 한 세기의 의료선교》(A Legacy Remembered: A Century of Medical Missions). CTS 기독교TV. 13쪽에서 17쪽.

195) 신익철. 2015.《조선의 매화시를 읽다》글항아리. 13쪽.

196) 최완수. 2015. "도언". 최완수·정병삼·백인산·오세현·탁현규.《매·난·국·죽: 선비의 향기》간송미술문화재단. 10쪽에서 11쪽.

197) 양한택·조원래. 1997. "제2절 유교유적과 문화재". 순천시사편찬위원회 편저.《순천시사: 문화, 예술편》순천시. 897쪽.

198) 심재축. 2016. "순천 매곡동 마을프로젝트로 활력 되찾나". 전남일보 12월 28일자.

199) 장영인. 1997. "제4절 체육활동". 순천시사편찬위원회 편저.《순천시사: 문화, 예술편》순천시. 810쪽에서 811쪽.

200) 이덕주. 2008.《예수 사랑을 실천한 목포·순천 이야기》진흥. 131쪽에서 138쪽.

201) 심명섭. 1997. "내가 겪은 여순사건". 순천시사편찬위원회 편저.《순천시사: 정치, 사회편》순천시. 813쪽에서 814쪽.

202) 인요한. 2006.《내 고향은 전라도 내 영혼은 한국인》생각의나무. 210쪽에서 214쪽.

203) 인요한. 2006.《내 고향은 전라도 내 영혼은 한국인》생각의나무. 59쪽에서 88쪽.

204) 임종업. 2006. "우리 꽃 들려준 여인은 누굴까". 한겨레신문 4월 7일자.

205) Florence Hedlestone Crane. 2003(1931).《한국의 야생화 이야기》(Flowers and Folk-lore from Far Korea). 윤수현 역. 민속원. 224쪽에서 225쪽.

206) Florence Hedlestone Crane. 2003(1931).《한국의 야생화 이야기》(Flowers and Folk-lore from Far Korea). 윤수현 역. 민속원. 154쪽에서 155쪽.

207) Florence Hedlestone Crane. 2003(1931).《한국의 야생화 이야기》(Flowers and Folk-lore from Far Korea). 윤수현 역. 민속원. 205쪽에서 206쪽.

208) 김○△. 1997. "내가 겪은 여순사건". 순천시사편찬위원회 편저.《순천시사: 정치, 사회편》순천시. 817쪽에서 819쪽.

209) 金宗瑞·鄭麟趾. 1991(1451).《高麗史 第11冊》신서원. 6쪽.

210) 지정운. 2017. "임종기 순천시의장 팔마비는 조선의 적폐청산비". News 1 뉴스. 5월 17일자.

211) 김동욱. 2002.《실학 정신으로 세운 조선의 신도시 수원 화성》돌베개. 98쪽에서 104쪽.

212) 김동욱. 2002.《실학 정신으로 세운 조선의 신도시 수원 화성》돌베개. 124쪽에서 128쪽.

213) 권태환. 1990. "일제시대의 도시화".《한국의 사회와 문화》제11집. 251쪽에서 298쪽.

214) 이덕주. 2008.《광주 선교와 남도 영성 이야기》진흥. 18쪽에서 20쪽.

215) 김충식. 2015.《목화꽃과 그 일본인: 외교관 와카마쓰의 한국 26년》메디치미디어. 241쪽에서 259쪽.

216) 川島喜彙. 2010(1934).《新編釜山大觀》김승·양미숙 역. 선인. 113쪽.

217) 김수진. 1998.《京都教會의 歷史 1925-1998》재일대한기독교경도교회. 51쪽에서 102쪽.

218) 김택근. 2012.《새벽: 김대중 평전》사계절. 54쪽에서 68쪽.

219) 홍석률. 2009. "1971년 대통령선거의 양상: 근대화 정치의 가능성과 위험성".《역사비평》제87권 여름호. 464쪽에서 473쪽.

220) 김택근. 2012.《새벽: 김대중 평전》사계절. 139쪽.

221) 김택근. 2012.《새벽: 김대중 평전》사계절. 168쪽.

222) 이동형. 2011.《영원한 라이벌 김대중 VS 김영삼》왕의서재. 499쪽에서 537쪽.

223) 김택근. 2012.《새벽: 김대중 평전》사계절. 344쪽에서 348쪽.

224) Tat Yan Kong. 2000. The Politics of Economic Reform in South Korea: A Fragile Miracle. Routlegde. 247쪽에서 251쪽.

225) 이덕주. 2008.《광주 선교와 남도 영성 이야기》진흥. 19쪽에서 23쪽.

226) 주명준. "유진 벨 선교사의 목포선교".《전북사학》816쪽에서 819쪽.

227) 3.1운동 당시 민족대표 33인이 작성한 '독립선언서', 동경유학생들이 작성한 '2.8독립선언서', 조선독립광주신문 '인쇄물', 격문 '警告我二千萬同胞(경고아이천만동포, 2000만 동포에게 고하는 글)', '독립가' 사본 등 5종 문서.

228) 이덕주. 2008.《예수 사랑을 실천한 목포 순천 이야기》진흥. 54쪽에서 58

쪽.

229) 국가보훈처 블로그 http://mpva.tistory.com/1892

230) 김양호. 2016. 《목포 기독교 이야기》 세움북스. 165쪽에서 172쪽.

231) 森山諭. 2012. 《진주의 노래: 한국 고아의 어머니 윤학자의 생애》 윤기 역. 홍성사.

232) 森山諭. 2012. 《진주의 노래: 한국 고아의 어머니 윤학자의 생애》 윤기 역. 홍성사. 287쪽에서 294쪽.

233) 이훈동. 2007. 《나의 아침은 늘 새로웠다》 새미. 87쪽에서 207쪽.

234) 인요한. 2006. 《내 고향은 전라도 내 영혼은 한국인》 생각의나무. 79쪽.

235) 장영길. 2008. "지명 형태소 {-구미}의 형태·의미론적 고찰". 《어문학》 153쪽에서 156쪽.

236) 김택근. 2012. 《새벽: 김대중 평전》 사계절. 54쪽에서 68쪽.

237) 《孟子》盡心章句 上 第9章 窮則獨善基身 達則兼善天下

238) 정옥자. 2002. 《우리가 정말 알아야 할 우리 선비》 현암사. 384쪽에서 393쪽.

239) 橘俊綱. 2012. 《사쿠테이키》(作庭記). 김승균 역. 연암서가. 60쪽에서 62쪽.

240) 김양호. 2016. 《목포 기독교 이야기》 세움북스.

241) 김양호. 2016. 《목포 기독교 이야기》 세움북스. 219쪽에서 221쪽.

242) 최석호·박종인·이길용. 2015. 《골목길 근대사》 시루. 139쪽에서 141쪽.

243) 大谷新太郎. 2015. "일본인관광객 방한 동향 및 전남 유지방안". 최석호 편저. 《한국관광 희망을 이야기하다!》 백산출판사. 82쪽에서 84쪽.

참고문헌

간송미술문화재단. 2014.《간송문화》
강변구. 2017.《그 섬이 들려준 평화이야기: 작은 섬 월미도가 겪은 큰 전쟁들》
서해문집.
강옥엽·조우성·김윤식·강덕우. 2013.《선구지 인천의 근대풍경 1883-1945》
인천광역시 시사편찬위원회.
강응천·문중양·염정섭·오상학·이경구. 2014.《17세기 대동의 길》민음사.
강재훈. 2014. "간송은 자기 이름에 숯검댕이 묻혔던 분". 한겨레신문 4월 20일
자.
강준만·오두진. 2005.《고종 스타벅스에 가다》인물과 사상사.
강행원. 2011.《한국문인화: 그림에 새긴 선비의 정신》한길아트.
경인일보 특별취재팀. 2012.《세계사를 바꾼 인천의 전쟁》다인아트.
고석규. 2004.《근대도시 목포의 역사 공간 문화》서울대학교출판부.
고석규. 2013. "항구도시 목포의 빛과 그림자". 국립해양문화재연구소.《항구도
시 목포의 추억1번지 오거리》
고유섭. 2007.《우현 고유섭 전집 1: 朝鮮美術史 上 總論篇》열화당.
고유섭. 2007.《우현 고유섭 전집 2: 朝鮮美術史 下 各論篇》열화당.
고유섭. 2010.《우현 고유섭 전집 5: 高麗靑瓷》열화당.
고유섭. 2013.《우현 고유섭 전집 8: 美學과 美術評論》열화당.
공성술. 2012.《오방 최흥종》(사)오방기념사업회·광주YMCA.
광주직할시사편찬위원회. 1993.《광주시사 제2권》광주직할시.
국가보훈처 공식블로그 http://mpva.tistory.com/1892
국립해양문화재연구소. 2013.『항구도시 목포의 추억 1번지 오거리』
국외소재문화재재단. 2013.《왜관수도원으로 돌아온 겸재정선화첩》사회평론.
권대웅. 2013. "백산무역주식회사의 설립과 경영". 백산안희제선생순국70주년
추모위원회 편.《백산 안희제의 생애와 민족운동》선인.
김광영. 2014. "보수동 벽화마을 책 속으로 여행".「부산이야기」91 (5): 59.
김구현. 2012. "월미도사건 특별법 제정 발의에 관한 의견". 국회의원 문병호·생
생포럼.〈월미도 사건 진상 규명 및 피해자 보상에 관한 특별법 제정을 위한 토
론회〉

김대중. 2000.《김대중 옥중서신》한울.

김덕진 외. 2013.《광주읍성》심미안.

김동수. 1991. "운주사의 역사적 고찰". 전남대학교박물관.《운주사종합학술조사》

김동욱. 2002.《실학 정신으로 세운 조선의 신도시 수원 화성》돌베개.

김병문. 2012.《그들이 한국의 대통령이다》북코리아.

金守珍. 1998.《京都教會의 歷史》在日本大韓基督教京都教會.

김수진. 2004.《한국 초기 선교사들의 이야기》한국장로교출판사.

김양호. 2016.《목포 기독교 이야기》세움북스.

김영삼. 2001. "김영삼 대통령 고려대 강의". 함성득 편.《김영삼 정부의 성공과 실패》나남.

김용옥. 2000.《노자와 21세기 上》통나무.

김원이·이왕동. 2013.《초량교회 120년 약사 1892-2012》초량교회 120년사 편찬위원회.

김윤식 외. 2007.《테마로 찾아보는 인천 개항장 역사기행》인천광역시 역사자료관 역사문화연구실.

김응교. 1993.《조국》풀빛.

김일권, 2008.《고구려 별자리와 신화: 고구려 하늘에 새긴 천공의 유토피아》사계절.

김일권. 2008.《우리 역사의 하늘과 별자리: 고대부터 조선까지 한국 별자리와 천문문화사》고즈윈.

김정호. 2014.《광주산책 上》광주문화재단.

김정호. 2015.《광주산책 下》광주문화재단.

김종남. 1989. "광주YWCA 명예회장 조아라 장로".《월간예향》6월호.

金宗瑞·鄭麟趾. 1991(1451).《高麗史 第11冊》신서원.

김종원·정중헌. 2001.《우리 영화 100년》현암사.

김창민 외. 2015.《내리선교 130년 역사화보집》내리교회.

김창수. 2006. "한국 미학의 선구자: 우현 고유섭의 생애와 연구자료전". 최원식.《한국 미학의 선구자 우현 고유섭: 아무도 가지 않은 길》인천문화재단.

金昌業. 1976.《老稼齋 燕行日記》민족문화추진회.

김창현. 2011. "고려시대 능성 운주사에 대한 탐색".《사총》72: 27-74.

김충식. 2015.《목화꽃과 그 일본인: 외교관 와카마쓰의 한국 26년》메디치미디어.

김택근. 2012.《새벽, 김대중 평전》사계절.

김학수. 2002.《스크린 밖의 한국영화사 1》인물과 사상사.

김홍 편저. 2001.《韓國의 軍制史》학연문화사.

김희경. 1982.《한국의 탑》열화당.

김○△. 1997. "내가 겪은 여순사건". 순천시사편찬위원회.《순천시사: 정치사회편》순천시.

나채훈·박한섭. 2006.《인천 개항사》미래지식.

내리교회 역사편찬위원회. 2015.《내리선교 130년 역사화보집》내리교회.

盧思愼·姜希孟·徐居正·成任·梁誠之·金宗直·李荇·洪彦弼. 1969(1530).《新增東國興地勝覽 5》민족문화추진회.

동아시아건축역사연구실. 2007.《인천 선린동 공화춘 기록화 조사보고서》문화재청.

동아일보. 1937. "조선영화계의 공로자 고 나운규 씨의 업적". 8월 10일자.

동아일보. 1940. "전형필씨의 보중인계". 6월 29일자.

동아일보. 1981. "주기철 목사 일대기 2년 만에 상영보류 풀려". 2월 2일자.

목포문화원. 2005.《다시 보는 유달산》

문부식. 2002.《잃어버린 기억을 찾아서: 광기의 시대를 생각함》삼인출판사.

문순태. 2009. "빛나고 아름다운 섬: 성옥 이훈동 회장의 발자취". 문순태·최하림 편.《성옥 이훈동 기념관 소장품선》성옥문화재단.

문순태·최하림 편. 2009.《성옥 이훈동 기념관 소장품선》성옥문화재단.

문화재청 보도자료. 2013. "대한제국 국새와 고종 어보 등 인장 9점, 한미 수사 공조를 통해 압수". 11월 21일자.

박경식, 1989. "화순 운주사의 석탑에 관한 고찰", 단국대 중앙박물관,《박물관기요》5권

박길룡. 1941. "조선 주택 잡감".《조선과 건축》

박래부. 1993.《한국의 명화: 현대미술 100년의 열정》민음사.

박명림. 1996.《한국전쟁의 발발과 기원 2: 기원과 원인》나남.

박명림. 2002.《한국 1950: 전쟁과 평화》나남.

박선홍. 2015.《광주 1백년 Ⅲ: 개화기 이후 광주의 삶과 풍속》푸른커뮤니케이

션.

박정배. 2013.《음식강산 1: 바다의 귀한 손님들이 찾아온다》한길사.

박정배. 2013.《음식강산 2: 국수는 행복의 음식이다》한길사.

박종호·정찬영·김영훈·신웅주·이상선·성대철·박강철. 2008. "광주 양림동 선교지역 근대건축의 특징에 관한 연구".《공학기술논문지》1(1): 179-195.

박차지현. 2005.《한 권으로 보는 한국미술사》프리즘하우스.

박태순. 1989. "화순 운주사 천불천탑 이야기" 「월간 중앙」 1월호.

박현채 외. 1987.《해방전후사의 인식 3》한길사.

박화진. 2003.《부산의 역사와 문화》부경대학교 출판부.

배성규·심진경. 2005. "예술과 현실의 경계에 선 1930년대 모더니즘 소설". 이태준·박태원.《20세기 한국소설 6: 달밤, 해방전후, 소설가 구보씨의 일일, 방란장 주인》창비.

배성수. 2012. "인천고적조사보고서". 이경성.《인천고적조사보고서: 인천향토사의 시작》인천문화재단.

부산근대역사관. 2004.《부산근대역사관 이야기》

서울역사박물관. 2013.《창신동, "나 여기 있어요!"》

서울역사박물관. 2014.《잘가, 동대문운동장》

서울학연구소. 2009.《청계천, 청계고가를 기억하며》마티.

설재우. 2012.《서촌방향: 과거와 현대가 공존하는 서울 최고의 동네》이덴슬리벨.

성현출. 2014.《광주 남구 마을(동)지》광주광역시 남구문화원.

성현출. 2014.《광주 남구 문화유적》광주광역시 남구문화원.

손동희. 2006.《나의 아버지 손양원》아가페출판사.

손장원. 2009. "인천의 근대건축의 특성과 흐름". 강덕우·강옥엽 기획.《건축으로 보는 도시 인천》인천광역시 역사자료관.

손흥규. 2008.《청년의사 장기려》다산책방.

송기숙. 1991. "운주사 천불천탑 설화와 변혁사상" 「실천문학」 여름호.

송병수. 1997. "제4절 지명의 유래와 변천". 순천시사편찬위원회.《순천시사: 정치사회편》순천시.

송우혜. 2004.《윤동주평전》푸른역사.

수피아100년사간행위원회. 2008.《수피아백년사》광주수피아여자중고등학교.

순천시사편찬위원회. 1997.《순천시사》순천시.

신용하. 2011.《독도영유권에 대한 일본 주장 비판》서울대학교출판문화원.

신익철. 2015.《조선의 매화시를 읽다》글항아리.

實錄廳.《朝鮮王朝實錄 - 成宗實錄》

實錄廳.《朝鮮王朝實錄 - 燕山君日記》

심명섭. 1997. "내가 겪은 여순사건". 순천시사편찬위원회.《순천시사: 정치사회편》순천시.

심재축. 2016. "순천 매곡동 마을프로젝트로 활력 되찾나". 전남일보 12월 28일자.

심정섭. 1972. "청전 이상범 화백의 작품과 생애 수묵산수의 독보적 존재". 동아일보 5월 17일자.

안경하. 2013. "백산 고택의 숨은 이야기". 백산안희제선생순국70주년추모위원회 편.《백산 안희제의 생애와 민족운동》선인.

안종철. 1997. "제2절 여순사건의 발발과 전개". 순천시사편찬위원회.《순천시사: 정치사회편》순천시.

양세욱. 2009.《짜장면뎐: 시대를 풍미한 검은 중독의 문화사》프로네시스.

양승이. 2010.《한국의 상례: 한국인의 생사관에 대한 인문학적 성찰》한길사.

양창삼. 2012.《조선을 섬긴 행복: 서서평의 사랑과 인생》서빙더피플.

양한택·조원래. 1997. "제2절 유교유적과 문화재". 순천시사편찬위원회.《순천시사: 문화예술편》순천시.

오종원 · 조우성 · 김홍전 · 김윤식. 1999.《간추린 인천사》인천학연구소,

유동현. 2010.《동인천 잊다 있다》인천광역시.

유동현. 2016.《시대의 길목 개항장: 제물포를 드나든 에피소드》글누림.

윤치호. 2014.《국역 윤치호 영문 일기 2》박정신·이민원 역. 국사편찬위원회.

오세창. 1998.《국역 근역서화징》시공사.

오유석. 2009. "청계천과 동대문시장의 사회사". 서울학연구소.《청계천, 청계고가를 기억하며》마티.

오종원·조우성·김홍전·김윤식. 1999.《간추린 인천사》인천학연구소.

오주석. 2003.《오주석의 한국의 미 특강》솔.

오태진. 2014. "뉴라시아 길 위에서". 조선일보 8월 30일자.

요헨 힐트만,1997.《미륵: 운주사 천불천탑의 용화세계》학고재.

유동현. 2015.《동인천 잊다 있다》인천광역시.

유성룡. 2003.《징비록: 지옥의 전쟁 그리고 반성의 기록》김흥식 역. 서해문집.

유승훈. 2013.《부산은 넓다: 항구의 심장박동 소리와 산동네의 궁핍함을 끌어안은 도시》글항아리.

윤동주. 1996.《하늘과 바람과 별과 시》소담출판사.

윤평섭. 1984. "송석원에 대한 연구".《한국전통조경학회지》3(1): 221-230.

이경성. 2012(1949).《인천고적조사보고서: 인천향토사의 시작》인천문화재단.

李肯翊. 1982.《燃藜室記述》민족문화추진회.

이기환 편저. 2002.《성산 장기려》한걸음.

이덕주. 2008.《광주선교와 남도영성 이야기》진흥.

이덕주. 2008.《예수사랑을 실천한 목포·순천 이야기》진흥.

이도흠. 2000.《신라인의 마음으로 三國遺事를 읽는다》푸른역사.

이동언. 2010.《독립운동 자금의 젖줄 안희제》독립기념관.

이동형. 2011.《영원한 라이벌 김대중 VS 김영삼》왕의서재.

이민웅. 2004.《임진왜란 해전사: 7년 전쟁, 바다에서 거둔 승리의 기록》청어람미디어.

이민웅. 2017. "18세기 강화도 수비체제의 강화". 서울대학교 국사학과.《한국사론》34: 1-69.

李秉淵. 1778.《槎川詩》洪樂純 편.

이상익. 1998.《기호성리학연구》한울.

이성원. 2003. "성북동으로 떠나는 문화여행". 한국일보 3월 3일자.

이수봉. 2008.《장례문화의 이해》경인문화사.

이순신. 2004.《난중일기》송찬섭 역. 서해문집.

이순신역사연구회. 2006.《이순신과 임진왜란 4: 신에게는 아직도 열두 척의 배가 남아있나이다》비봉출판사.

이승수. 1998.《삼연 김창흡 연구》이화문화출판사.

이영식. 2015. "올리버 알 에비슨의 생애와 한국에서의 선교활동".〈한국복음주의역사학회 제32차 및 한국교회사학회 제125차 공동학술대회 논문집〉.

이영호. 2017.《개항도시 제물포》민속원.

이옥련. 2008.《인천 화교 사회의 형성과 전개》인천문화재단.

이이화. 2014.《전봉준, 혁명의 기록》생각정원.

이인범. 2006. "고유섭 해석의 제문제". 최원식.《한국 미학의 선구자 우현 고유섭: 아무도 가지 않은 길》인천문화재단.

이인범. 2006. "내 선생이 관장으로 오셨거든: 황수영 전 동국대 총장의 회상". 최원식.《한국 미학의 선구자 우현 고유섭: 아무도 가지 않은 길》인천문화재단.

이재근. 2016. "남장로교 선교사 존 크레인의 유산: 전도자, 교육자, 신학자". 한국기독교역사연구소.《한국기독교와 역사》45: 121–156.

이점옥. 2006. "又玄略傳과 日記抄". 최원식.《한국 미학의 선구자 우현 고유섭: 아무도 가지 않은 길》인천문화재단.

이종한. 2006.《정율성 평전: 음악이 나의 무기다》지식산업사.

이주헌. 1990. "화신백화점 설계한 근대건축 선구자". 한겨레신문 11월 16일자.

이지연. 2009. "일 형무소 수감 윤동주 생체실험 사망가능성". 동아일보 8월 17일자.

이충렬. 2010.《간송 전형필: 한국의 미를 지킨 대수장가 간송의 삶과 우리 문화재 수집이야기》김영사.

이충렬. 2012.《혜곡 최순우 한국미의 순례자》김영사.

이충렬. 2013.《김환기 어디서 무엇이 되어 다시 만나랴: 김환기 탄생 100주년 기념》유리창.

이학영. 1997. "제3절 순천에서 겪은 여순사건". 순천시사편찬위원회.《순천시사: 정치사회편》순천시.

이효인. 2003.《영화로 읽는 한국 사회문화사》개마고원.

이훈동. 2007.《나의 아침은 늘 새로웠다》새미.

인요한. 2006.《내 고향은 전라도 내 영혼은 한국인》생각의나무.

인천근현대문화예술사 편찬위원회. 2009.《인천 근현대 문화예술사 연구》인천문화재단.

인천직할시사편찬위원회. 1983.《인천 개항 100년사》인천직할시.

一然. 2012.《원문과 함께 읽는 三國遺事》신태영 역. 한국인문고전연구소.

임종업. 2006. "우리 꽃 들려준 여인은 누굴까". 한겨레신문 4월 7일자.

임혜선. 2016. "캔버스 위, 양림동의 정신을 그리는 남자 한희원 화가".《도시문제》51(571) : 46-47.

장미경. 2008. "근대 한일 여성 사회소설 비교연구".《일본어문학》39: 325-346.

장영길. 2008. "지명 형태소 {-구미}의 형태·의미론적 고찰".《어문학》102: 145-166.

장영인. 1997. "제4절 체육활동". 순천시사편찬위원회.《순천시사: 문화예술편》순천시.

전국 시장·군수·구청장협의회. 1999.《우리고장 문화유산》개마서원.

정상천. 2013.《나폴레옹도 모르는 한·프랑스 이야기》국학자료원.

鄭淳邦.《草堂遺稿》.

정옥자. 1998. "조선 후기 문풍과 진경시문학". 최완수 외.《우리 문화의 황금기 진경시대 1: 사상과 문화》돌베개.

정옥자. 2002.《우리가 정말 알아야 할 우리 선비》현암사.

정옥자. 2012.《지식기반 문화대국 조선: 조선사에서 법고창신의 길을 찾다》돌베개.

鄭麟趾. 1991(1451).《高麗史 第2冊》신서원.

정재림. 2013.《이태준, 밝은 달빛이 유감한 까닭에》우리학교.

정진희. "고려 치성광여래 신앙고찰". 한국학중앙연구원.《정신문화연구》36(3)

조규익·정영문·김성훈·서지원·윤세형·양훈식. 2013.《박순호 본 한양가 연구》학고재.

조요한. 1999.《한국미의 조명》열화당.

조용진·배재영. 2002.《동양화란 어떤 그림인가: 동양 그림의 철저한 해부와 친절한 안내》열화당.

조원래. 1997. "김굉필의 교육활동과 서원사우". 순천시사편찬위원회.《순천시사: 문화예술편》순천시.

조한. 2013.《서울, 공간의 기억 기억의 공간》돌베개.

조현종·허달재. 2015.《전통회화 최후의 거장 의재 허백련》국립광주박물관.

주경업. 2013.《찾아가는 근대 부산 이야기 마당》부산광역시.

주명준. "유진 벨 선교사의 목포선교".《전북사학》21/22: 795-825.

주찬범. 2011.《정조의 수수께끼 만년제》신성북스.

중앙선거관리위원회. 2009.《대한민국선거사 제4집》

중앙선거관리위원회. 2009.《대한민국선거사 제5집》

지정운. 2017. "임종기 순천시의장 팔마비는 조선의 적폐청산비". News 1 뉴스. 5월 17일자.

진단학회. 1961.《한국사 최근세편》을유문화사.

진실화해를 위한 과거사정리위원회. 2008. 〈월미도 미군폭격사건 진실규명결정서〉

진재교. 2003. "이조 후기 문예의 교섭과 공간의 재발견".《한문교육연구》21: 491-528.

차종순. 2003.《양림교회 100년사 I 1904-1953》양림교회 역사편찬위원회.

차종순·김동철·우승완. 2010.《매산등 이야기: 백 년 전 순천으로 마실가기》순천시.

채규철. 2002. "장기려는 성인인가 바보인가". 이기환 편저.《성산 장기려》한걸음.

천득염. 2009. "광주 양림동의 근대도시공간적 의미".《호남학연구》44: 1-32.

최석호·박종인·이길용. 2015.《골목길 근대사》시루.

최성환. 2011. "목포의 해상항과 개항장 형성과정의 특징".《한국민족문화》39: 165-193.

최완수. 1998. "조선 왕조의 문화절정기, 진경시대". 최완수 외.《우리 문화의 황금기 진경시대 1: 사상과 문화》돌베개.

최완수 외. 1998.《우리 문화의 황금기 진경시대 1: 사상과 문화》돌베개.

최완수 외. 1998.《우리 문화의 황금기 진경시대 2: 예술과 예술가들》돌베개.

최완수. 2014. "간송 전형필 선생 평전". 간송미술문화재단. 2014.《간송문화》

최원식. 2006.《한국 미학의 선구자 우현 고유섭: 아무도 가지 않은 길》인천문화재단.

최원준. 2014. "부산사람 정, 제대로 느끼는 명물시장".「부산이야기」91(5): 4-9. 최종현. 2013.《오래된 서울》동하.

최정윤·강영조·강동진. 2005. "부산시 중구 40계단 문화의 거리 조성계획".《한국조경학회지》33(1): 81-92.

최하림. 2009. "성옥기념관 소장 미술품과 작가". 문순태·최하림 편.《성옥 이훈동 기념관 소장품선》성옥문화재단.

최학림. 2009. "밀면의 비결, 특수한 육수에 있다". 부산일보 6월 19일자.

최흥종. 1960. "구라사업 50년사 개요". 《호남일보》 3월 17일자.

표용수. 2010. 《부산 역사의 현장을 찾아서》 선인.

한규무. 2008. "화순 운주사에 대한 편린과 단상". 역사문화학회. 《지방사와 지방문화》 11(2).

한영우. 2014. 《다시 찾는 우리역사》 경세원.

함성득 편. 2001. 《김영삼 정부의 성공과 실패》 나남.

허준·장민·이시영. 2009. "민가의 전통정원 재현 및 활용에 관한 연구: 광주광역시 이장우 가옥을 대상으로". 《농업사연구》 8(3): 112- 133.

홍석률. 2009. "1971년 대통령선거의 양상: 근대화 정치의 가능성과 위험성". 《역사비평》 87: 461-493.

황남준. 1987. "전남지방정치와 여순사건". 박현채 외. 《해방전후사의 인식 3》 한길사.

황석영. 2011. "황석영이 뽑은 한국 명단편 6: 이태준 '달밤' 上". 경향신문 12월 16일자.

황석영. 2011. "황석영이 뽑은 한국 명단편 6: 이태준 '달밤' 下". 경향신문 12월 23일자.

孟子. 2006. 《孟子》 유교문화연구소 역. 성균관대학교 출판부.

司馬遷. 2014. 《史記 本紀 2》 김영수 역. 알마.

翦伯贊 · 吳榮曾 · 田余慶 · 汪錢 · 吳宗國 · 鄧廣銘 · 許大齡 · 邵循正 · 陳慶華. 1990(1979). 《中國全史》 (中國史綱要). 학민사.

丁雪松. 1992. 《중국 인민해방군가의 작곡가 정율성》 형상사.

Oliver R. Avison. 2010. 《근대한국 42년 1893~1935 상권》 (Memoires of Life in Korea). 박형우 역. 청년의사.

Isabella Bird Bishop. 1994. 《한국과 그 이웃 나라들》 (Korea and Her Neighbours). 이인화 역. 살림.

Mark Napier Trollope. 1898. "Eli Barr Landis, M.D.". Appenzeller & Jones (eds). The Korean Repository. The Trilingual Press. 5(5): 180~188.

Williston Walker, Richard Norris, David Lotz & Robert Handy. 1993. 《기독교회사》 (A History of the Christian Church). 크리스챤 다이제스트.

George Thompson Brown. 2010. 《한국 선교 이야기: 미국 남장로교 한국 선교 역사 1892~1962》 (Mission to Korea). 동연.

Allen DeGray Clark. 1978.《에비슨전기 한국근대의학 개척자》(Avison of Korea: The Life of Oliver R. Avison, M.D.). 홍사석·이유복·최인준·김일순·김길영·김병수·고윤웅 역. 연세대학교출판부.

Sophie Montgomery Crane. 2011(1998).《기억해야 할 유산: 한 세기의 의료선교》(A Legacy Remembered: A Century of Medical Missions). CTS 기독교 TV.

Florence Hedleston Crane. 2003(1931).《한국의 야생화 이야기》(Flowers and Folk-lore from Far Korea). 윤수현 역. 민속원.

Kay E. Black & Eckart Decke. 2013. "상트 오틸리엔수도원 소장 정선의 진경산수화". 국외소재문화재재단.《왜관수도원으로 돌아온 겸재정선화첩》사회평론.

V. I. Katayev. 2013(2008).《제물포해전과 바략》글로벌콘텐츠.

Tat Yan Kong. 2000. The Politics of Economic Reform in South Korea: A Fragile Miracle. Routlegde.

Richard Morrison. 2012. "People said I was crazy; the work was crazy". The Times. 1st May.

Lillias H. Underwood. 2015(1918).《언더우드: 조선에 온 첫 번째 선교사와 한국 개신교의 시작 이야기》(Underwood of Korea). IVP.

Norbert Weber. 1999.《수도사와 금강산》(In den Diamantbergen Koreas). 김영자 역. 푸른숲.

加瀨和三郎. 2004(1908).《譯註 仁川 開港 25年史》인천광역시 역사자료관 역사문화연구실.

矯正協會. 1966.《戰時行刑實錄》

橘俊綱. 2012.《사쿠테이키》(作庭記). 김승균 역. 연암서가.

大谷新太郎. 2015. "일본인관광객 방한 동향 및 전남 유지방안". 최석호 편저.《한국관광 희망을 이야기하다!》백산출판사.

森山諭. 2012.《진주의 노래: 한국 고아의 어머니 윤학자의 생애》홍성사.

저자미상. 1989(720).《日本書紀》전용신 역. 일지사.

朝鮮總督府. 1918.《朝鮮古蹟圖譜 第6冊》

朝鮮總督府. 1920.《朝鮮古蹟圖譜 第7冊》

朝鮮總督府. 1927.《京城府官內地籍目錄》

川島喜彙. 2010(1934).《新編釜山大觀》선인.
村山智順. 1992.《한국의 풍수》정현우 역. 명문당.
https://www.flickr.com/photos/ssave/albums/72157659415032561

골목길 역사산책

개항도시편

초판 1쇄 발행	2018년 7월 25일
초판 4쇄 발행	2022년 5월 18일

지은이	최석호
펴낸이	신민식

펴낸곳	가디언
출판등록	제2010-000113호
주 소	서울시 마포구 토정로 222 한국출판콘텐츠센터 319호

전 화	02-332-4103
팩 스	02-332-4111
이메일	gadian7@naver.com
홈페이지	www.sirubooks.com

인쇄·제본	(주)상지사 P&B
종이	월드페이퍼(주)

ISBN	978-89-98480-92-9 03900

＊ 책값은 뒤표지에 적혀 있습니다.
＊ 잘못된 책은 구입처에서 바꿔 드립니다.
＊ 이 책의 전부 또는 일부 내용을 재사용하려면 사전에 가디언의 동의를 받아야 합니다.
＊ 시루는 가디언의 문학·인문 출판 브랜드입니다.

이 도서의 국립중앙도서관 출판예정도서목록(CIP)은 서지정보유통지원시스템
홈페이지(http://seoji.nl.go.kr)와 국가자료공동목록시스템(http://www.nl.go.kr/kolisnet)에서
이용하실 수 있습니다. (CIP제어번호 : CIP2018021607)